인천
교통공사

직업기초능력평가

인천교통공사
직업기초능력평가

개정판 1쇄 발행	2022년 8월 29일	
개정2판 1쇄 발행	2023년 11월 10일	

편 저 자 ┃ 취업적성연구소

발 행 처 ┃ ㈜서원각

등록번호 ┃ 1999-1A-107호

주　　소 ┃ 경기도 고양시 일산서구 덕산로 88-45(가좌동)

교재주문 ┃ 031-923-2051

팩　　스 ┃ 031-923-3815

교재문의 ┃ 카카오톡 플러스 친구[서원각]

홈페이지 ┃ goseowon.com

우리나라 기업들은 1960년대 이후 현재까지 비약적인 발전을 이루었다. 이렇게 급속한 성장을 이룰 수 있었던 배경에는 우리나라 국민들의 근면성 및 도전정신이 있었다. 그러나 빠르게 변화하는 세계 경제의 환경에 적응하기 위해서는 근면성과 도전정신 이외에 또 다른 성장 요인이 필요하다.

최근 많은 공사·공단에서는 기존의 직무 관련성에 대한 고려 없이 인·적성, 지식 중심으로 치러지던 필기전형을 탈피하고, 산업현장에서 직무를 수행하기 위해 요구되는 능력을 산업부문별·수준별로 체계화 및 표준화한 NCS를 기반으로 하여 채용공고 단계에서 제시되는 '직무 설명자료'상의 직업기초능력과 직무수행능력을 측정하기 위한 직업기초능력평가, 직무수행능력평가 등을 도입하고 있다.

인천교통공사에서도 업무에 필요한 역량 및 책임감과 적응력 등을 구비한 인재를 선발하기 위하여 고유의 직업기초능력평가를 치르고 있다. 본서는 인천교통공사 신입사원 채용 대비를 위한 필독서로 인천교통공사 직업기초능력평가의 출제경향을 철저히 분석하여 응시자들이 보다 쉽게 시험유형을 파악하고 효율적으로 대비할 수 있도록 구성하였다.

신념을 가지고 도전하는 사람은 반드시 그 꿈을 이룰 수 있습니다. 처음에 품은 신념과 열정이 취업 성공의 그 날까지 빛바래지 않도록 서원각이 수험생 여러분을 응원합니다.

STRUCTURE

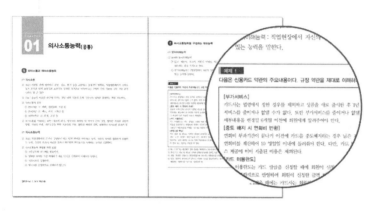

핵심이론정리

NCS 기반 직업기초능력평가에 대해 핵심적으로 알아야 할 이론을 체계적으로 정리하여 단기간에 학습할 수 있도록 하였습니다.

출제예상문제

적중률 높은 영역별 출제예상문제를 상세하고 꼼꼼한 해설과 함께 수록하여 학습 효율을 확실하게 높였습니다.

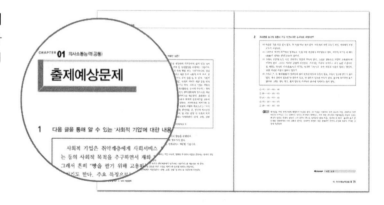

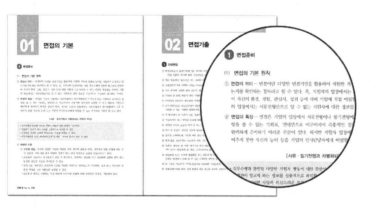

면접

성공 취업을 위한 면접의 기본 및 면접기출을 수록하여 취업의 마무리까지 깔끔하게 책임집니다.

CONTENTS

PART

01

기업소개
및 채용안내

CHAPTER 01

기업소개

(1) 인천교통공사 소개

인천교통공사는 연평균 1억 2천만명의 시민들이 이용하는 전국 최초의 종합교통공기업으로 인천 도시철도 1호선·2호선·7호선(인천·부천구간)을 비롯하여 준공영제 시내버스, 청라~가양 BRT와 청라 GRT 그리고 장애인 콜택시, 월미바다열차 등을 운영하고 있습니다. '시민 안전'을 경영 최우선 가치로 삼아, 시민에게 신뢰받는 교통서비스를 제공하고자 노력하고 있다.

(2) 개요

① 설립목적 ··· 도시철도와 자동차 등 교통관련 시설의 건설과 운영을 통하여 시민 편익 향상과 도시교통 발전에 기여하는 것을 목적으로 하고 있다.

② 설립근거 ··· 지방공기업법 제49조, 인천교통공사 설립 및 운영에 관한 조례(조례 제5565호, 2015.09.30)

③ 설립일 ··· 1998년 4월 15일

(3) 비전 및 경영목표

| MISSION | 최고의 교통서비스 제공으로 시민행복 추구 | VISION | 행복하고 안전한 세상, 함께하는 인천교통공사 |
| 2025 중장기 경영목표 | 미래 선도 국가 대표 종합교통공기업 도약 | 2023년 경영목표 | 지속 성장 사업 창출과 성과 중심 책임 경영 |

(4) 경영전략 및 전략과제

4대 경영전략	12대 전략과제
안전 우선 경영	• 안전경영시스템 고도화 • 노후 전동차 및 시설 · 설비 개선 • 스마트 안전인프라 확충
고객 행복 경영	• 고객서비스 품질 향상 • 고객만족 열린 환경 조성 • 쾌적하고 편리한 이용환경 조성
지속 성장 경영	• 영업수익 증대 • 조직역량 강화 • 경영효율 달성
동반 상생 경영	• 소통과 공감의 조직문화 구축 • 참여와 협력의 노사관계 발전 • 지방공기업 사회적 책임 이행

(5) CI와 캐릭터

① CI : 수도권 대중교통망의 주역으로서 인천교통공사의 신속성과 정시성을 상징하는 역동적인 비정형의 모티브에 무한한 가능성과 영속성을 나타내는 원의 이미지를 그라데이션을 통해 표현하였으며 각각의 도형이 갖는 방향성은 인천교통공사가 지향하는 고객중심 / 역세권 도시개발의 의지 / 글로벌 미래로의 이정표를 의미한다.

정책성의 재확립 대내외 커뮤니케이션의 핵심가치

GREEN COLOR　21세기 친환경 녹색동력과 건강하고 투명한 기업
ORANGE COLOR　활기차고 혁신적인 도약
BLUE COLOR　신뢰감을 바탕으로 한 미래지향적 이미지

② 캐릭터 : 인천의 대표 이니셜 아이(I)와 한자 길 로(路)를 조합하여, 인천 제 1의 대중교통으로서 고객과 함께 가는 길, 고객과 함께 인천교통공사를 상징하는 아이로는 인천1호선 전동차를 모티브로 인천교통공사의 CI 컬러를 적용한 밝고 친근한 어린아이의 모습을 통해 BLUE 고객지향 / ORANGE 안전 / GREEN 환경의 의미를 시각화 하였다.

ORANGE 안전　　BLUE 고객지향　　GREEN 환경　　육상교통

CHAPTER

02 채용안내

※ 2023년 채용 공고 기준

(1) 채용분야

채용직급	채용분야		
9급	사무		사무
			역무안전
			보건관리자
	전기 전자		전기
			신호
			통신
	시설 환경		토목
			건축
			기계설비
	차량		
	승무		

※ 모집단위별로 「인천」과 「전국」 단위로 구분하여 전형 진행
※ 일반전형(제한경쟁_역무안전, 승무)는 「제2종 전기차량 운전면허증」 소지자 모집
※ 일반전형(제한경쟁_보건관리자)는 「간호사 면허」 소지자로 「종합병원 근무경력 2년 이상」의 경력을 지닌 자를 모집
※ 장애인전형 및 보훈 일반전형에서 합격인원 미달 시 동일 분야 일반전형에 추가 채용
※ 사무(역무안전) 채용분야는 임용 후 공사 인력운영 상황에 따라 승무분야 업무에 종사할 수 있음
※ 채용분야 및 모집단위 간 중복지원 불가
※ 채용분야 및 인원 변경사유 발생 시 필기시험일 7일전까지 수정공고 예정

(2) 응시자격

① 연령 : 18세 이상자(2005.12.31. 이전 출생자), 공사 정년 범위 내

② 학력 : 제한 없음

③ 모집단위 : 「인천」과 「전국」 단위로 구분하여 응모

  ㉠ 인천지역 대상으로 지원하는 응시자는 아래 요건을 충족

> 아래 1번과 2번의 요건 중 어느 하나를 충족하는 자는 응시 가능합니다.
> 1. 2023. 1. 1. 이전부터 면접시험 최종일까지 계속하여 인천광역시에 주민등록상 주소지를 갖고 있는 자
> 2. 2023. 1. 1. 이전까지 인천광역시에 주민등록상 주소지를 두고 있었던 기간을 모두 합산하여 3년 이상인 자

  ※ 유의사항
  - 거주지 요건의 확인은 "개인별주민등록표"를 기준으로 함
  - 행정구역의 통·폐합 등으로 주민등록상 시·도, 시·군의 변경이 있는 경우 현재 행정구역을 기준으로 함
  - 과거 거주 사실의 합산은 연속하지 않더라도 총 거주한 기간을 월(月) 단위로 계산하여 36개월 이상이면 충족함

  ㉡ 월(月) 단위 계산방법 : 1월을 모두 거주한 경우 해당 월의 일수에 관계없이 1개월 인정, 1월 미만의 일수는 따로 합산하여 30일을 1개월로 환산하며 잔여일수는 불인정

④ 자격

  ㉠ 공통사항 : 자격사항은 응시원서 접수 마감일 현재까지 취득(결정)된 것에 한함.

  ㉡ 사무(역무안전), 승무 채용분야 : 제2종 전기차량 운전면허 소지자

  ※ 제2종 전기차량 운전면허는 임용일까지 유효하여야 함

  ㉢ 사무(보건관리자) 채용분야

> 의료법 제7조에 의한 간호사 면허 소지자로, 의료법 제3조의3 및 제3조의4에 의한 종합병원 근무경력이 2년이 이상인

⑤ 주·야간 교대(교번) 근무 가능자

  ※ 근로기준법 제70조에 따라 "야간(22:00~익일06:00) 및 휴일 근로 동의서"를 제출하여야 임용 가능

⑥ 인천교통공사 인사규정 제11조에 해당하는 결격 사유가 없는 사람(면접시험 최종일 기준)

1. 피성년후견인 또는 피한정후견인
2. 파산선고를 받고 복권되지 아니한 사람
3. 금고 이상의 형을 선고 받고 그 집행이 끝나거나 집행을 받지 아니하기로 확정된 후 5년이 지나지 아니한 사람
4. 금고 이상의 형을 선고 받고 그 집행유예기간이 끝난 날부터 2년이 지나지 아니한 사람
5. 금고 이상의 형을 선고 받고 그 선고유예기간 중에 있는 사람
6. 법원의 판결이나 법률에 따라 자격이 상실되거나 정지된 사람
7. 직무와 관련하여 「형법」제355조와 제356조에 규정된 죄를 범한 사람으로서 300만 원 이상의 벌금을 선고받고 그 형이 확정된 후 2년이 지나지 아니한 사람
8. 징계로 파면처분을 받은 날부터 5년이 지나지 아니한 사람
9. 징계로 해임처분을 받은 날부터 3년이 지나지 아니한 사람
10. 채용비위가 적발되어 합격이 취소된 날부터 5년이 지나지 아니한 사람
11. 「부패방지 및 국민권익위원회의 설치와 운영에 관한 법률」제82조에 따른 비위 면직자 등의 취업제한을 받는 사람
12. 「성폭력범죄의 처벌 등에 관한 특례법」제2조에 규정된 죄를 범한 사람으로서 100만 원 이상의 벌금형을 선고 받고 그 형이 확정된 후 3년이 지나지 아니한 사람
13. 미성년자에 대한 다음 각 목의 어느 하나에 해당하는 죄를 저질러 파면·해임되거나 형 또는 치료감호를 선고받아 그 형 또는 치료감호가 확정된 사람(집행유예를 선고받은 후 그 집행유예기간이 경과한 사람을 포함한다)
   가. 「성폭력범죄의 처벌 등에 관한 특별법」 제2조에 따른 성폭력범죄
   나. 「아동·청소년의 성보호에 관한 법률」 제2조 제2호에 따른 아동·청소년대상 성범죄

⑦ 철도안전법 제11조에 해당하는 결격사유가 없는 사람 [사무(역무안전), 신호, 승무 채용분야 응시자에 한함, 면접시험 최종일 기준]

> 1. 19세 미만인 사람
> 2. 철도차량 운전상의 위험과 장해를 일으킬 수 있는 정신질환자 또는 뇌전증환자로서 대통령령으로 정하는 사람
> 3. 철도차량 운전상의 위험과 장해를 일으킬 수 있는 약물(「마약류 관리에 관한 법률」 제2조제1호에 따른 마약류 및 「화학물질 관리법」 제22조제1항에 따른 환각물질을 말한다. 이하 같다) 또는 알코올 중독자로서 대통령령으로 정하는 사람
> 4. 두 귀의 청력 또는 두 눈의 시력을 완전히 상실한 사람
> 5. 운전면허가 취소된 날부터 2년이 지나지 아니하였거나 운전면허의 효력정지기간 중인 사람

⑧ 채용신체검사에 합격한 사람 : ㉠번과 ㉡번의 요건 중 하나를 충족하는 경우

㉠ 국민건강보험공단 일반건강검진 결과(2022~2023년) 정상 판정 시

㉡ 일반 채용신체검사 결과 의사 소견상 업무수행 가능 판정 시

- 다만, 사무(역무안전), 신호 및 승무 채용분야는 철도안전법 신체검사 관련 규정을 적용하여 합격판정을 받은 자
  ※ 신체검사비용은 공사에서 부담(합격자 선결제 후 공사 지급)

(3) 전형절차

⑷ 응시원서 접수

① 접수방법 : 인천교통공사 채용홈페이지에서 온라인으로만 접수

　㉠ 접수마감일은 동시접속에 의한 시스템 장애가 있을 수 있으니 가급적 마감일을 피해 지원하시기 바랍니다.

　㉠ 입사지원서를 제출한 이후에는 수정, 취소가 불가하니 최종 제출 전 반드시 확인후 제출하시기 바랍니다.

② 작성방법 : 접수기간 중 채용홈페이지에서 처리 단계별로 안내

⑸ 필기시험

① 시험과목(배점) : 2과목(과목별 100점 총 200점, 80문항)

채용분야		시험과목 및 배점(2과목 200점, 80문항)	
		선택 1과목(100점, 40문항)	공통 1과목 (100점, 40문항)
사무(사무, 역무안전)		행정학원론, 경영학원론, 경제학원론, 법학개론, 통계학개론, 전산학개론, 전자일반 중 택 1	직업기초능력평가
전기 전자	전기	전기이론	
	신호	전기이론, 전자일반, 통신일반 중 택 1	
	통신	통신일반	
시설 환경	토목	토목일반(궤도일반 포함)	
	건축	건축일반	
	기계설비	기계일반, 전기이론 중 택 1	
차량		기계일반, 전기이론 중 택 1	
승무		기계일반, 전기이론, 전자일반 중 택 1	

※ 사무(보건관리자)는 필수과목(직업기초능력평가) 시험만 실시

〈직업기초능력평가 채용분야별 평가영역〉

채용분야	직업기초능력평가 평가영역
사무(사무, 역무안전, 보건관리자)	의사소통능력, 문제해결능력, 대인관계능력, 정보능력
전기전자(전기, 신호, 통신), 시설환경(토목, 건축, 기계설비)차량	의사소통능력, 수리능력, 문제해결능력, 기술능력
승무	의사소통능력, 문제해결능력, 대인관계능력, 기술능력

② 필기시험 합격인원 : 채용 예정인원의 1.5배수(소수점 미만 자리는 버림). 단, 채용 예정인원이 10명 미만 경우 2배수

③ 합격자 결정방법

　㉠ 각 과목 만점의 40% 이상 득점하고 총 득점이 높은 사람 순으로 선발

　㉡ 선택과목간 난이도 차이로 인한 점수 편차 해소를 위해 조정점수를 적용

　㉢ 합격자 결정 시 동점자가 발생하여 필기시험 선발예정인원을 초과하게 되는 경우 전원 합격 처리

　㉣ 미응시자 등으로 인해 적격자가 1.5~2배수 미만인 경우에도 합격자로만 다음 전형 진행

(6) 인성검사, 면접시험 및 최종합격자 결정

① 응시대상 : 필기시험 합격자

② 측정내용

　㉠ 인성검사 : 직무수행 및 직장생활 등에 요구되는 인성 측정 (면접시험 참고자료로만 활용)

　㉡ 면접시험

　　• 1차면접(집단 대면면접) : 품행, 예의, 전문지식, 발표력 등 평가 (50점 만점)→공기업 직원으로서 갖추어야할 덕목(10점), 일반·전문지식·응용능력(10점), 창의성, 논리성, 발표력(10점), 사회성, 발전가능성, 리더십(10점), 고객지향성, 화합능력(10점)

　　• 2차면접(PT면접) : 지원분야 직무능력과 관련된 지식 등 평가 (50점 만점)→분석적 사고(10점), 문제해결 능력(10점), 기획능력(10점), 실무지식(10점), 위험관리 및 모니터링 능력(10점)

　　※ PT면접은 면접시험 당일 부여되는 지원분야별 주제에 따라 개인별 작성 및 발표→개인별 작성방법 및 시간, 발표방법 및 시간 등은 필기시험 합격자 공고 시 안내

　　－ 인성시험 미응시자는 면접시험에 응시할 수 없습니다.

③ 면접시험 합격자 결정

   ㉠ 면접 결과, 면접위원이 평가한 집단 대면면접 평균점수, PT면접 평균점수를 합산한 점수가 만점 (100점)의 50% 이상인 사람 선발

   ㉡ 2인 이상의 면접위원이 어느 하나 동일한 평정요소에 대하여 만점의 20% 이하로 평가한 경우 탈락 처리

④ 최종합격자 결정 : 면접시험 합격자 중 필기시험 점수와 면접시험 점수를 50:50의 비율로 환산 합산 하여 고득점자 순으로 채용예정인원 범위 내에서 선발

⑤ 예비합격자 선발 : 예비합격자는 최종합격인원 초과자 중 최종 성적이 높은 순으로 아래와 같이선발 하며, 선발된 예비합격자의 유효기간은 최종합격자 발표일로부터 1년 이내로 하며 최종합격자가 임용 포기, 임용 후 중도퇴사 등으로 결원이 발생한 경우 순위에 따라 임용 예정

   ※ 장애인 전형 및 보훈 일반전형 최종합격자가 임용 포기, 임용 후 중도퇴사 등으로 결원이 발생할 경우에도 모집단위(인천) 동일분야 일반전형 예비합격자 중에서 상기의 기준으로 임용 예정.

   ※ 동점자 순위결정은 취업지원대상자, 필기시험 합산점수 고득점자, 필기시험 중 전공과목 점수 고득점자, 필기시험 중 직업기초능력평가 점수 고득점자, 면접시험 합산점수 고득점자, PT면접 점수 고득점자, 집단대면면접 점수 고득점자 순으로 한다.

(7) 가산점 적용

① 취업지원대상자

   ㉠ 가산대상 : 국가보훈처(지방보훈지청)에서 발급한 취업지원대상자 증명서 제출자

   ㉡ 가산방법

    • 1차 필기시험 및 3차 면접시험에 적용

    • 각 시험(과목) 만점의 40% 이상 득점자에게 만점의 일정비율(10% 또는 5%)에 해당하는 점수 가산

    • 취업지원대상자 가점을 받아 합격하는 사람은 선발예정 인원의 30% 이내 제한. 다만, 응시인원 이 선발 예정인원과 같거나 그보다 적은 경우에는 그러하지 않음

② 자격증 소지자

자격증	가산비율
공인회계사, 공인노무사, 변호사, 법무사, 세무사, 감정평가사	선택과목 만점의 5%
산업기사 이상	선택과목 만점의 5%
기능사, 컴퓨터활용능력 1급, 철도교통관제사, 제2종 전기차량운전면허	선택과목 만점의 3%

ⓐ 가산대상 : 채용분야 가산대상 자격증 소지자로서 해당하는 채용분야에 응시하는 자

ⓑ 가산방법

- 1차 필기시험(선택과목)만 가산을 적용하되 선택과목 만점의 40% 이상 득점자에 한해 일정비율 (위 표)에 해당하는 점수를 가산
- 자격증 중복 시 상위등급 1개만 적용
- 컴퓨터활용능력 1급 자격증은 사무(사무, 역무안전)분야에 한하여 가산
- 제2종 전기차량운전면허는 전기, 신호, 토목, 차량분야에 한하여 가산

③ 유의사항

ⓐ 취업지원대상자 가산과 자격증 소지자 가산은 중복 적용

ⓑ 제2종 전기차량운전면허, 철도교통관제사 소지자 가산은 타 자격증 소지자 가산과 중복 적용하되, 제2종 전기차량운전면허와 철도교통관제사 소지자 간의 가산은 중복 적용 불가

ⓒ 취업지원 대상자 및 자격증 소지자 가산점은 응시원서 접수마감일 현재까지 취득(결정)된 것에 한함

PART

02

NCS 핵심이론

CHAPTER
01

의사소통능력(공통)

1 의사소통과 의사소통능력

(1) 의사소통

① 개념 : 사람들 간에 생각이나 감정, 정보, 의견 등을 교환하는 총체적인 행위로, 직장생활에서의 의사소통은 조직과 팀의 효율성과 효과성을 성취할 목적으로 이루어지는 구성원 간의 정보와 지식 전달 과정이라고 할 수 있다.

② 기능 : 공동의 목표를 추구해 나가는 집단 내의 기본적 존재 기반이며 성과를 결정하는 핵심 기능이다.

③ 의사소통의 종류

  ㉠ 언어적인 것 : 대화, 전화통화, 토론 등

  ㉡ 문서적인 것 : 메모, 편지, 기획안 등

  ㉢ 비언어적인 것 : 몸짓, 표정 등

④ 의사소통을 저해하는 요인 : 정보의 과다, 메시지의 복잡성 및 메시지 간의 경쟁, 상이한 직위와 과업지향형, 신뢰의 부족, 의사소통을 위한 구조상의 권한, 잘못된 매체의 선택, 폐쇄적인 의사소통 분위기 등

(2) 의사소통능력

① 개념 : 직장생활에서 문서나 상대방이 하는 말의 의미를 파악하는 능력, 자신의 의사를 정확하게 표현하는 능력, 간단한 외국어 자료를 읽거나 외국인의 의사표시를 이해하는 능력을 포함한다.

② 의사소통능력 개발을 위한 방법

  ㉠ 사후검토와 피드백을 활용한다.

  ㉡ 명확한 의미를 가진 이해하기 쉬운 단어를 선택하여 이해도를 높인다.

  ㉢ 적극적으로 경청한다.

  ㉣ 메시지를 감정적으로 곡해하지 않는다.

② 의사소통능력을 구성하는 하위능력

(1) 문서이해능력

① 문서와 문서이해능력

㉠ 문서 : 제안서, 보고서, 기획서, 이메일, 팩스 등 문자로 구성된 것으로 상대방에게 의사를 전달하여 설득하는 것을 목적으로 한다.

㉡ 문서이해능력 : 직업현장에서 자신의 업무와 관련된 문서를 읽고, 내용을 이해하고 요점을 파악할 수 있는 능력을 말한다.

예제 1

다음은 신용카드 약관의 주요내용이다. 규정 약관을 제대로 이해하지 못한 사람은?

> **[부가서비스]**
> 카드사는 법령에서 정한 경우를 제외하고 상품을 새로 출시한 후 1년 이내에 부가 서비스를 줄이거나 없앨 수가 없다. 또한 부가서비스를 줄이거나 없앨 경우에는 그 세부내용을 변경일 6개월 이전에 회원에게 알려주어야 한다.
>
> **[중도 해지 시 연회비 반환]**
> 연회비 부과기간이 끝나기 이전에 카드를 중도해지하는 경우 남은 기간에 해당하는 연회비를 계산하여 10 영업일 이내에 돌려줘야 한다. 다만, 카드 발급 및 부가서비스 제공에 이미 지출된 비용은 제외된다.
>
> **[카드 이용한도]**
> 카드 이용한도는 카드 발급을 신청할 때에 회원이 신청한 금액과 카드사의 심사 기준을 종합적으로 반영하여 회원이 신청한 금액 범위 이내에서 책정되며 회원의 신용도가 변동되었을 때에는 카드사는 회원의 이용한도를 조정할 수 있다.
>
> **[부정사용 책임]**
> 카드 위조 및 변조로 인하여 발생된 부정사용 금액에 대해서는 카드사가 책임을 진다. 다만, 회원이 비밀번호를 다른 사람에게 알려주거나 카드를 다른 사람에게 빌려주는 등의 중대한 과실로 인해 부정사용이 발생하는 경우에는 회원이 그 책임의 전부 또는 일부를 부담할 수 있다.

① 혜수 : 카드사는 법령에서 정한 경우를 제외하고는 1년 이내에 부가서비스를 줄일 수 없어
② 진성 : 카드 위조 및 변조로 인하여 발생된 부정사용 금액은 일괄 카드사가 책임을 지게 돼
③ 영훈 : 회원의 신용도가 변경되었을 때 카드사가 이용한도를 조정할 수 있어
④ 영호 : 연회비 부과기간이 끝나기 이전에 카드를 중도해지하는 경우에는 남은 기간에 해당하는 연회비를 카드사는 돌려줘야 해

출제의도

주어진 약관의 내용을 읽고 그에 대한 상세 내용의 정보를 이해하는 능력을 측정하는 문항이다.

해 설

② 부정사용에 대해 고객의 과실이 있으면 회원이 그 책임의 전부 또는 일부를 부담할 수 있다.

답 ②

② 문서의 종류

　　㉠ 공문서 : 정부기관에서 공무를 집행하기 위해 작성하는 문서로, 단체 또는 일반회사에서 정부기관을 상대로 사업을 진행할 때 작성하는 문서도 포함된다. 엄격한 규격과 양식이 특징이다.

　　㉡ 기획서 : 아이디어를 바탕으로 기획한 프로젝트에 대해 상대방에게 전달하여 시행하도록 설득하는 문서이다.

　　㉢ 기안서 : 업무에 대한 협조를 구하거나 의견을 전달할 때 작성하는 사내 공문서이다.

　　㉣ 보고서 : 특정한 업무에 관한 현황이나 진행 상황, 연구·검토 결과 등을 보고하고자 할 때 작성하는 문서이다.

　　㉤ 설명서 : 상품의 특성이나 작동 방법 등을 소비자에게 설명하기 위해 작성하는 문서이다.

　　㉥ 보도자료 : 정부기관이나 기업체 등이 언론을 상대로 자신들의 정보를 기사화 되도록 하기 위해 보내는 자료이다.

　　㉦ 자기소개서 : 개인이 자신의 성장과정이나, 입사 동기, 포부 등에 대해 구체적으로 기술하여 자신을 소개하는 문서이다.

　　㉧ 비즈니스 레터(E-mail) : 사업상의 이유로 고객에게 보내는 편지다.

　　㉨ 비즈니스 메모 : 업무상 확인해야 할 일을 메모형식으로 작성하여 전달하는 글이다.

③ 문서이해의 절차 : 문서의 목적 이해→문서 작성 배경·주제 파악→정보 확인 및 현안문제 파악→문서 작성자의 의도 파악 및 자신에게 요구되는 행동 분석→목적 달성을 위해 취해야 할 행동 고려→문서 작성자의 의도를 도표나 그림 등으로 요약·정리

(2) 문서작성능력

① 작성되는 문서에는 대상과 목적, 시기, 기대효과 등이 포함되어야 한다.

② 문서작성의 구성요소

　　㉠ 짜임새 있는 골격, 이해하기 쉬운 구조

　　㉡ 객관적이고 논리적인 내용

　　㉢ 명료하고 설득력 있는 문장

　　㉣ 세련되고 인상적인 레이아웃

다음은 들은 내용을 구조적으로 정리하는 방법이다. 순서에 맞게 배열하면?

ㄱ 관련 있는 내용끼리 묶는다.
ㄴ 묶은 내용에 적절한 이름을 붙인다.
ㄷ 전체 내용을 이해하기 쉽게 구조화한다.
ㄹ 중복된 내용이나 덜 중요한 내용을 삭제한다.

---

① ㄱㄴㄷㄹ   ② ㄱㄴㄹㄷ
③ ㄴㄱㄷㄹ   ④ ㄴㄱㄹㄷ

출제의도

음성정보는 문자정보와는 달리 쉽게 잊혀지기 때문에 음성정보를 구조화시키는 방법을 묻는 문항이다.

해 설

내용을 구조적으로 정리하는 방법은 'ㄱ 관련 있는 내용끼리 묶는다. → ㄴ 묶은 내용에 적절한 이름을 붙인다. → ㄹ 중복된 내용이나 덜 중요한 내용을 삭제한다. → ㄷ 전체 내용을 이해하기 쉽게 구조화 한다.'가 적절하다.

답 ②

③ 문서의 종류에 따른 작성방법

  ㄱ 공문서

- 육하원칙이 드러나도록 써야 한다.
- 날짜는 반드시 연도와 월, 일을 함께 언급하며, 날짜 다음에 괄호를 사용할 때는 마침표를 찍지 않는다.
- 대외문서이며, 장기간 보관되기 때문에 정확하게 기술해야 한다.
- 내용이 복잡할 경우 '-다음-', '-아래-'와 같은 항목을 만들어 구분한다.
- 한 장에 담아내는 것을 원칙으로 하며, 마지막엔 반드시 '끝'자로 마무리 한다.

  ㄴ 설명서

- 정확하고 간결하게 작성한다.
- 이해하기 어려운 전문용어의 사용은 삼가고, 복잡한 내용은 도표화 한다.
- 명령문보다는 평서문을 사용하고, 동어 반복보다는 다양한 표현을 구사하는 것이 바람직하다.

  ㄷ 기획서

- 상대를 설득하여 기획서가 채택되는 것이 목적이므로 상대가 요구하는 것이 무엇인지 고려하여 작성하며, 기획의 핵심을 잘 전달하였는지 확인한다.
- 분량이 많을 경우 전체 내용을 한눈에 파악할 수 있도록 목차구성을 신중히 한다.
- 효과적인 내용 전달을 위한 표나 그래프를 적절히 활용하고 산뜻한 느낌을 줄 수 있도록 한다.
- 인용한 자료의 출처 및 내용이 정확해야 하며 제출 전 충분히 검토한다.

  ㄹ 보고서

- 도출하고자 하는 핵심내용을 구체적이고 간결하게 작성한다.
- 내용이 복잡할 경우 도표나 그림을 활용하고, 참고자료는 정확하게 제시한다.
- 제출하기 전에 최종점검을 하며 질의를 받을 것에 대비한다.

다음 중 공문서 작성에 대한 설명으로 가장 적절하지 못한 것은?

① 공문서나 유가증권 등에 금액을 표시할 때에는 한글로 기재하고 그 옆에 괄호를 넣어 숫자로 표기한다.

② 날짜는 숫자로 표기하되 년, 월, 일의 글자는 생략하고 그 자리에 온점(.)을 찍어 표시한다.

③ 첨부물이 있는 경우에는 붙임 표시문 끝에 1자 띄우고 "끝."이라고 표시한다.

④ 공문서의 본문이 끝났을 경우에는 1자를 띄우고 "끝."이라고 표시한다.

업무를 할 때 필요한 공문서 작성법을 잘 알고 있는지를 측정하는 문항이다.

해 설

공문서 금액 표시

아라비아 숫자로 쓰고, 숫자 다음에 괄호를 하여 한글로 기재한다.

예) 123,456원의 표시 : 금 123,456(금 일십이만삼천사백오십육원)

답 ①

---

④ 문서작성의 원칙

   ⊙ 문장은 짧고 간결하게 작성한다.(간결체 사용)

   ⓒ 상대방이 이해하기 쉽게 쓴다.

   ⓒ 불필요한 한자의 사용을 자제한다.

   ⓔ 문장은 긍정문의 형식을 사용한다.

   ⓜ 간단한 표제를 붙인다.

   ⓗ 문서의 핵심내용을 먼저 쓰도록 한다.(두괄식 구성)

⑤ 문서작성 시 주의사항

   ⊙ 육하원칙에 의해 작성한다.

   ⓒ 문서 작성시기가 중요하다.

   ⓒ 한 사안은 한 장의 용지에 작성한다.

   ⓔ 반드시 필요한 자료만 첨부한다.

   ⓜ 금액, 수량, 일자 등은 기재에 정확성을 기한다.

   ⓗ 경어나 단어사용 등 표현에 신경 쓴다.

   ⓢ 문서작성 후 반드시 최종적으로 검토한다.

⑥ 효과적인 문서작성 요령

    ㉠ 내용이해 : 전달하고자 하는 내용과 핵심을 정확하게 이해해야 한다.

    ㉡ 목표설정 : 전달하고자 하는 목표를 분명하게 설정한다.

    ㉢ 구성 : 내용 전달 및 설득에 효과적인 구성과 형식을 고려한다.

    ㉣ 자료수집 : 목표를 뒷받침할 자료를 수집한다.

    ㉤ 핵심전달 : 단락별 핵심을 하위목차로 요약한다.

    ㉥ 대상파악 : 대상에 대한 이해와 분석을 통해 철저히 파악한다.

    ㉦ 보충설명 : 예상되는 질문을 정리하여 구체적인 답변을 준비한다.

    ㉧ 문서표현의 시각화 : 그래프, 그림, 사진 등을 적절히 사용하여 이해를 돕는다.

(3) 경청능력

① 경청의 중요성 : 경청은 다른 사람의 말을 주의 깊게 들으며 공감하는 능력으로 경청을 통해 상대방을 한 개인으로 존중하고 성실한 마음으로 대하게 되며, 상대방의 입장에 공감하고 이해하게 된다.

② 경청을 방해하는 습관 : 짐작하기, 대답할 말 준비하기, 걸러내기, 판단하기, 다른 생각하기, 조언하기, 언쟁하기, 옳아야만 하기, 슬쩍 넘어가기, 비위 맞추기 등

③ 효과적인 경청방법

    ㉠ 준비하기 : 강연이나 프레젠테이션 이전에 나누어주는 자료를 읽어 미리 주제를 파악하고 등장하는 용어를 익혀둔다.

    ㉡ 주의 집중 : 말하는 사람의 모든 것에 집중해서 적극적으로 듣는다.

    ㉢ 예측하기 : 다음에 무엇을 말할 것인가를 추측하려고 노력한다.

    ㉣ 나와 관련짓기 : 상대방이 전달하고자 하는 메시지를 나의 경험과 관련지어 생각해 본다.

    ㉤ 질문하기 : 질문은 듣는 행위를 적극적으로 하게 만들고 집중력을 높인다.

    ㉥ 요약하기 : 주기적으로 상대방이 전달하려는 내용을 요약한다.

    ㉦ 반응하기 : 피드백을 통해 의사소통을 점검한다.

예제 4

다음은 면접스터디 중 일어난 대화이다. 민아의 고민을 해소하기 위한 조언으로 가장 적절한 것은?

> 지섭 : 민아씨, 어디 아파요? 표정이 안 좋아 보여요.
> 민아 : 제가 원서 넣은 공단이 내일 면접이어서요. 그동안 스터디를 통해서 면접 연습을 많이 했는데도 벌써부터 긴장이 되네요.
> 지섭 : 민아씨는 자기 의견도 명확히 피력할 줄 알고 조리 있게 설명을 잘 하시니 걱정 안하셔도 될 것 같아요. 아, 손에 꽉 쥐고 계신 건 뭔가요?
> 민아 : 아, 제가 예상 답변을 정리해서 모아둔거에요. 내용은 거의 외웠는데 이렇게 쥐고 있지 않으면 불안해서..
> 지섭 : 그 정도로 준비를 철저히 하셨으면 걱정할 이유 없을 것 같아요.
> 민아 : 그래도 압박면접이거나 예상치 못한 질문이 들어오면 어떻게 하죠?
> 지섭 : _____

① 시선을 적절히 처리하면서 부드러운 어투로 말하는 연습을 해보는 건 어때요?
② 공식적인 자리인 만큼 옷차림을 신경 쓰는 게 좋을 것 같아요.
③ 당황하지 말고 질문자의 의도를 잘 파악해서 침착하게 대답하면 되지 않을까요?
④ 예상 질문에 대한 답변을 좀 더 정확하게 외워보는 건 어떨까요?

출제의도

상대방이 하는 말을 듣고 질문 의도에 따라 올바르게 답하는 능력을 측정하는 문항이다.

해설

민아는 압박질문이나 예상치 못한 질문에 대해 걱정을 하고 있으므로 침착하게 대응하라고 조언을 해주는 것이 좋다.

답 ③

(4) 의사표현능력

① 의사표현의 개념과 종류

  ㉠ 개념 : 화자가 자신의 생각과 감정을 청자에게 음성언어나 신체언어로 표현하는 행위이다.

  ㉡ 종류

    • 공식적 말하기 : 사전에 준비된 내용을 대중을 대상으로 말하는 것으로 연설, 토의, 토론 등이 있다.

    • 의례적 말하기 : 사회·문화적 행사에서와 같이 절차에 따라 하는 말하기로 식사, 주례, 회의 등이 있다.

    • 친교적 말하기 : 친근한 사람들 사이에서 자연스럽게 주고받는 대화 등을 말한다.

② 의사표현의 방해요인

  ㉠ 연단공포증 : 연단에 섰을 때 가슴이 두근거리거나 땀이 나고 얼굴이 달아오르는 등의 현상으로 충분한 분석과 준비, 더 많은 말하기 기회 등을 통해 극복할 수 있다.

  ㉡ 말 : 말의 장단, 고저, 발음, 속도, 쉼 등을 포함한다.

  ㉢ 음성 : 목소리와 관련된 것으로 음색, 고저, 명료도, 완급 등을 의미한다.

  ㉣ 몸짓 : 비언어적 요소로 화자의 외모, 표정, 동작 등이다.

  ㉤ 유머 : 말하기 상황에 따른 적절한 유머를 구사할 수 있어야 한다.

③ 상황과 대상에 따른 의사표현법

   ⊙ 잘못을 지적할 때 : 모호한 표현을 삼가고 확실하게 지적하며, 당장 꾸짖고 있는 내용에만 한정한다.

   © 칭찬할 때 : 자칫 아부로 여겨질 수 있으므로 센스 있는 칭찬이 필요하다.

   © 부탁할 때 : 먼저 상대방의 사정을 듣고 응하기 쉽게 구체적으로 부탁하며 거절을 당해도 싫은 내색을 하지 않는다.

   ② 요구를 거절할 때 : 먼저 사과하고 응해줄 수 없는 이유를 설명한다.

   ⑩ 명령할 때 : 강압적인 말투보다는 '○○을 이렇게 해주는 것이 어떻겠습니까?'와 같은 식으로 부드럽게 표현하는 것이 효과적이다.

   ⑪ 설득할 때 : 일방적으로 강요하기보다는 먼저 양보해서 이익을 공유하겠다는 의지를 보여주는 것이 좋다.

   ⊘ 충고할 때 : 충고는 가장 최후의 방법이다. 반드시 충고가 필요한 상황이라면 예화를 들어 비유적으로 깨우쳐주는 것이 바람직하다.

   ⊙ 질책할 때 : 샌드위치 화법(칭찬의 말 + 질책의 말 + 격려의 말)을 사용하여 청자의 반발을 최소화 한다.

예제 5

당신은 팀장님께 업무 지시내용을 수행하고 결과물을 보고드렸다. 하지만 팀장님께서는 "최대리 업무를 이렇게 처리하면 어떡하나? 누락된 부분이 있지 않은가."라고 말하였다. 이에 대해 당신이 행할 수 있는 가장 부적절한 대처 자세는?

① "죄송합니다. 제가 잘 모르는 부분이라 이수혁 과장님께 부탁을 했는데 과장님께서 실수를 하신 것 같습니다."
② "주의를 기울이지 못해 죄송합니다. 어느 부분을 수정보완하면 될까요?"
③ "지시하신 내용을 제가 충분히 이해하지 못하였습니다. 내용을 다시 한 번 여쭤보아도 되겠습니까?"
④ "부족한 내용을 보완하는 자료를 취합하기 위해서 하루정도가 더 소요될 것 같습니다. 언제까지 재작성하여 드리면 될까요?"

---

④ 원활한 의사표현을 위한 지침

   ⊙ 올바른 화법을 위해 독서를 하라.

   © 좋은 청중이 되라.

   © 칭찬을 아끼지 마라.

   ② 공감하고, 긍정적으로 보이게 하라.

   ⑩ 겸손은 최고의 미덕임을 잊지 마라.

   ⑪ 과감하게 공개하라.

ⓢ 뒷말을 숨기지 마라.

ⓞ 첫마디 말을 준비하라.

ⓩ 이성과 감성의 조화를 꾀하라.

ⓒ 대화의 룰을 지켜라.

ⓚ 문장을 완전하게 말하라.

⑤ 설득력 있는 의사표현을 위한 지침

　　㉠ 'Yes'를 유도하여 미리 설득 분위기를 조성하라.

　　㉡ 대비 효과로 분발심을 불러 일으켜라.

　　㉢ 침묵을 지키는 사람의 참여도를 높여라.

　　㉣ 여운을 남기는 말로 상대방의 감정을 누그러뜨려라.

　　㉤ 하던 말을 갑자기 멈춤으로써 상대방의 주의를 끌어라.

　　㉥ 호칭을 바꿔서 심리적 간격을 좁혀라.

　　㉦ 끄집어 말하여 자존심을 건드려라.

　　㉧ 정보전달 공식을 이용하여 설득하라.

　　㉨ 상대방의 불평이 가져올 결과를 강조하라.

　　㉩ 권위 있는 사람의 말이나 작품을 인용하라.

　　㉪ 약점을 보여 주어 심리적 거리를 좁혀라.

　　㉫ 이상과 현실의 구체적 차이를 확인시켜라.

　　㉬ 자신의 잘못도 솔직하게 인정하라.

　　㉭ 집단의 요구를 거절하려면 개개인의 의견을 물어라.

　　ⓐ 동조 심리를 이용하여 설득하라.

　　ⓑ 지금까지의 노고를 치하한 뒤 새로운 요구를 하라.

　　ⓒ 담당자가 대변자 역할을 하도록 하여 윗사람을 설득하게 하라.

　　ⓓ 겉치레 양보로 기선을 제압하라.

　　ⓔ 변명의 여지를 만들어 주고 설득하라.

　　ⓕ 혼자 말하는 척하면서 상대의 잘못을 지적하라.

(5) 기초외국어능력

① 기초외국어능력의 개념과 필요성

　　㉠ 개념 : 외국어로 된 간단한 자료를 이해하거나, 외국인과의 전화응대와 간단한 대화 등 외국인의 의사 표현을 이해하고, 자신의 의사를 기초외국어로 표현할 수 있는 능력이다.

　　㉡ 필요성 : 국제화·세계화 시대에 다른 나라와의 무역을 위해 우리의 언어가 아닌 국제적인 통용어를 사용하거나 그들의 언어로 의사소통을 해야 하는 경우가 생길 수 있다.

② 외국인과의 의사소통에서 피해야 할 행동

　　㉠ 상대를 볼 때 흘겨보거나, 노려보거나, 아예 보지 않는 행동

　　㉡ 팔이나 다리를 꼬는 행동

　　㉢ 표정이 없는 것

　　㉣ 다리를 흔들거나 펜을 돌리는 행동

　　㉤ 맞장구를 치지 않거나 고개를 끄덕이지 않는 행동

　　㉥ 생각 없이 메모하는 행동

　　㉦ 자료만 들여다보는 행동

　　㉧ 바르지 못한 자세로 앉는 행동

　　㉨ 한숨, 하품, 신음소리를 내는 행동

　　㉩ 다른 일을 하며 듣는 행동

　　㉪ 상대방에게 이름이나 호칭을 어떻게 부를지 묻지 않고 마음대로 부르는 행동

③ 기초외국어능력 향상을 위한 공부법

　　㉠ 외국어공부의 목적부터 정하라.

　　㉡ 매일 30분씩 눈과 손과 입에 밸 정도로 반복하라.

　　㉢ 실수를 두려워하지 말고 기회가 있을 때마다 외국어로 말하라.

　　㉣ 외국어 잡지나 원서와 친해져라.

　　㉤ 소홀해지지 않도록 라이벌을 정하고 공부하라.

　　㉥ 업무와 관련된 주요 용어의 외국어는 꼭 알아두자.

　　㉦ 출퇴근 시간에 외국어 방송을 보거나, 듣는 것만으로도 귀가 트인다.

　　㉧ 어린이가 단어를 배우듯 외국어 단어를 암기할 때 그림카드를 사용해 보라.

　　㉨ 가능하면 외국인 친구를 사귀고 대화를 자주 나눠 보라.

CHAPTER 02

수리능력(전기전자/시설환경/차량)

① 직장생활과 수리능력

(1) 기초직업능력으로서의 수리능력

① 개념 : 직장생활에서 요구되는 사칙연산과 기초적인 통계를 이해하고 도표의 의미를 파악하거나 도표를 이용해서 결과를 효과적으로 제시하는 능력을 말한다.

② 수리능력은 크게 기초연산능력, 기초통계능력, 도표분석능력, 도표작성능력으로 구성된다.

    ㉠ 기초연산능력 : 직장생활에서 필요한 기초적인 사칙연산과 계산방법을 이해하고 활용할 수 있는 능력

    ㉡ 기초통계능력 : 평균, 합계, 빈도 등 직장생활에서 자주 사용되는 기초적인 통계기법을 활용하여 자료의 특성과 경향성을 파악하는 능력

    ㉢ 도표분석능력 : 그래프, 그림 등 도표의 의미를 파악하고 필요한 정보를 해석하는 능력

    ㉣ 도표작성능력 : 도표를 이용하여 결과를 효과적으로 제시하는 능력

(2) 업무수행에서 수리능력이 활용되는 경우

① 업무상 계산을 수행하고 결과를 정리하는 경우

② 업무비용을 측정하는 경우

③ 고객과 소비자의 정보를 조사하고 결과를 종합하는 경우

④ 조직의 예산안을 작성하는 경우

⑤ 업무수행 경비를 제시해야 하는 경우

⑥ 다른 상품과 가격비교를 하는 경우

⑦ 연간 상품 판매실적을 제시하는 경우

⑧ 업무비용을 다른 조직과 비교해야 하는 경우

⑨ 상품판매를 위한 지역조사를 실시해야 하는 경우

⑩ 업무수행과정에서 도표로 주어진 자료를 해석하는 경우

⑪ 도표로 제시된 업무비용을 측정하는 경우

다음 자료를 보고 주어진 상황에 대한 물음에 답하시오.

〈근로소득에 대한 간이 세액표〉

월 급여액(천 원) [비과세 및 학자금 제외]		공제대상 가족 수				
이상	미만	1	2	3	4	5
2,500	2,520	38,960	29,280	16,940	13,570	10,190
2,520	2,540	40,670	29,960	17,360	13,990	10,610
2,540	2,560	42,380	30,640	17,790	14,410	11,040
2,560	2,580	44,090	31,330	18,210	14,840	11,460
2,580	2,600	45,800	32,680	18,640	15,260	11,890
2,600	2,620	47,520	34,390	19,240	15,680	12,310
2,620	2,640	49,230	36,100	19,900	16,110	12,730
2,640	2,660	50,940	37,810	20,560	16,530	13,160
2,660	2,680	52,650	39,530	21,220	16,960	13,580
2,680	2,700	54,360	41,240	21,880	17,380	14,010
2,700	2,720	56,070	42,950	22,540	17,800	14,430
2,720	2,740	57,780	44,660	23,200	18,230	14,850
2,740	2,760	59,500	46,370	23,860	18,650	15,280

※ 갑근세는 제시되어 있는 간이 세액표에 따름
※ 주민세＝갑근세의 10%
※ 국민연금＝급여액의 4.50%
※ 고용보험＝국민연금의 10%
※ 건강보험＝급여액의 2.90%
※ 교육지원금＝분기별 100,000원(매 분기별 첫 달에 지급)

박○○ 사원의 5월 급여내역이 다음과 같고 전월과 동일하게 근무하였으나, 특별수당은 없고 차량지원금으로 100,000원을 받게 된다면, 6월에 받게 되는 급여는 얼마인가? (단, 원 단위 절삭)

(주) 서원플랜테크 5월 급여내역			
성명	박○○	지급일	5월 12일
기본급여	2,240,000	갑근세	39,530
직무수당	400,000	주민세	3,950
명절 상여금		고용보험	11,970
특별수당	20,000	국민연금	119,700
차량지원금		건강보험	77,140
교육지원		기타	
급여계	2,660,000	공제합계	252,290
		지급총액	2,407,710

① 2,443,910
② 2,453,910
③ 2,463,910
④ 2,473,910

업무상 계산을 수행하거나 결과를 정리하고 업무비용을 측정하는 능력을 평가하기 위한 문제로서, 주어진 자료에서 문제를 해결하는 데에 필요한 부분을 빠르고 정확하게 찾아내는 것이 중요하다.

기본 급여	2,240,000	갑근세	46,370
직무 수당	400,000	주민세	4,630
명절 상여금		고용 보험	12,330
특별 수당		국민 연금	123,300
차량 지원금	100,000	건강 보험	79,460
교육 지원		기타	
급여계	2,740,000	공제 합계	266,090
		지급 총액	2,473,910

답 ④

(3) 수리능력의 중요성

① 수학적 사고를 통한 문제해결

② 직업세계의 변화에의 적응

③ 실용적 가치의 구현

(4) 단위환산표

구분	단위환산
길이	$1cm = 10mm$, $1m = 100cm$, $1km = 1,000m$
넓이	$1cm^2 = 100mm^2$, $1m^2 = 10,000cm^2$, $1km^2 = 1,000,000m^2$
부피	$1cm^3 = 1,000mm^3$, $1m^3 = 1,000,000cm^3$, $1km^3 = 1,000,000,000m^3$
들이	$1m\ell = 1cm^3$, $1d\ell = 100cm^3$, $1L = 1,000cm^3 = 10d\ell$
무게	$1kg = 1,000g$, $1t = 1,000kg = 1,000,000g$
시간	1분 = 60초, 1시간 = 60분 = 3,600초
할푼리	1푼 = 0.1할, 1리 = 0.01할, 1모 = 0.001할

예제 2

둘레의 길이가 4.4km인 정사각형 모양의 공원이 있다. 이 공원의 넓이는 몇 a 인가?

① 12,100a

② 1,210a

③ 121a

④ 12.1a

길이, 넓이, 부피, 들이, 무게, 시간, 속도 등 단위에 대한 기본적인 환산 능력을 평가하는 문제로서, 소수점 계산이 필요하며, 자릿수를 읽고 구분할 줄 알아야 한다.

해 설

공원의 한 변의 길이는
$4.4 \div 4 = 1.1(km)$이고
$1km^2 = 10000a$이므로
공원의 넓이는
$1.1km \times 1.1km = 1.21km^2 = 12100a$

 답 ①

② 수리능력을 구성하는 하위능력

(1) 기초연산능력

① 사칙연산 : 수에 관한 덧셈, 뺄셈, 곱셈, 나눗셈의 네 종류의 계산법으로 업무를 원활하게 수행하기 위해서는 기본적인 사칙연산뿐만 아니라 다단계의 복잡한 사칙연산까지도 수행할 수 있어야 한다.

② 검산 : 연산의 결과를 확인하는 과정으로 대표적인 검산방법으로 역연산과 구거법이 있다.

   ⑦ 역연산 : 덧셈은 뺄셈으로, 뺄셈은 덧셈으로, 곱셈은 나눗셈으로, 나눗셈은 곱셈으로 확인하는 방법이다.

   ⓒ 구거법 : 원래의 수와 각 자리 수의 합이 9로 나눈 나머지가 같다는 원리를 이용한 것으로 9를 버리고 남은 수로 계산하는 것이다.

예제 3

다음 식을 바르게 계산한 것은?

$$1 + \frac{2}{3} + \frac{1}{2} - \frac{3}{4}$$

① $\frac{13}{12}$ ② $\frac{15}{12}$

③ $\frac{17}{12}$ ④ $\frac{19}{12}$

출제의도

직장생활에서 필요한 기초적인 사칙연산과 계산방법을 이해하고 활용할 수 있는 능력을 평가하는 문제로서, 분수의 계산과 통분에 대한 기본적인 이해가 필요하다.

해 설

$$\frac{12}{12} + \frac{8}{12} + \frac{6}{12} - \frac{9}{12} = \frac{17}{12}$$

답 ③

---

(2) 기초통계능력

① 업무수행과 통계

   ⑦ 통계의 의미 : 통계란 집단현상에 대한 구체적인 양적 기술을 반영하는 숫자이다.

   ⓒ 업무수행에 통계를 활용함으로써 얻을 수 있는 이점

- 많은 수량적 자료를 처리가능하고 쉽게 이해할 수 있는 형태로 축소
- 표본을 통해 연구대상 집단의 특성을 유추
- 의사결정의 보조수단
- 관찰 가능한 자료를 통해 논리적으로 결론을 추출·검증

ⓒ 기본적인 통계치
- 빈도와 빈도분포 : 빈도란 어떤 사건이 일어나거나 증상이 나타나는 정도를 의미하며, 빈도분포란 빈도를 표나 그래프로 종합적으로 표시하는 것이다.
- 평균 : 모든 사례의 수치를 합한 후 총 사례 수로 나눈 값이다.
- 백분율 : 전체의 수량을 100으로 하여 생각하는 수량이 그중 몇이 되는가를 퍼센트로 나타낸 것이다.

② 통계기법

ⓐ 범위와 평균
- 범위 : 분포의 흩어진 정도를 가장 간단히 알아보는 방법으로 최곳값에서 최젓값을 뺀 값을 의미한다.
- 평균 : 집단의 특성을 요약하기 위해 가장 자주 활용하는 값으로 모든 사례의 수치를 합한 후 총 사례 수로 나눈 값이다.
- 관찰값이 1, 3, 5, 7, 9일 경우 범위는 9 − 1 = 8이 되고, 평균은 $\frac{1+3+5+7+9}{5}$ = 5가 된다.

ⓑ 분산과 표준편차
- 분산 : 관찰값의 흩어진 정도로, 각 관찰값과 평균값의 차의 제곱의 평균이다.
- 표준편차 : 평균으로부터 얼마나 떨어져 있는가를 나타내는 개념으로 분산값의 제곱근 값이다.
- 관찰값이 1, 2, 3이고 평균이 2인 집단의 분산은 $\frac{(1-2)^2+(2-2)^2+(3-2)^2}{3}$ = $\frac{2}{3}$ 이고 표준편차는 분산값의 제곱근 값인 $\sqrt{\frac{2}{3}}$ 이다.

③ 통계자료의 해석

ⓐ 다섯숫자요약
- 최솟값 : 원자료 중 값의 크기가 가장 작은 값
- 최댓값 : 원자료 중 값의 크기가 가장 큰 값
- 중앙값 : 최솟값부터 최댓값까지 크기에 의하여 배열했을 때 중앙에 위치하는 사례의 값
- 하위 25%값 · 상위 25%값 : 원자료를 크기 순으로 배열하여 4등분한 값

ⓑ 평균값과 중앙값 : 평균값과 중앙값은 그 개념이 다르기 때문에 명확하게 제시해야 한다.

예제 4

인터넷 쇼핑몰에서 회원가입을 하고 디지털캠코더를 구매하려고 한다. 다음은 구입하고자 하는 모델에 대하여 인터넷 쇼핑몰 세 곳의 가격과 조건을 제시한 표이다. 표에 있는 모든 혜택을 적용하였을 때 디지털캠코더의 배송비를 포함한 실제 구매가격을 바르게 비교한 것은?

구분	A 쇼핑몰	B 쇼핑몰	C 쇼핑몰
정상가격	129,000원	131,000원	130,000원
회원혜택	7,000원 할인	3,500원 할인	7% 할인
할인쿠폰	5% 쿠폰	3% 쿠폰	5,000원
중복할인여부	불가	가능	불가
배송비	2,000원	무료	2,500원

① A<B<C
② B<C<A
③ C<A<B
④ C<B<A

출제의도

직장생활에서 자주 사용되는 기초적인 통계기법을 활용하여 자료의 특성과 경향성을 파악하는 능력이 요구되는 문제이다.

해설

㉠ A 쇼핑몰
  • 회원혜택을 선택한 경우 : 129,000 $-7,000+2,000=124,000$(원)
  • 5% 할인쿠폰을 선택한 경우 : $129,000\times0.95+2,000=124,550$
㉡ B 쇼핑몰 : $131,000\times0.97-3,500=123,570$
㉢ C 쇼핑몰
  • 회원혜택을 선택한 경우 : $130,000\times0.93+2,500=123,400$
  • 5,000원 할인쿠폰을 선택한 경우 : $130,000-5,000+2,500$ $=127,500$
∴ C<B<A

답 ④

(3) 도표분석능력

① 도표의 종류

  ㉠ 목적별 : 관리(계획 및 통제), 해설(분석), 보고

  ㉡ 용도별 : 경과 그래프, 내역 그래프, 비교 그래프, 분포 그래프, 상관 그래프, 계산 그래프

  ㉢ 형상별 : 선 그래프, 막대 그래프, 원 그래프, 점 그래프, 층별 그래프, 레이더 차트

② 도표의 활용

　㉠ 선 그래프

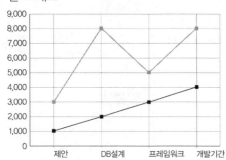

- 주로 시간의 경과에 따라 수량에 의한 변화 상황(시계열 변화)을 절선의 기울기로 나타내는 그래프이다.
- 경과, 비교, 분포를 비롯하여 상관관계 등을 나타낼 때 쓰인다.

　㉡ 막대 그래프

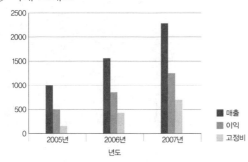

- 비교하고자 하는 수량을 막대 길이로 표시하고 그 길이를 통해 수량 간의 대소관계를 나타내는 그래프이다.
- 내역, 비교, 경과, 도수 등을 표시하는 용도로 쓰인다.

　㉢ 원 그래프

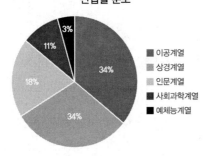

- 내역이나 내용의 구성비를 원을 분할하여 나타낸 그래프이다.
- 전체에 대해 부분이 차지하는 비율을 표시하는 용도로 쓰인다.

ⓔ 점 그래프

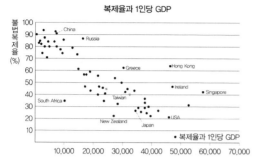

- 종축과 횡축에 2요소를 두고 보고자 하는 것이 어떤 위치에 있는가를 나타내는 그래프이다.
- 지역분포를 비롯하여 도시, 기방, 기업, 상품 등의 평가나 위치·성격을 표시하는데 쓰인다.

ⓜ 층별 그래프

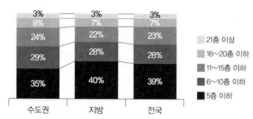

- 선 그래프의 변형으로 연속내역 봉 그래프라고 할 수 있다. 선과 선 사이의 크기로 데이터 변화를 나타낸다.
- 합계와 부분의 크기를 백분율로 나타내고 시간적 변화를 보고자 할 때나 합계와 각 부분의 크기를 실수로 나타내고 시간적 변화를 보고자 할 때 쓰인다.

ⓗ 레이더 차트(거미줄 그래프)

- 원 그래프의 일종으로 비교하는 수량을 직경, 또는 반경으로 나누어 원의 중심에서의 거리에 따라 각 수량의 관계를 나타내는 그래프이다.
- 비교하거나 경과를 나타내는 용도로 쓰인다.

③ 도표 해석상의 유의사항

    ㉠ 요구되는 지식의 수준을 넓힌다.

    ㉡ 도표에 제시된 자료의 의미를 정확히 숙지한다.

    ㉢ 도표로부터 알 수 있는 것과 없는 것을 구별한다.

    ㉣ 총량의 증가와 비율의 증가를 구분한다.

    ㉤ 백분위수와 사분위수를 정확히 이해하고 있어야 한다.

예제 5

다음 표는 2020 ～ 2021년 지역별 직장인들의 자기개발에 관해 조사한 내용을 정리한 것이다. 이에 대한 분석으로 옳은 것은?

(단위 : %)

연도 / 지역 \ 구분	2020				2021			
	자기개발 하고 있음	자기개발 비용 부담 주체			자기개발 하고 있음	자기개발 비용 부담 주체		
		직장 100%	본인 100%	직장50% + 본인50%		직장 100%	본인 100%	직장50% + 본인50%
충청도	36.8	8.5	88.5	3.1	45.9	9.0	65.5	24.5
제주도	57.4	8.3	89.1	2.9	68.5	7.9	68.3	23.8
경기도	58.2	12	86.3	2.6	71.0	7.5	74.0	18.5
서울시	60.6	13.4	84.2	2.4	72.7	11.0	73.7	15.3
경상도	40.5	10.7	86.1	3.2	51.0	13.6	74.9	11.6

① 2020년과 2021년 모두 자기개발 비용을 본인이 100% 부담하는 사람의 수는 응답자의 절반 이상이다.

② 자기개발을 하고 있다고 응답한 사람의 수는 2020년과 2021년 모두 서울시가 가장 많다.

③ 자기개발 비용을 직장과 본인이 각각 절반씩 부담하는 사람의 비율은 2020년과 2021년 모두 서울시가 가장 높다.

④ 2020년과 2021년 모두 자기개발을 하고 있다고 응답한 비율이 가장 높은 지역에서 자기개발비용을 직장이 100% 부담한다고 응답한 사람의 비율이 가장 높다.

(4) 도표작성능력

① 도표작성 절차

    ㉠ 어떠한 도표로 작성할 것인지를 결정

    ㉡ 가로축과 세로축에 나타낼 것을 결정

    ㉢ 한 눈금의 크기를 결정

    ㉣ 자료의 내용을 가로축과 세로축이 만나는 곳에 표현

    ㉤ 표현한 점들을 선분으로 연결

    ㉥ 도표의 제목을 표기

② 도표작성 시 유의사항

    ㉠ 선 그래프 작성 시 유의점

- 세로축에 수량, 가로축에 명칭구분을 제시한다.
- 선의 높이에 따라 수치를 파악하는 경우가 많으므로 세로축의 눈금을 가로축보다 크게 하는 것이 효과적이다.
- 선이 두 종류 이상일 경우 반드시 그 명칭을 기입한다.

    ㉡ 막대 그래프 작성 시 유의점

- 막대 수가 많을 경우에는 눈금선을 기입하는 것이 알아보기 쉽다.
- 막대의 폭은 모두 같게 하여야 한다.

    ㉢ 원 그래프 작성 시 유의점

- 정각 12시의 선을 기점으로 오른쪽으로 그리는 것이 보통이다.
- 분할선은 구성비율이 큰 순서로 그린다.

    ㉣ 층별 그래프 작성 시 유의점

- 눈금은 선 그래프나 막대 그래프보다 적게 하고 눈금선은 넣지 않는다.
- 층별로 색이나 모양이 완전히 다른 것이어야 한다.
- 같은 항목은 옆에 있는 층과 선으로 연결하여 보기 쉽도록 한다.

문제해결능력(공통)

1 문제와 문제해결

(1) 문제의 정의와 분류

① 정의 : 업무를 수행함에 있어서 답을 요구하는 질문이나 의논하여 해결해야 되는 사항이다.

② 문제의 분류

구분	창의적 문제	분석적 문제
문제제시 방법	현재 문제가 없더라도 보다 나은 방법을 찾기 위한 문제 탐구→문제 자체가 명확하지 않음	현재의 문제점이나 미래의 문제로 예견될 것에 대한 문제 탐구→문제 자체가 명확함
해결방법	창의력에 의한 많은 아이디어의 작성을 통해 해결	분석, 논리, 귀납과 같은 논리적 방법을 통해 해결
해답 수	해답의 수가 많으며, 많은 답 가운데 보다 나은 것을 선택	답의 수가 적으며 한정되어 있음
주요특징	주관적, 직관적, 감각적, 정성적, 개별적, 특수성	객관적, 논리적, 정량적, 이성적, 일반적, 공통성

(2) 업무수행과정에서 발생하는 문제 유형

① 발생형 문제(보이는 문제) : 현재 직면하여 해결하기 위해 고민하는 문제이다. 원인이 내재되어 있기 때문에 원인지향적인 문제라고도 한다.

　㉠ 일탈문제 : 어떤 기준을 일탈함으로써 생기는 문제

　㉡ 미달문제 : 어떤 기준에 미달하여 생기는 문제

② 탐색형 문제(찾는 문제) : 현재의 상황을 개선하거나 효율을 높이기 위한 문제이다. 방치할 경우 큰 손실이 따르거나 해결할 수 없는 문제로 나타나게 된다.

　㉠ 잠재문제 : 문제가 잠재되어 있어 인식하지 못하다가 확대되어 해결이 어려운 문제

　㉡ 예측문제 : 현재로는 문제가 없으나 현 상태의 진행 상황을 예측하여 찾아야 앞으로 일어날 수 있는 문제가 보이는 문제

　㉢ 발견문제 : 현재로서는 담당 업무에 문제가 없으나 선진기업의 업무 방법 등 보다 좋은 제도나 기법을 발견하여 개선시킬 수 있는 문제

③ 설정형 문제(미래 문제) : 장래의 경영전략을 생각하는 것으로 앞으로 어떻게 할 것인가 하는 문제이다. 문제해결에 창조적인 노력이 요구되어 창조적 문제라고도 한다.

예제 1

D회사 신입사원으로 입사한 귀하는 신입사원 교육에서 업무수행과정에서 발생하는 문제 유형 중 설정형 문제를 하나씩 찾아오라는 지시를 받았다. 이에 대해 귀하는 교육받은 내용을 다시 복습하려고 한다. 설정형 문제에 해당하는 것은?

① 현재 직면하여 해결하기 위해 고민하는 문제
② 현재의 상황을 개선하거나 효율을 높이기 위한 문제
③ 앞으로 어떻게 할 것인가 하는 문제
④ 원인이 내재되어 있는 원인지향적인 문제

---

(3) 문제해결

① 정의 : 목표와 현상을 분석하고 이 결과를 토대로 과제를 도출하여 최적의 해결책을 찾아 실행·평가해 가는 활동이다.

② 문제해결에 필요한 기본적 사고

  ㉠ 전략적 사고 : 문제와 해결방안이 상위 시스템과 어떻게 연결되어 있는지를 생각한다.

  ㉡ 분석적 사고 : 전체를 각각의 요소로 나누어 그 의미를 도출하고 우선순위를 부여하여 구체적인 문제해결방법을 실행한다.

  ㉢ 발상의 전환 : 인식의 틀을 전환하여 새로운 관점으로 바라보는 사고를 지향한다.

  ㉣ 내·외부자원의 활용 : 기술, 재료, 사람 등 필요한 자원을 효과적으로 활용한다.

③ 문제해결의 장애요소

  ㉠ 문제를 철저하게 분석하지 않는 경우

  ㉡ 고정관념에 얽매이는 경우

  ㉢ 쉽게 떠오르는 단순한 정보에 의지하는 경우

  ㉣ 너무 많은 자료를 수집하려고 노력하는 경우

④ 문제해결방법

  ㉠ 소프트 어프로치 : 문제해결을 위해서 직접적인 표현보다는 무언가를 시사하거나 암시를 통하여 의사를 전달하여 문제해결을 도모하고자 한다.

ⓒ 하드 어프로치 : 상이한 문화적 토양을 가지고 있는 구성원을 가정하고, 서로의 생각을 직설적으로 주장하고 논쟁이나 협상을 통해 서로의 의견을 조정해 가는 방법이다.

ⓒ 퍼실리테이션(facilitation) : 촉진을 의미하며 어떤 그룹이나 집단이 의사결정을 잘 하도록 도와주는 일을 의미한다.

❷ 문제해결능력을 구성하는 하위능력

(1) 사고력

① 창의적 사고 : 개인이 가지고 있는 경험과 지식을 통해 새로운 가치 있는 아이디어를 산출하는 사고능력이다.

ㄱ 창의적 사고의 특징
- 정보와 정보의 조합
- 사회나 개인에게 새로운 가치 창출
- 창조적인 가능성

예제 2

M사 홍보팀에서 근무하고 있는 귀하는 입사 5년차로 창의적인 기획안을 제출하기로 유명하다. S부장은 이번 신입사원 교육 때 귀하에게 창의적인 사고란 무엇인지 교육을 맡아달라고 부탁하였다. 창의적인 사고에 대한 귀하의 설명으로 옳지 않은 것은?

① 창의적인 사고는 새롭고 유용한 아이디어를 생산해 내는 정신적인 과정이다.
② 창의적인 사고는 특별한 사람들만이 할 수 있는 대단한 능력이다.
③ 창의적인 사고는 기존의 정보들을 특정한 요구조건에 맞거나 유용하도록 새롭게 조합시킨 것이다.
④ 창의적인 사고는 통상적인 것이 아니라 기발하거나, 신기하며 독창적인 것이다.

출제의도

창의적 사고에 대한 개념을 정확히 파악하고 있는지를 묻는 문항이다.

해 설

흔히 사람들은 창의적인 사고에 대해 특별한 사람들만이 할 수 있는 대단한 능력이라고 생각하지만 그리 대단한 능력이 아니며 이미 알고 있는 경험과 지식을 해체하여 다시 새로운 정보로 결합하여 가치 있는 아이디어를 산출하는 사고라고 할 수 있다.

답 ②

ㄴ 발산적 사고 : 창의적 사고를 위해 필요한 것으로 자유연상법, 강제연상법, 비교발상법 등을 통해 개발할 수 있다.

구분	내용
자유연상법	생각나는 대로 자유롭게 발상 ex) 브레인스토밍
강제연상법	각종 힌트에 강제적으로 연결 지어 발상 ex) 체크리스트
비교발상법	주제의 본질과 닮은 것을 힌트로 발상 ex) NM법, Synectics

Point » 브레인스토밍

ⓐ 진행방법
- 주제를 구체적이고 명확하게 정한다.
- 구성원의 얼굴을 볼 수 있는 좌석 배치와 큰 용지를 준비한다.
- 구성원들의 다양한 의견을 도출할 수 있는 사람을 리더로 선출한다.
- 구성원은 다양한 분야의 사람들로 5~8명 정도로 구성한다.
- 발언은 누구나 자유롭게 할 수 있도록 하며, 모든 발언 내용을 기록한다.
- 아이디어에 대한 평가는 비판해서는 안 된다.

ⓑ 4대 원칙
- 비판엄금(Support) : 평가 단계 이전에 결코 비판이나 판단을 해서는 안 되며 평가는 나중까지 유보한다.
- 자유분방(Silly) : 무엇이든 자유롭게 말하고 이런 바보 같은 소리를 해서는 안 된다는 등의 생각은 하지 않아야 한다.
- 질보다 양(Speed) : 질에는 관계없이 가능한 많은 아이디어들을 생성해내도록 격려한다.
- 결합과 개선(Synergy) : 다른 사람의 아이디어에 자극되어 보다 좋은 생각이 떠오르고, 서로 조합하면 재미있는 아이디어가 될 것 같은 생각이 들면 즉시 조합시킨다.

② 논리적 사고 : 사고의 전개에 있어 전후의 관계가 일치하고 있는가를 살피고 아이디어를 평가하는 사고능력이다.

ⓐ 논리적 사고를 위한 5가지 요소 : 생각하는 습관, 상대 논리의 구조화, 구체적인 생각, 타인에 대한 이해, 설득

ⓑ 논리적 사고 개발 방법
- 피라미드 구조 : 하위의 사실이나 현상부터 사고하여 상위의 주장을 만들어가는 방법
- so what기법 : '그래서 무엇이지?'하고 자문자답하여 주어진 정보로부터 가치 있는 정보를 이끌어 내는 사고 기법

③ 비판적 사고 : 어떤 주제나 주장에 대해서 적극적으로 분석하고 종합하며 평가하는 능동적인 사고이다.

ⓐ 비판적 사고 개발 태도 : 비판적 사고를 개발하기 위해서는 지적 호기심, 객관성, 개방성, 융통성, 지적 회의성, 지적 정직성, 체계성, 지속성, 결단성, 다른 관점에 대한 존중과 같은 태도가 요구된다.

ⓑ 비판적 사고를 위한 태도
- 문제의식 : 비판적인 사고를 위해서 가장 먼저 필요한 것은 바로 문제의식이다. 자신이 지니고 있는 문제와 목적을 확실하고 정확하게 파악하는 것이 비판적인 사고의 시작이다.
- 고정관념 타파 : 지각의 폭을 넓히는 일은 정보에 대한 개방성을 가지고 편견을 갖지 않는 것으로 고정관념을 타파하는 일이 중요하다.

(2) 문제처리능력과 문제해결절차

① 문제처리능력 : 목표와 현상을 분석하고 이를 토대로 문제를 도출하여 최적의 해결책을 찾아 실행·평가하는 능력이다.

② 문제해결절차 : 문제 인식 → 문제 도출 → 원인 분석 → 해결안 개발 → 실행 및 평가

    ㉠ 문제 인식 : 문제해결과정 중 'what'을 결정하는 단계로 환경 분석 → 주요 과제 도출 → 과제 선정의 절차를 통해 수행된다.

        • 3C 분석 : 환경 분석 방법의 하나로 사업환경을 구성하고 있는 요소인 자사(Company), 경쟁사(Competitor), 고객(Customer)을 분석하는 것이다.

예제 3

L사에서 주력 상품으로 밀고 있는 TV의 판매 이익이 감소하고 있는 상황에서 귀하는 B부장으로부터 3C분석을 통해 해결방안을 강구해 오라는 지시를 받았다. 다음 중 3C에 해당하지 않는 것은?

① Customer   ② Company
③ Competitor   ④ Content

출제의도

3C의 개념과 구성요소를 정확히 숙지하고 있는지를 측정하는 문항이다.

해 설

3C 분석에서 사업 환경을 구성하고 있는 요소인 자사(Company), 경쟁사(Competitor), 고객을 3C(Customer)라고 한다. 3C 분석에서 고객 분석에서는 '고객은 자사의 상품·서비스에 만족하고 있는지를, 자사 분석에서는 '자사가 세운 달성목표와 현상 간에 차이가 없는지를 경쟁사 분석에서는 '경쟁 기업의 우수한 점과 자사의 현상과 차이가 없는지에 대한 질문을 통해서 환경을 분석하게 된다.

답 ④

        • SWOT 분석 : 기업내부의 강점과 약점, 외부환경의 기회와 위협요인을 분석·평가하여 문제해결 방안을 개발하는 방법이다.

		내부환경요인	
		강점(Strengths)	약점(Weaknesses)
외부환경요인	기회 (Opportunities)	SO 내부강점과 외부기회 요인을 극대화	WO 외부기회를 이용하여 내부약점을 강점으로 전환
	위협 (Threat)	ST 외부위협을 최소화하기 위해 내부강점을 극대화	WT 내부약점과 외부위협을 최소화

ⓛ 문제 도출 : 선정된 문제를 분석하여 해결해야 할 것이 무엇인지를 명확히 하는 단계로, 문제 구조 파악→핵심 문제 선정 단계를 거쳐 수행된다.

  • Logic Tree : 문제의 원인을 파고들거나 해결책을 구체화할 때 제한된 시간 안에서 넓이와 깊이를 추구하는데 도움이 되는 기술로 주요 과제를 나무모양으로 분해·정리하는 기술이다.

ⓒ 원인 분석 : 문제 도출 후 파악된 핵심 문제에 대한 분석을 통해 근본 원인을 찾는 단계로 Issue 분석→Data 분석→원인 파악의 절차로 진행된다.

ⓔ 해결안 개발 : 원인이 밝혀지면 이를 효과적으로 해결할 수 있는 다양한 해결안을 개발하고 최선의 해결안을 선택하는 것이 필요하다.

ⓜ 실행 및 평가 : 해결안 개발을 통해 만들어진 실행계획을 실제 상황에 적용하는 활동으로 실행계획 수립→실행→Follow-up의 절차로 진행된다.

예제 4

C사는 최근 국내 매출이 지속적으로 하락하고 있어 사내 분위기가 심상치 않다. 이에 대해 Y부장은 이 문제를 극복하고자 문제처리 팀을 구성하여 해결방안을 모색하도록 지시하였다. 문제처리 팀의 문제해결 절차를 올바른 순서로 나열한 것은?

① 문제 인식 → 원인 분석 → 해결안 개발 → 문제 도출 → 실행 및 평가
② 문제 도출 → 문제 인식 → 해결안 개발 → 원인 분석 → 실행 및 평가
③ 문제 인식 → 원인 분석 → 문제 도출 → 해결안 개발 → 실행 및 평가
④ 문제 인식 → 문제 도출 → 원인 분석 → 해결안 개발 → 실행 및 평가

출제의도

실제 업무 상황에서 문제가 일어났을 때 해결 절차를 알고 있는지를 측정하는 문항이다.

해 설

일반적인 문제해결절차는 '문제 인식 → 문제 도출 → 원인 분석 → 해결안 개발 → 실행 및 평가'로 이루어진다.

답 ④

CHAPTER

04 정보능력(사무)

① 정보화사회와 정보능력

(1) 정보와 정보화사회

① 자료 · 정보 · 지식

구분	특징
자료(Data)	객관적 실제의 반영이며, 그것을 전달할 수 있도록 기호화한 것
정보(Information)	자료를 특정한 목적과 문제해결에 도움이 되도록 가공한 것
지식(Knowledge)	정보를 집적하고 체계화하여 장래의 일반적인 사항에 대비해 보편성을 갖도록 한 것

② 정보화사회 : 필요로 하는 정보가 사회의 중심이 되는 사회

(2) 업무수행과 정보능력

① 컴퓨터의 활용 분야

  ㉠ 기업 경영 분야에서의 활용 : 판매, 회계, 재무, 인사 및 조직관리, 금융 업무 등

  ㉡ 행정 분야에서의 활용 : 민원처리, 각종 행정 통계 등

  ㉢ 산업 분야에서의 활용 : 공장 자동화, 산업용 로봇, 판매시점 관리시스템(POS) 등

  ㉣ 기타 분야에서의 활용 : 교육, 연구소, 출판, 가정, 도서관, 예술 분야 등

② 정보처리과정

  ㉠ 정보 활용 절차 : 기획 → 수집 → 관리 → 활용

  ㉡ 5W2H : 정보 활용의 전략적 기획

   • WHAT(무엇을?) : 정보의 입수대상을 명확히 한다.

   • WHERE(어디에서?) : 정보의 소스(정보원)를 파악한다.

   • WHEN(언제까지) : 정보의 요구(수집)시점을 고려한다.

   • WHY(왜?) : 정보의 필요목적을 염두에 둔다.

   • WHO(누가?) : 정보활동의 주체를 확정한다.

- HOW(어떻게) : 정보의 수집방법을 검토한다.
- HOW MUCH(얼마나?) : 정보수집의 비용성(효용성)을 중시한다.

예제 1

5W2H는 정보를 전략적으로 수집 · 활용할 때 주로 사용하는 방법이다. 5W2H에 대한 설명으로 옳지 않은 것은?

① WHAT : 정보의 수집방법을 검토한다.
② WHERE : 정보의 소스(정보원)를 파악한다.
③ WHEN : 정보의 요구(수집)시점을 고려한다.
④ HOW : 정보의 수집방법을 검토한다.

(3) 사이버공간에서 지켜야 할 예절

① 인터넷의 역기능

㉠ 불건전 정보의 유통

㉡ 개인 정보 유출

㉢ 사이버 성폭력

㉣ 사이버 언어폭력

㉤ 언어 훼손

㉥ 인터넷 중독

㉦ 불건전한 교제

㉧ 저작권 침해

② 네티켓(netiquette) : 네트워크(network) + 에티켓(etiquette)

(4) 정보의 유출에 따른 피해사례

① 개인정보의 종류

    ㉠ 일반 정보 : 이름, 주민등록번호, 운전면허정보, 주소, 전화번호, 생년월일, 출생지, 본적지, 성별, 국적 등

    ㉡ 가족 정보 : 가족의 이름, 직업, 생년월일, 주민등록번호, 출생지 등

    ㉢ 교육 및 훈련 정보 : 최종학력, 성적, 기술자격증/전문면허증, 이수훈련 프로그램, 서클 활동, 상벌사항, 성격/행태보고 등

    ㉣ 병역 정보 : 군번 및 계급, 제대유형, 주특기, 근무부대 등

    ㉤ 부동산 및 동산 정보 : 소유주택 및 토지, 자동차, 저축현황, 현금카드, 주식 및 채권, 수집품, 고가의 예술품 등

    ㉥ 소득 정보 : 연봉, 소득의 원천, 소득세 지불 현황 등

    ㉦ 기타 수익 정보 : 보험가입현황, 수익자, 회사의 판공비 등

    ㉧ 신용 정보 : 대부상황, 저당, 신용카드, 담보설정 여부 등

    ㉨ 고용 정보 : 고용주, 회사주소, 상관의 이름, 직무수행 평가 기록, 훈련기록, 상벌기록 등

    ㉩ 법적 정보 : 전과기록, 구속기록, 이혼기록 등

    ㉪ 의료 정보 : 가족병력기록, 과거 의료기록, 신체장애, 혈액형 등

    ㉫ 조직 정보 : 노조가입, 정당가입, 클럽회원, 종교단체 활동 등

    ㉬ 습관 및 취미 정보 : 흡연/음주량, 여가활동, 도박성향, 비디오 대여기록 등

② 개인정보 유출방지 방법

    ㉠ 회원 가입 시 이용 약관을 읽는다.

    ㉡ 이용 목적에 부합하는 정보를 요구하는지 확인한다.

    ㉢ 비밀번호는 정기적으로 교체한다.

    ㉣ 정체불명의 사이트는 멀리한다.

    ㉤ 가입 해지 시 정보 파기 여부를 확인한다.

    ㉥ 남들이 쉽게 유추할 수 있는 비밀번호는 자제한다.

② 정보능력을 구성하는 하위능력

(1) 컴퓨터활용능력

① 인터넷 서비스 활용

   ㉠ 전자우편(E-mail) 서비스 : 정보 통신망을 이용하여 다른 사용자들과 편지나 여러 정보를 주고받는 통신 방법

   ㉡ 인터넷 디스크/웹 하드 : 웹 서버에 대용량의 저장 기능을 갖추고 사용자가 개인용 컴퓨터의 하드디스크와 같은 기능을 인터넷을 통하여 이용할 수 있게 하는 서비스

   ㉢ 메신저 : 인터넷에서 실시간으로 메시지와 데이터를 주고받을 수 있는 소프트웨어

   ㉣ 전자상거래 : 인터넷을 통해 상품을 사고팔거나 재화나 용역을 거래하는 사이버 비즈니스

② 정보검색 : 여러 곳에 분산되어 있는 수많은 정보 중에서 특정 목적에 적합한 정보만을 신속하고 정확하게 찾아내어 수집, 분류, 축적하는 과정

   ㉠ 검색엔진의 유형

   • 키워드 검색 방식 : 찾고자 하는 정보와 관련된 핵심적인 언어인 키워드를 직접 입력하여 이를 검색 엔진에 보내어 검색 엔진이 키워드와 관련된 정보를 찾는 방식

   • 주제별 검색 방식 : 인터넷상에 존재하는 웹 문서들을 주제별, 계층별로 정리하여 데이터베이스를 구축한 후 이용하는 방식

   • 통합형 검색방식 : 사용자가 입력하는 검색어들이 연계된 다른 검색 엔진에게 보내고 이를 통하여 얻어진 검색 결과를 사용자에게 보여주는 방식

   ㉡ 정보 검색 연산자

기호	연산자	검색조건
*, &	AND	두 단어가 모두 포함된 문서를 검색
		OR	두 단어가 모두 포함되거나 두 단어 중에서 하나만 포함된 문서를 검색
-, !	NOT	'-' 기호나 '!' 기호 다음에 오는 단어는 포함하지 않는 문서를 검색
~, near	인접검색	앞/뒤의 단어가 가깝게 있는 문서를 검색

③ 소프트웨어의 활용

   ㉠ 워드프로세서

   • 특징 : 문서의 내용을 화면으로 확인하면서 쉽게 수정 가능, 문서 작성 후 인쇄 및 저장 가능, 글이나 그림의 입력 및 편집 가능

   • 기능 : 입력기능, 표시기능, 저장기능, 편집기능, 인쇄기능 등

ⓛ 스프레드시트
- 특징 : 쉽게 계산 수행, 계산 결과를 차트로 표시, 문서를 작성하고 편집 가능
- 기능 : 계산, 수식, 차트, 저장, 편집, 인쇄기능 등

예제 2

귀하는 커피 전문점을 운영하고 있다. 아래와 같이 엑셀 워크시트로 4개 지점의 원두 구매 수량과 단가를 이용하여 금액을 산출하고 있다. 귀하가 다음 중 D3셀에서 사용하고 있는 함수식으로 옳은 것은? (단, 금액 = 수량 × 단가)

	A	B	C	D	E
1	지점	원두	수량(100g)	금액	
2	A	케냐	15	150000	
3	B	콜롬비아	25	175000	
4	C	케냐	30	300000	
5	D	브라질	35	210000	
6					
7		원두	100g당 단가		
8		케냐	10,000		
9		콜롬비아	7,000		
10		브라질	6,000		
11					

① =C3*VLOOKUP(B3, $B$8:$C$10, 1, 1)

② =B3*HLOOKUP(C3, $B$8:$C$10, 2, 0)

③ =C3*VLOOKUP(B3, $B$8:$C$10, 2, 0)

④ =C3*HLOOKUP($B$8:$C$10, 2, B3)

ⓒ 프레젠테이션
- 특징 : 각종 정보를 사용자 또는 대상자에게 쉽게 전달
- 기능 : 저장, 편집, 인쇄, 슬라이드 쇼 기능 등

ⓓ 유틸리티 프로그램 : 파일 압축 유틸리티, 바이러스 백신 프로그램

④ 데이터베이스의 필요성

ⓐ 데이터의 중복을 줄인다.

ⓑ 데이터의 무결성을 높인다.

ⓒ 검색을 쉽게 해준다.

ⓓ 데이터의 안정성을 높인다.

ⓔ 개발기간을 단축한다.

(2) 정보처리능력

① 정보원 : 1차 자료는 원래의 연구성과가 기록된 자료이며, 2차 자료는 1차 자료를 효과적으로 찾아보기 위한 자료 또는 1차 자료에 포함되어 있는 정보를 압축·정리한 형태로 제공하는 자료이다.

　㉠ 1차 자료 : 단행본, 학술지와 논문, 학술회의자료, 연구보고서, 학위논문, 특허정보, 표준 및 규격자료, 레터, 출판 전 배포자료, 신문, 잡지, 웹 정보자원 등

　㉡ 2차 자료 : 사전, 백과사전, 편람, 연감, 서지데이터베이스 등

② 정보분석 및 가공

　㉠ 정보분석의 절차 : 분석과제의 발생 → 과제(요구)의 분석 → 조사항목의 선정 → 관련정보의 수집(기존자료 조사/신규자료 조사) → 수집정보의 분류 → 항목별 분석 → 종합·결론 → 활용·정리

　㉡ 가공 : 서열화 및 구조화

③ 정보관리

　㉠ 목록을 이용한 정보관리

　㉡ 색인을 이용한 정보관리

　㉢ 분류를 이용한 정보관리

예제 3

인사팀에서 근무하는 J씨는 회사가 성장함에 따라 직원 수가 급증하기 시작하면서 직원들의 정보관리 방법을 모색하던 중 다음과 같은 A사의 직원 정보관리 방법을 보게 되었다. J씨는 A사가 하고 있는 이 방법을 회사에도 도입하고자 한다. 이 방법은 무엇인가?

> A사의 인사부서에 근무하는 H씨는 직원들의 개인정보를 관리하는 업무를 담당하고 있다. A사에서 근무하는 직원은 수천 명에 달하기 때문에 H씨는 주요 키워드나 주제어를 가지고 직원들의 정보를 구분하여 관리하여, 찾을 때도 쉽고 내용을 수정할 때도 이전보다 훨씬 간편할 수 있도록 했다.

① 목록을 활용한 정보관리
② 색인을 활용한 정보관리
③ 분류를 활용한 정보관리
④ 1:1 매칭을 활용한 정보관리

출제의도

본 문항은 정보관리 방법의 개념을 이해하고 있는가를 묻는 문제이다.

해 설

주어진 자료의 A사에서 사용하는 정보관리는 주요 키워드나 주제어를 가지고 정보를 관리하는 방식인 색인을 활용한 정보관리이다. 디지털 파일에 색인을 저장할 경우 추가, 삭제, 변경 등이 쉽다는 점에서 정보관리에 효율적이다.

답 ②

05 기술능력(전기전자/시설환경/차량/승무)

1 기술과 기술능력

(1) 기술과 과학

① 노하우(know-how)와 노와이(know-why)

  ㉠ 노하우 : 특허권을 수반하지 않는 과학자, 엔지니어 등이 가지고 있는 체화된 기술로 경험적이고 반복적인 행위에 의해 얻어진다.

  ㉡ 노와이 : 기술이 성립하고 작용하는가에 관한 원리적 측면에 중심을 둔 개념으로 이론적인 지식으로서 과학적인 탐구에 의해 얻어진다.

② 기술의 특징

  ㉠ 하드웨어나 인간에 의해 만들어진 비자연적인 대상, 혹은 그 이상을 의미한다.

  ㉡ 기술은 노하우(know-how)를 포함한다.

  ㉢ 기술은 하드웨어를 생산하는 과정이다.

  ㉣ 기술은 인간의 능력을 확장시키기 위한 하드웨어와 그것의 활용을 뜻한다.

  ㉤ 기술은 정의 가능한 문제를 해결하기 위해 순서화되고 이해 가능한 노력이다.

③ 기술과 과학 : 기술은 과학과 같이 추상적 이론보다는 실용성, 효용, 디자인을 강조하고 과학은 그 반대로 추상적 이론, 지식을 위한 지식, 본질에 대한 이해를 강조한다.

(2) 기술능력

① 기술능력과 기술교양 : 기술능력은 기술교양의 개념을 보다 구체화시킨 개념으로, 기술교양은 모든 사람들이 광범위한 관점에서 기술의 특성, 기술적 행동, 기술의 힘, 기술의 결과에 대해 어느 정도의 지식을 가지는 것을 의미한다.

② 기술능력이 뛰어난 사람의 특징

  ㉠ 실질적 해결을 필요로 하는 문제를 인식한다.

  ㉡ 인식된 문제를 위한 다양한 해결책을 개발하고 평가한다.

ⓒ 실제적 문제를 해결하기 위해 지식이나 기타 자원을 선택·최적화시키며 적용한다.

ⓔ 주어진 한계 속에서 제한된 자원을 가지고 일한다.

ⓜ 기술적 해결에 대한 효용성을 평가한다.

ⓗ 여러 상황 속에서 기술의 체계와 도구를 사용하고 배울 수 있다.

예제 1

Y그룹 기술연구소에 근무하는 정호는 연구 역량 강화를 위한 업계 워크숍에 참석해 기술 능력이 뛰어난 사람의 특징에 대해 기조 발표를 하려고 한다. 다음 중 정호가 발표에 포함시킬 내용으로 옳지 않은 것은?

① 기술의 체계와 같은 무형의 기술에 대한 능력과는 무관하다.
② 주어진 한계 속에서 제한된 자원을 가지고 일한다.
③ 기술적 해결에 대한 효용성을 평가한다.
④ 실질적 해결을 필요로 하는 문제를 인식한다.

출제의도

기술능력이 뛰어난 사람의 특징에 대해 묻는 문제로 문제의 길이가 길 경우 그 속에 포함된 핵심 어구를 찾는다면 쉽게 풀 수 있는 문제다.

해 설

① 여러 상황 속에서 기술의 체계와 도구를 사용하고 배울 수 있다.

답 ①

---

③ 새로운 기술능력 습득방법

ⓐ 전문 연수원을 통한 기술과정 연수

ⓑ E-learning을 활용한 기술교육

ⓒ 상급학교 진학을 통한 기술교육

ⓓ OJT를 활용한 기술교육

(3) 분야별 유망 기술 전망

① 전기전자정보공학분야 : 지능형 로봇 분야

② 기계공학분야 : 하이브리드 자동차 기술

③ 건설환경공학분야 : 지속가능한 건축 시스템 기술

④ 화학생명공학분야 : 재생에너지 기술

(4) 지속가능한 기술

① 지속가능한 발전 : 지금 우리의 현재 욕구를 충족시키면서 동시에 후속 세대의 욕구 충족을 침해하지 않는 발전

② 지속가능한 기술

ⓐ 이용 가능한 자원과 에너지를 고려하는 기술

ⓛ 자원이 사용되고 그것이 재생산되는 비율의 조화를 추구하는 기술

ⓒ 자원의 질을 생각하는 기술

ⓔ 자원이 생산적인 방식으로 사용되는가에 주의를 기울이는 기술

(5) 산업재해

① 산업재해란 산업 활동 중의 사고로 인해 사망하거나 부상을 당하고, 또는 유해 물질에 의한 중독 등으로 직업성 질환에 걸리거나 신체적 장애를 가져오는 것을 말한다.

② 산업 재해의 기본적 원인

ⓐ 교육적 원인 : 안전 지식의 불충분, 안전 수칙의 오해, 경험이나 훈련의 불충분과 작업관리자의 작업 방법의 교육 불충분, 유해 위험 작업 교육 불충분 등

ⓑ 기술적 원인 : 건물·기계 장치의 설계 불량, 구조물의 불안정, 재료의 부적합, 생산 공정의 부적당, 점검·정비·보존의 불량 등

ⓒ 작업 관리상 원인 : 안전 관리 조직의 결함, 안전 수칙 미제정, 작업 준비 불충분, 인원 배치 및 작업 지시 부적당 등

예제 2

다음은 철재가 알아낸 산업재해 원인과 관련된 자료이다. 다음 자료에 해당하는 산업재해의 기본적인 원인은 무엇인가?

〈산업재해 현황분석 자료에 따른 사망자의 수〉

(단위 : 명)

사망원인	사망자 수
안전 지식의 불충분	120
안전 수칙의 오해	56
경험이나 훈련의 불충분	73
작업관리자의 작업방법 교육 불충분	28
유해 위험 작업 교육 불충분	91
기타	4

① 정책적 원인　　　　　② 작업 관리상 원인
③ 기술적 원인　　　　　④ 교육적 원인

출제의도

산업재해의 원인은 크게 기본적 원인과 직접적 원인으로 나눌 수 있고 이들 원인은 다시 여러 개의 세부 원인들로 나뉜다. 표에 나와 있는 각각의 원인들이 어디에 속하는지 잘 구분할 수 있어야 한다.

해 설

④ 안전 지식의 불충분, 안전 수칙의 오해, 경험이나 훈련의 불충분, 작업관리자의 작업방법 교육 불충분, 유해 위험 작업 교육 불충분 등은 산업재해의 기본적 원인 중 교육적 원인에 해당한다.

답 ④

---

③ 산업 재해의 직접적 원인

ⓐ 불안전한 행동 : 위험 장소 접근, 안전장치 기능 제거, 보호 장비의 미착용 및 잘못 사용, 운전 중인 기계의 속도 조작, 기계·기구의 잘못된 사용, 위험물 취급 부주의, 불안전한 상태 방치, 불안전한 자세와 동장, 감독 및 연락 잘못 등

ⓛ 불안전한 상태 : 시설물 자체 결함, 전기 기설물의 누전, 구조물의 불안정, 소방기구의 미확보, 안전 보호 장치 결함, 복장·보호구의 결함, 시설물의 배치 및 장소 불량, 작업 환경 결함, 생산 공정의 결함, 경계 표시 설비의 결함 등

④ 산업 재해의 예방 대책

ⓐ 안전 관리 조직 : 경영자는 사업장의 안전 목표를 설정하고, 안전 관리 책임자를 선정해야 하며, 안전 관리 책임자는 안전 계획을 수립하고, 이를 시행·후원·감독해야 한다.

ⓑ 사실의 발견 : 사고 조사, 안전 점검, 현장 분석, 작업자의 제안 및 여론 조사, 관찰 및 보고서 연구, 면담 등을 통하여 사실을 발견한다.

ⓒ 원인 분석 : 재해의 발생 장소, 재해 형태, 재해 정도, 관련 인원, 직원 감독의 적절성, 공구 및 장비의 상태 등을 정확히 분석한다.

ⓓ 시정책의 선정 : 원인 분석을 토대로 적절한 시정책, 즉 기술적 개선, 인사 조정 및 교체, 교육, 설득, 호소, 공학적 조치 등을 선정한다.

ⓔ 시정책 적용 및 뒤처리 : 안전에 대한 교육 및 훈련 실시, 안전시설과 장비의 결함 개선, 안전 감독 실시 등의 선정된 시정책을 적용한다.

❷ 기술능력을 구성하는 하위능력

(1) 기술이해능력

① 기술시스템

ⓐ 개념 : 기술시스템은 인공물의 집합체만이 아니라 회사, 투자회사, 법적 제도, 정치, 과학, 자연자원을 모두 포함하는 것이기 때문에, 기술적인 것(the technical)과 사회적인 것(the social)이 결합해서 공존한다.

ⓑ 기술시스템의 발전 단계 : 발명·개발·혁신의 단계 → 기술 이전의 단계 → 기술 경쟁의 단계 → 기술 공고화 단계

② 기술혁신

ⓐ 기술혁신의 특성
- 기술혁신은 그 과정 자체가 매우 불확실하고 장기간의 시간을 필요로 한다.
- 기술혁신은 지식 집약적인 활동이다.
- 혁신 과정의 불확실성과 모호함은 기업 내에서 많은 논쟁과 갈등을 유발할 수 있다.
- 기술혁신은 조직의 경계를 넘나드는 특성을 갖고 있다.

ⓛ 기술혁신의 과정과 역할

기술혁신 과정	혁신 활동	필요한 자질과 능력
아이디어 창안	• 아이디어를 창출하고 가능성을 검증 • 일을 수행하는 새로운 방법 고안 • 혁신적인 진보를 위한 탐색	• 각 분야의 전문지식 • 추상화와 개념화 능력 • 새로운 분야의 일을 즐김
챔피언	• 아이디어의 전파 • 혁신을 위한 자원 확보 • 아이디어 실현을 위한 헌신	• 정력적이고 위험을 감수함 • 아이디어의 응용에 관심
프로젝트 관리	• 리더십 발휘 • 프로젝트의 기획 및 조직 • 프로젝트의 효과적인 진행 감독	• 의사결정 능력 • 업무 수행 방법에 대한 지식
정보 수문장	• 조직외부의 정보를 내부 구성원들에게 전달 • 조직 내 정보원 기능	• 높은 수준의 기술적 역량 • 원만한 대인 관계 능력
후원	• 혁신에 대한 격려와 안내 • 불필요한 제약에서 프로젝트 보호 • 혁신에 대한 자원 획득을 지원	• 조직의 주요 의사결정에 대한 영향력

(2) 기술선택능력

① 기술선택 : 기업이 어떤 기술을 외부로부터 도입하거나 자체 개발하여 활용할 것인가를 결정하는 것이다.

　ⓐ 기술선택을 위한 의사결정
　　• 상향식 기술선택 : 기업 전체 차원에서 필요한 기술에 대한 체계적인 분석이나 검토 없이 연구자나 엔지니어들이 자율적으로 기술을 선택하는 것
　　• 하향식 기술선택 : 기술경영진과 기술기획담당자들에 의한 체계적인 분석을 통해 기업이 획득해야 하는 대상기술과 목표기술수준을 결정하는 것

　ⓑ 기술선택을 위한 절차

```
            외부환경분석
               ↓
중장기 사업목표 설정 → 사업 전략 수립 → 요구기술 분석 → 기술전략 수립 → 핵심기술 선택
            내부 역량 분석
```

• 외부환경분석 : 수요변화 및 경쟁자 변화, 기술 변화 등 분석
• 중장기 사업목표 설정 : 기업의 장기비전, 중장기 매출목표 및 이익목표 설정
• 내부 역량 분석 : 기술능력, 생산능력, 마케팅/영업능력, 재무능력 등 분석
• 사업 전략 수립 : 사업 영역결정, 경쟁 우위 확보 방안 수립
• 요구기술 분석 : 제품 설계/디자인 기술, 제품 생산공정, 원재료/부품 제조기술 분석
• 기술전략 수립 : 기술획득 방법 결정

ⓒ 기술선택을 위한 우선순위 결정
- 제품의 성능이나 원가에 미치는 영향력이 큰 기술
- 기술을 활용한 제품의 매출과 이익 창출 잠재력이 큰 기술
- 쉽게 구할 수 없는 기술
- 기업 간에 모방이 어려운 기술
- 기업이 생산하는 제품 및 서비스에 보다 광범위하게 활용할 수 있는 기술
- 최신 기술로 진부화될 가능성이 적은 기술

예제 3

주현은 건설회사에 근무하면서 프로젝트 관리를 한다. 얼마 전 대규모 프로젝트에 참가한 한 하청업체가 중간 보고회를 열고 다음과 같이 자신들이 이번 프로젝트의 성공적 마무리를 위해 노력하고 있음을 설명하고 있다. 다음 중 총괄 책임자로서 주현이 하청업체의 올바른 추진 방향으로 인정해줘야 하는 부분으로 바르게 묶인 것은?

ⓐ 정부 및 환경단체가 요구하는 성과평가의 실천 방안을 연구하여 반영하고 있습니다.
ⓑ 이번 프로젝트 성공을 위해 기술적 효용과 함께 환경적 효용도 추구하고 있습니다.
ⓒ 오염 예방을 위한 청정 생산기술을 진단하고 컨설팅하면서 협력회사와 연대하고 있습니다.
ⓓ 환경영향평가에 대해서는 철저한 사후평가 방식으로 진행하고 있습니다.

① ㉠㉡㉢   ② ㉠㉡㉣
③ ㉠㉢㉣   ④ ㉡㉢㉣

---

② 벤치마킹

㉠ 벤치마킹의 종류

기준	종류
비교대상에 따른 분류	• 내부 벤치마킹 : 같은 기업 내의 다른 지역, 타 부서, 국가 간의 유사한 활동을 비교대상으로 함 • 경쟁적 벤치마킹 : 동일 업종에서 고객을 직접적으로 공유하는 경쟁기업을 대상으로 함 • 비경쟁적 벤치마킹 : 제품, 서비스 및 프로세스의 단위 분야에 있어 가장 우수한 실무를 보이는 비경쟁적 기업 내의 유사 분야를 대상으로 함 • 글로벌 벤치마킹 : 프로세스에 있어 최고로 우수한 성과를 보유한 동일업종의 비경쟁적 기업을 대상으로 함
수행방식에 따른 분류	• 직접적 벤치마킹 : 벤치마킹 대상을 직접 방문하여 수행하는 방법 • 간접적 벤치마킹 : 인터넷 및 문서형태의 자료를 통해서 수행하는 방법

ⓛ 벤치마킹의 주요 단계
- 범위결정 : 벤치마킹이 필요한 상세 분야를 정의하고 목표와 범위를 결정하며 벤치마킹을 수행할 인력들을 결정
- 측정범위 결정 : 상세분야에 대한 측정항목을 결정하고, 측정항목이 벤치마킹의 목표를 달성하는 데 적정한가를 검토
- 대상 결정 : 비교분석의 대상이 되는 기업/기관들을 결정하고, 대상 후보별 벤치마킹 수행의 타당성을 검토하여 최종적인 대상 및 대상별 수행방식을 결정
- 벤치마킹 : 직접 또는 간접적인 벤치마킹을 진행
- 성과차이 분석 : 벤치마킹 결과를 바탕으로 성과차이를 측정항목별로 분석
- 개선계획 수립 : 성과차이에 대한 원인 분석을 진행하고 개선을 위한 성과목표를 결정하며, 성과목표를 달성하기 위한 개선계획을 수립
- 변화 관리 : 개선목표 달성을 위한 변화사항을 지속적으로 관리하고, 개선 후 변화사항과 예상했던 변화 사항을 비교

③ 매뉴얼 : 매뉴얼의 사전적 의미는 어떤 기계의 조작 방법을 설명해 놓은 사용 지침서이다.

ⓐ 매뉴얼의 종류
- 제품 매뉴얼 : 사용자를 위해 제품의 특징이나 기능 설명, 사용방법과 고장 조치방법, 유지 보수 및 A/S, 폐기까지 제품에 관련된 모든 서비스에 대해 소비자가 알아야 할 모든 정보를 제공하는 것
- 업무 매뉴얼 : 어떤 일의 진행 방식, 지켜야할 규칙, 관리상의 절차 등을 일관성 있게 여러 사람이 보고 따라할 수 있도록 표준화하여 설명하는 지침서

ⓛ 매뉴얼 작성을 위한 Tip
- 내용이 정확해야 한다.
- 사용자가 알기 쉽게 쉬운 문장으로 쓰여야 한다.
- 사용자의 심리적 배려가 있어야 한다.
- 사용자가 찾고자 하는 정보를 쉽게 찾을 수 있어야 한다.
- 사용하기 쉬워야 한다.

(3) 기술적용능력

① 기술적용

ⓐ 기술적용 형태
- 선택한 기술을 그대로 적용한다.
- 선택한 기술을 그대로 적용하되, 불필요한 기술은 과감히 버리고 적용한다.
- 선택한 기술을 분석하고 가공하여 활용한다.

ⓛ 기술적용 시 고려 사항
- 기술적용에 따른 비용이 많이 드는가?
- 기술의 수명 주기는 어떻게 되는가?
- 기술의 전략적 중요도는 어떻게 되는가?
- 잠재적으로 응용 가능성이 있는가?

② 기술경영자와 기술관리자

ⓐ 기술경영자에게 필요한 능력
- 기술을 기업의 전반적인 전략 목표에 통합시키는 능력
- 빠르고 효과적으로 새로운 기술을 습득하고 기존의 기술에서 탈피하는 능력
- 기술을 효과적으로 평가할 수 있는 능력
- 기술 이전을 효과적으로 할 수 있는 능력
- 새로운 제품개발 시간을 단축할 수 있는 능력
- 크고 복잡하고 서로 다른 분야에 걸쳐 있는 프로젝트를 수행할 수 있는 능력
- 조직 내의 기술 이용을 수행할 수 있는 능력
- 기술 전문 인력을 운용할 수 있는 능력

예제 4

다음은 기술경영자의 어떤 부분을 이야기하고 있는가?

> 어떤 일을 마무리하는 데 있어서 6개월의 시간이 걸린다면 그는 그 일을 한 달 안으로 끝낼 것을 원한다. 그에게 강한 밀어붙임을 경험한 사람들은 그에 대해 비판적인 입장을 취하기도 한다. 그의 직원 중 일부는 그 무게를 이겨내지 못하고, 다른 일부의 직원들은 그것을 스스로 더욱 열심히 할 수 있는 자극제로 사용한다고 말한다.

① 빠르고 효과적으로 새로운 기술을 습득하는 능력
② 기술 이전을 효과적으로 할 수 있는 능력
③ 기술 전문 인력을 운용할 수 있는 능력
④ 조직 내의 기술 이용을 수행할 수 있는 능력

출제의도

해당 사례가 기술경영자에게 필요한 능력 중 무엇에 해당하는 내용인지 묻는 문제로 각 능력에 대해 확실하게 이해하고 있어야 한다.

해 설

③ 기술경영자는 기술 전문 인력을 운용함에 있어 강한 리더십을 발휘하고 직원 스스로 움직일 수 있게 이끌 수 있어야 한다.

답 ③

ⓒ 기술관리자에게 필요한 능력

- 기술을 운용하거나 문제 해결을 할 수 있는 능력
- 기술직과 의사소통을 할 수 있는 능력
- 혁신적인 환경을 조성할 수 있는 능력
- 기술적, 사업적, 인간적인 능력을 통합할 수 있는 능력
- 시스템적인 관점
- 공학적 도구나 지원방식에 대한 이해 능력
- 기술이나 추세에 대한 이해 능력
- 기술팀을 통합할 수 있는 능력

③ 네트워크 혁명

ⓝ 네트워크 혁명의 3가지 법칙

- 무어의 법칙 : 컴퓨터의 파워가 18개월마다 2배씩 증가한다는 법칙
- 메트칼피의 법칙 : 네트워크의 가치는 사용자 수의 제곱에 비례한다는 법칙
- 카오의 법칙 : 창조성은 네트워크에 접속되어 있는 다양한 지수함수로 비례한다는 법칙

ⓛ 네트워크 혁명의 역기능 : 디지털 격차(digital divide), 정보화에 따른 실업의 문제, 인터넷 게임과 채팅 중독, 범죄 및 반사회적인 사이트의 활성화, 정보기술을 이용한 감시 등

직표는 J그룹의 기술연구팀에서 근무하고 있는데 하루는 공정 개선 워크숍이 열려 최근 사내에서 이슈로 떠오른 신 제조공법의 도입과 관련해 토론을 벌이고 있다. 신 제조공법 도입으로 인한 이해득실에 대해 의견이 분분한 가운데 직표가 할 수 있는 발언으로 옳지 않은 것은?

① "기술의 수명 주기뿐만 아니라 기술의 전략적 중요성과 잠재적 응용 가능성 등도 따져봐야 합니다."
② "다른 것은 그냥 넘어가도 되지만 기계 교체로 인한 막대한 비용만큼은 철저히 고려해야 합니다."
③ "신 제조공법 도입이 우리 회사의 어떤 시장 전략과 연관되어 있는지 궁금합니다."
④ "신 제조공법의 수명을 어떻게 예상하고 있는지 알고 싶군요."

출제의도

기술적용능력에 대해 포괄적으로 묻는 문제로 신기술 적용 시 중요하게 생각해야 할 요소로는 무엇이 있는지 파악하고 있어야 한다.

해 설

② 기계 교체로 인한 막대한 비용뿐만 아니라 신 기술도입과 관련된 모든 사항에 대해 사전에 철저히 고려해야 한다.

답 ②

CHAPTER

06 대인관계능력(사무/승무)

1 직장생활에서의 대인관계

(1) 대인관계능력

① 의미 : 직장생활에서 협조적인 관계를 유지하고, 조직구성원들에게 도움을 줄 수 있으며, 조직내부 및 외부의 갈등을 원만히 해결하고 고객의 요구를 충족시켜줄 수 있는 능력이다.

② 인간관계를 형성할 때 가장 중요한 것은 자신의 내면이다.

예제 1

인간관계를 형성하는데 있어 가장 중요한 것은?

① 외적 성격 위주의 사고
② 이해득실 위주의 만남
③ 자신의 내면
④ 피상적인 인간관계 기법

출제의도

인간관계형성에 있어서 가장 중요한 요소가 무엇인지 묻는 문제다.

해 설

③ 인간관계를 형성하는데 있어서 가장 중요한 것은 자신의 내면이고 이때 필요한 기술이나 기법 등은 자신의 내면에서 자연스럽게 우러나와야 한다.

답 ③

---

(2) 대인관계 향상 방법

① 감정은행계좌 : 인간관계에서 구축하는 신뢰의 정도

② 감정은행계좌를 적립하기 위한 6가지 주요 예입 수단

    ㉠ 상대방에 대한 이해심

    ㉡ 사소한 일에 대한 관심

    ㉢ 약속의 이행

    ㉣ 기대의 명확화

    ㉤ 언행일치

    ㉥ 진지한 사과

② 대인관계능력을 구성하는 하위능력

(1) 팀워크능력

① 팀워크의 의미

　㉠ 팀워크와 응집력

　　• 팀워크 : 팀 구성원이 공동의 목적을 달성하기 위해 상호 관계성을 가지고 협력하여 일을 해 나가는 것

　　• 응집력 : 사람들로 하여금 집단에 머물도록 만들고 그 집단의 멤버로서 계속 남아있기를 원하게 만드는 힘

예제 2

A회사에서는 격주로 사원 소식지 '우리가족'을 발행하고 있다. 이번 호의 특집 테마는 팀워크에 대한 것으로, 좋은 사례를 모으고 있다. 다음 중 팀워크의 사례로 가장 적절하지 않은 것은 무엇인가?

① 팀원들의 개성과 장점을 살려 사내 직원 연극대회에서 대상을 받을 수 있었던 사례
② 팀장의 갑작스러운 부재 상황에서 팀원들이 서로 역할을 분담하고 소통을 긴밀하게 하면서 팀의 당초 목표를 원만하게 달성할 수 있었던 사례
③ 자재 조달의 차질로 인해 납기 준수가 어려웠던 상황을 팀원들이 똘똘 뭉쳐 헌신적으로 일한 결과 주문 받은 물품을 성공적으로 납품할 수 있었던 사례
④ 팀의 분위기가 편안하고 인간적이어서 주기적인 직무순환 시기가 도래해도 다른 부서로 가고 싶어 하지 않는 사례

출제의도

팀워크와 응집력에 대한 문제로 각 용어에 대한 정의를 알고 이를 실제 사례를 통해 구분할 수 있어야 한다.

해 설

④ 응집력에 대한 사례에 해당한다.

답 ④

　㉡ 팀워크의 유형

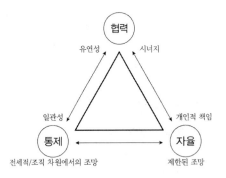

② 효과적인 팀의 특성

　㉠ 팀의 사명과 목표를 명확하게 기술한다.

　㉡ 창조적으로 운영된다.

　㉢ 결과에 초점을 맞춘다.

ⓔ 역할과 책임을 명료화시킨다.

ⓜ 조직화가 잘 되어 있다.

ⓗ 개인의 강점을 활용한다.

ⓢ 리더십 역량을 공유하며 구성원 상호간에 지원을 아끼지 않는다.

ⓞ 팀 풍토를 발전시킨다.

ⓩ 의견의 불일치를 건설적으로 해결한다.

ⓒ 개방적으로 의사소통한다.

ⓚ 객관적인 결정을 내린다.

ⓣ 팀 자체의 효과성을 평가한다.

③ 멤버십의 의미

㉠ 멤버십은 조직의 구성원으로서의 자격과 지위를 갖는 것으로 훌륭한 멤버십은 팔로워십(followership)의 역할을 충실하게 수행하는 것이다.

㉡ 멤버십 유형 : 독립적 사고와 적극적 실천에 따른 구분

구분	소외형	순응형	실무형	수동형	주도형
자아상	• 자립적인 사람 • 일부러 반대의견 제시 • 조직의 양심	• 기쁜 마음으로 과업 수행 • 팀플레이를 함 • 리더나 조직을 믿고 헌신함	• 조직의 운영방침에 민감 • 사건을 균형 잡힌 시각으로 봄 • 규정과 규칙에 따라 행동함	• 판단, 사고를 리더에 의존 • 지시가 있어야 행동	• 스스로 생각하고 건설적 비판을 하며 자기 나름의 개성이 있고 혁신적·창조적 • 솔선수범하고 주인의식을 가지며 적극적으로 참여하고 자발적, 기대 이상의 성과를 내려고 노력
동료/리더의 시각	• 냉소적 • 부정적 • 고집이 셈	• 아이디어가 없음 • 인기 없는 일은 하지 않음 • 조직을 위해 자신과 가족의 요구를 양보함	• 개인의 이익을 극대화하기 위한 흥정에 능함 • 적당한 열의와 평범한 수완으로 업무 수행	• 하는 일이 없음 • 제 몫을 하지 못함 • 업무 수행에는 감독이 반드시 필요	
조직에 대한 자신의 느낌	• 자신을 인정 안 해줌 • 적절한 보상이 없음 • 불공정하고 문제가 있음	• 기존 질서를 따르는 것이 중요 • 리더의 의견을 거스르는 것은 어려운 일임 • 획일적인 태도 행동에 익숙함	• 규정준수를 강조 • 명령과 계획의 빈번한 변경 • 리더와 부하 간의 비인간적 풍토	• 조직이 나의 아이디어를 원치 않음 • 노력과 공헌을 해도 아무 소용이 없음 • 리더는 항상 자기 마음대로 함	

④ 팀워크 촉진 방법

　　㉠ 동료 피드백 장려하기

　　㉡ 갈등 해결하기

　　㉢ 창의력 조성을 위해 협력하기

　　㉣ 참여적으로 의사결정하기

(2) 리더십능력

① 리더십의 의미 : 리더십이란 조직의 공통된 목적을 달성하기 위하여 개인이 조직원들에게 영향을 미치는 과정이다.

　㉠ 리더십 발휘 구도 : 산업 사회에서는 상사가 하급자에게 리더십을 발휘하는 수직적 구조였다면 정보 사회로 오면서 하급자뿐만 아니라 동료나 상사에게까지도 발휘하는 정방위적 구조로 바뀌었다.

　㉡ 리더와 관리자

리더	관리자
• 새로운 상황 창조자	• 상황에 수동적
• 혁신지향적	• 유지지향적 둠.
• 내일에 초점을 둠.	• 오늘에 초점을 둠.
• 사람의 마음에 불을 지핀다.	• 사람을 관리한다.
• 사람을 중시	• 체제나 기구를 중시
• 정신적	• 기계적
• 계산된 리스크를 취한다.	• 리스크를 회피한다.
• '무엇을 할까'를 생각한다.	• '어떻게 할까'를 생각한다.

예제 3

리더에 대한 설명으로 옳지 않은 것은?

① 사람을 중시한다.
② 오늘에 초점을 둔다.
③ 혁신지향적이다.
④ 새로운 상황 창조자이다.

출제의도

리더와 관리자에 대한 문제로 각각에 대해 완벽하게 구분할 수 있어야 한다.

해 설

② 리더는 내일에 초점을 둔다.

답 ②

---

② 리더십 유형

　㉠ 독재자 유형 : 정책의사결정과 대부분의 핵심정보를 그들 스스로에게만 국한하여 소유하고 고수하려는 경향이 있다. 통제 없이 방만한 상태, 가시적인 성과물이 안 보일 때 효과적이다.

ⓛ 민주주의에 근접한 유형 : 그룹에 정보를 잘 전달하려고 노력하고 전체 그룹의 구성원 모두를 목표방향으로 설정에 참여하게 함으로써 구성원들에게 확신을 심어주려고 노력한다. 혁신적이고 탁월한 부하직원들을 거느리고 있을 때 효과적이다.

ⓒ 파트너십 유형 : 리더와 집단 구성원 사이의 구분이 희미하고 리더가 조직에서 한 구성원이 되기도 한다. 소규모 조직에서 경험, 재능을 소유한 조직원이 있을 때 효과적으로 활용할 수 있다.

ⓔ 변혁적 리더십 유형 : 개개인과 팀이 유지해 온 업무수행 상태를 뛰어넘어 전체 조직이나 팀원들에게 변화를 가져오는 원동력이 된다. 조직에 있어 획기적인 변화가 요구될 때 활용할 수 있다.

③ 동기부여 방법

ⓐ 긍정적 강화법을 활용한다.

ⓑ 새로운 도전의 기회를 부여한다.

ⓒ 창의적인 문제해결법을 찾는다.

ⓓ 책임감으로 철저히 무장한다.

ⓔ 몇 가지 코칭을 한다.

ⓕ 변화를 두려워하지 않는다.

ⓖ 지속적으로 교육한다.

④ 코칭

ⓐ 코칭은 조직의 지속적인 성장과 성공을 만들어내는 리더의 능력으로 직원들의 능력을 신뢰하며 확신하고 있다는 사실에 기초한다.

ⓑ 코칭의 기본 원칙

• 관리는 만병통치약이 아니다.

• 권한을 위임한다.

• 훌륭한 코치는 뛰어난 경청자이다.

• 목표를 정하는 것이 가장 중요하다.

⑤ 임파워먼트 : 조직성원들을 신뢰하고 그들의 잠재력을 믿으며 그 잠재력의 개발을 통해 High Performance 조직이 되도록 하는 일련의 행위이다.

ⓐ 임파워먼트의 이점(High Performance 조직의 이점)

• 나는 매우 중요한 일을 하고 있으며, 이 일은 다른 사람이 하는 일보다 훨씬 중요한 일이다.

• 일의 과정과 결과에 나의 영향력이 크게 작용했다.

• 나는 정말로 도전하고 있고 나는 계속해서 성장하고 있다.

• 우리 조직에서는 아이디어가 존중되고 있다.

• 내가 하는 일은 항상 재미가 있다.

• 우리 조직의 구성원들은 모두 대단한 사람들이며, 다 같이 협력해서 승리하고 있다.

ⓒ 임파워먼트의 충족 기준
　　　• 여건의 조건 : 사람들이 자유롭게 참여하고 기여할 수 있는 여건 조성
　　　• 재능과 에너지의 극대화
　　　• 명확하고 의미 있는 목적에 초점

　　ⓒ 높은 성과를 내는 임파워먼트 환경의 특징
　　　• 도전적이고 흥미 있는 일
　　　• 학습과 성장의 기회
　　　• 높은 성과와 지속적인 개선을 가져오는 요인들에 대한 통제
　　　• 성과에 대한 지식
　　　• 긍정적인 인간관계
　　　• 개인들이 공헌하며 만족한다는 느낌
　　　• 상부로부터의 지원

　　ⓔ 임파워먼트의 장애요인
　　　• 개인 차원 : 주어진 일을 해내는 역량의 결여, 동기의 결여, 결의의 부족, 책임감 부족, 의존성
　　　• 대인 차원 : 다른 사람과의 성실성 결여, 약속 불이행, 성과를 제한하는 조직의 규범, 갈등처리 능력 부족, 승패의 태도
　　　• 관리 차원 : 통제적 리더십 스타일, 효과적 리더십 발휘 능력 결여, 경험 부족, 정책 및 기획의 실행 능력 결여, 비전의 효과적 전달능력 결여
　　　• 조직 차원 : 공감대 형성이 없는 구조와 시스템, 제한된 정책과 절차

⑥ 변화관리의 3단계 : 변화 이해 → 변화 인식 → 변화 수용

(3) 갈등관리능력

① 갈등의 의미 및 원인
　　㉠ 갈등이란 상호 간의 의견차이 때문에 생기는 것으로 당사가 간에 가치, 규범, 이해, 아이디어, 목표 등이 서로 불일치하여 충돌하는 상태를 의미한다.
　　㉡ 갈등을 확인할 수 있는 단서
　　　• 지나치게 감정적으로 논평과 제안을 하는 것
　　　• 타인의 의견발표가 끝나기도 전에 타인의 의견에 대해 공격하는 것
　　　• 핵심을 이해하지 못한데 대해 서로 비난하는 것
　　　• 편을 가르고 타협하기를 거부하는 것
　　　• 개인적인 수준에서 미묘한 방식으로 서로를 공격하는 것
　　㉢ 갈등을 증폭시키는 원인 : 적대적 행동, 입장 고수, 감정적 관여 등

② 실제로 존재하는 갈등 파악

　㉠ 갈등의 두 가지 쟁점

핵심 문제	감정적 문제
• 역할 모호성 • 방법에 대한 불일치 • 목표에 대한 불일치 • 절차에 대한 불일치 • 책임에 대한 불일치 • 가치에 대한 불일치 • 사실에 대한 불일치	• 공존할 수 없는 개인적 스타일 • 통제나 권력 확보를 위한 싸움 • 자존심에 대한 위협 • 질투 • 분노

예제 4

갈등의 두 가지 쟁점 중 감정적 문제에 대한 설명으로 적절하지 않은 것은?

① 공존할 수 없는 개인적 스타일
② 역할 모호성
③ 통제나 권력 확보를 위한 싸움
④ 자존심에 대한 위협

출제의도

갈등의 두 가지 쟁점인 핵심문제와 감정적 문제에 대해 묻는 문제로 이 두 가지 쟁점을 구분할 수 있는 능력이 필요하다.

해 설

② 갈등의 두 가지 쟁점 중 핵심 문제에 대한 설명이다.

답 ②

　㉡ 갈등의 두 가지 유형

　• 불필요한 갈등 : 개개인이 저마다 문제를 다르게 인식하거나 정보가 부족한 경우, 편견 때문에 발생한 의견 불일치로 적대적 감정이 생길 때 불필요한 갈등이 일어난다.

　• 해결할 수 있는 갈등 : 목표와 욕망, 가치, 문제를 바라보는 시각과 이해하는 시각이 다를 경우에 일어날 수 있는 갈등이다.

③ 갈등해결 방법

　㉠ 다른 사람들의 입장을 이해한다.

　㉡ 사람들이 당황하는 모습을 자세하게 살핀다.

　㉢ 어려운 문제는 피하지 말고 맞선다.

　㉣ 자신의 의견을 명확하게 밝히고 지속적으로 강화한다.

　㉤ 사람들과 눈을 자주 마주친다.

　㉥ 마음을 열어놓고 적극적으로 경청한다.

ⓢ 타협하려 애쓴다.

ⓞ 어느 한쪽으로 치우치지 않는다.

ⓩ 논쟁하고 싶은 유혹을 떨쳐낸다.

ⓩ 존중하는 자세로 사람들을 대한다.

④ 윈-윈(Win-Win) 갈등 관리법 : 갈등과 관련된 모든 사람으로부터 의견을 받아서 문제의 본질적인 해결책을 얻고자 하는 방법이다.

⑤ 갈등을 최소화하기 위한 기본원칙

ⓐ 먼저 다른 팀원의 말을 경청하고 나서 어떻게 반응할 것인가를 결정한다.

ⓑ 모든 사람이 거의 대부분의 문제에 대해 나름의 의견을 가지고 있다는 점을 인식한다.

ⓒ 의견의 차이를 인정한다.

ⓓ 팀 갈등해결 모델을 사용한다.

ⓜ 자신이 받기를 원하지 않는 형태로 남에게 작업을 넘겨주지 않는다.

ⓗ 다른 사람으로부터 그러한 작업을 넘겨받지 않는다.

ⓢ 조금이라도 의심이 날 때에는 분명하게 말해 줄 것을 요구한다.

ⓞ 가정하는 것은 위험하다.

ⓩ 자신의 책임이 어디서부터 어디까지인지를 명확히 하고 다른 팀원의 책임과 어떻게 조화되는지를 명확히 한다.

ⓩ 자신이 알고 있는 바를 알 필요가 있는 사람들을 새롭게 파악한다.

ⓚ 다른 팀원과 불일치하는 쟁점이나 사항이 있다면 다른 사람이 아닌 당사자에게 직접 말한다.

(4) 협상능력

① 협상의 의미

ⓐ 의사소통 차원 : 이해당사자들이 자신들의 욕구를 충족시키기 위해 상대방으로부터 최선의 것을 얻어내려 설득하는 커뮤니케이션 과정

ⓑ 갈등해결 차원 : 갈등관계에 있는 이해당사자들이 대화를 통해서 갈등을 해결하고자 하는 상호작용과정

ⓒ 지식과 노력 차원 : 우리가 얻고자 하는 것을 가진 사람의 호의를 쟁취하기 위한 것에 관한 지식이며 노력의 분야

ⓓ 의사결정 차원 : 선호가 서로 다른 협상 당사자들이 합의에 도달하기 위해 공동으로 의사결정 하는 과정

ⓜ 교섭 차원 : 둘 이상의 이해당사자들이 여러 대안들 가운데서 이해당사자들 모두가 수용 가능한 대안을 찾기 위한 의사결정과정

② 협상 과정

단계	내용
협상 시작	• 협상 당사자들 사이에 상호 친근감을 쌓음 • 간접적인 방법으로 협상의사를 전달함 • 상대방의 협상의지를 확인함 • 협상진행을 위한 체제를 짬
상호 이해	• 갈등문제의 진행상황과 현재의 상황을 점검함 • 적극적으로 경청하고 자기주장을 제시함 • 협상을 위한 협상대상 안건을 결정함
실질 이해	• 겉으로 주장하는 것과 실제로 원하는 것을 구분하여 실제로 원하는 것을 찾아 냄 • 분할과 통합 기법을 활용하여 이해관계를 분석함
해결 대안	• 협상 안건마다 대안들을 평가함 • 개발한 대안들을 평가함 • 최선의 대안에 대해서 합의하고 선택함 • 대안 이행을 위한 실행계획을 수립함
합의 문서	• 합의문을 작성함 • 합의문상의 합의내용, 용어 등을 재점검함 • 합의문에 서명함

③ 협상전략

　㉠ 협력전략 : 협상 참여자들이 협동과 통합으로 문제를 해결하고자 하는 협력적 문제해결전략

　㉡ 유화전략 : 양보전략으로 상대방이 제시하는 것을 일방적으로 수용하여 협상의 가능성을 높이려는 전략이다. 순응전략, 화해전략, 수용전략이라고도 한다.

　㉢ 회피전략 : 무행동전략으로 협상으로부터 철수하는 철수전략이다. 협상을 피하거나 잠정적으로 중단한다.

　㉣ 강압전략 : 경쟁전략으로 자신이 상대방보다 힘에 있어서 우위를 점유하고 있을 때 자신의 이익을 극대화하기 위한 공격적 전략이다.

④ 상대방 설득 방법의 종류

　㉠ See-Feel-Change 전략 : 시각화를 통해 직접 보고 스스로가 느끼게 하여 변화시켜 설득에 성공하는 전략

　㉡ 상대방 이해 전략 : 상대방에 대한 이해를 바탕으로 갈등해결을 용이하게 하는 전략

　㉢ 호혜관계 형성 전략 : 혜택들을 주고받은 호혜관계 형성을 통해 협상을 용이하게 하는 전략

　㉣ 헌신과 일관성 전략 : 협상 당사자 간에 기대하는 바에 일관성 있게 헌신적으로 부응하여 행동함으로서 협상을 용이하게 하는 전략

ⓜ 사회적 입증 전략 : 과학적인 논리보다 동료나 사람들의 행동에 의해서 상대방을 설득하는 전략

ⓑ 연결전략 : 갈등 문제와 갈등관리자를 연결시키는 것이 아니라 갈등을 야기한 사람과 관리자를 연결시킴으로서 협상을 용이하게 하는 전략

ⓢ 권위전략 : 직위나 전문성, 외모 등을 활용하여 협상을 용이하게 하는 전략

ⓞ 희소성 해결 전략 : 인적, 물적 자원 등의 희소성을 해결함으로서 협상과정상의 갈등해결을 용이하게 하는 전략

ⓩ 반항심 극복 전략 : 억압하면 할수록 더욱 반항하게 될 가능성이 높아지므로 이를 피함으로서 협상을 용이하게 하는 전략

(5) 고객서비스능력

① 고객서비스의 의미 : 고객서비스란 다양한 고객의 요구를 파악하고 대응법을 마련하여 고객에게 양질의 서비스를 제공하는 것을 말한다.

② 고객의 불만표현 유형 및 대응방안

불만표현 유형	대응방안
거만형	• 정중하게 대하는 것이 좋다. • 자신의 과시욕이 채워지도록 뽐내게 내버려 둔다. • 의외로 단순한 면이 있으므로 일단 호감을 얻게 되면 득이 될 경우도 있다.
의심형	• 분명한 증거나 근거를 제시하여 스스로 확신을 갖도록 유도한다. • 때로는 책임자로 하여금 응대하는 것도 좋다.
트집형	• 이야기를 경청하고 맞장구를 치며 추켜세우고 설득해 가는 방법이 효과적이다. • '손님의 말씀이 맞습니다.' 하고 고객의 지적이 옳음을 표시한 후 '저도 그렇게 생각하고 있습니다만……' 하고 설득한다. • 잠자코 고객의 의견을 경청하고 사과를 하는 응대가 바람직하다.
빨리빨리형	• '글쎄요.', '아마' 하는 식으로 애매한 화법을 사용하지 않는다. • 만사를 시원스럽게 처리하는 모습을 보이면 응대하기 쉽다.

③ 고객 불만처리 프로세스

단계	내용
경청	• 고객의 항의를 경청하고 끝까지 듣는다. • 선입관을 버리고 문제를 파악한다.
감사와 공감표시	• 일부러 시간을 내서 해결의 기회를 준 것에 감사를 표시한다. • 고객의 항의에 공감을 표시한다.
사과	• 고객의 이야기를 듣고 문제점에 대해 인정하고, 잘못된 부분에 대해 사과한다.
해결약속	• 고객이 불만을 느낀 상황에 대해 관심과 공감을 보이며, 문제의 빠른 해결을 약속한다.
정보파악	• 문제해결을 위해 꼭 필요한 질문만 하여 정보를 얻는다. • 최선의 해결방법을 찾기 어려우면 고객에게 어떻게 해주면 만족스러운지를 묻는다.
신속처리	• 잘못된 부분을 신속하게 시정한다.
처리확인과 사과	• 불만처리 후 고객에게 처리 결과에 만족하는지를 물어본다.
피드백	• 고객 불만 사례를 회사 및 전 직원에게 알려 다시는 동일한 문제가 발생하지 않도록 한다.

④ 고객만족 조사

㉠ 목적 : 고객의 주요 요구를 파악하여 가장 중요한 고객요구를 도출하고 자사가 가지고 있는 자원을 토대로 경영 프로세스의 개선에 활용함으로써 경쟁력을 증대시키는 것이다.

㉡ 고객만족 조사계획에서 수행되어야 할 것

• 조사 분야 및 대상 결정
• 조사목적 설정 : 전체적 경향의 파악, 고객에 대한 개별대응 및 고객과의 관계유지 파악, 평가목적, 개선목적
• 조사방법 및 횟수
• 조사결과 활용 계획

예제 5

고객중심 기업의 특징으로 옳지 않은 것은?

① 고객이 정보, 제품, 서비스 등에 쉽게 접근할 수 있도록 한다.
② 보다 나은 서비스를 제공할 수 있도록 기업정책을 수립한다.
③ 고객 만족에 중점을 둔다.
④ 기업이 행한 서비스에 대한 평가는 한 번으로 끝낸다.

출제의도

고객서비스능력에 대한 포괄적인 문제로 실제 고객중심 기업의 입장에서 생각해 보면 쉽게 풀 수 있는 문제다.

해 설

④ 기업이 행한 서비스에 대한 평가는 수시로 이루어져야 한다.

답 ④

NCS 예상문제

출제예상문제

1 다음 글을 통해 알 수 있는 '사회적 기업'에 대한 내용으로 적절한 것은?

> 사회적 기업은 취약계층에게 사회서비스 또는 일자리 등을 제공하여 지역주민의 삶의 질을 높이는 등의 사회적 목적을 추구하면서 재화 및 서비스의 생산·판매 등 영업활동을 수행하는 기업이다. 그래서 흔히 "빵을 팔기 위해 고용하는 것이 아니라, 고용하기 위해 빵을 파는 기업"이라고도 일컬어지기도 한다. 주요 특징으로는 취약계층에 일자리 및 사회서비스 제공 등의 사회적 목적 추구, 영업활동 수행 및 수익의 사회적 목적 재투자, 민주적인 의사결정구조 구비 등을 들 수 있다. 기업의 주요 활동이라 함은 상품이나 서비스의 생산 및 판매, 일자리 제공, 사회적 서비스 제공 등을 말하며, 사회적 목적의 실현 및 사회적 책임 수행 등을 기업 활동의 동기로 한다. 사회적 기업은 전통적 비영리 기관과 전통적 영리 기업의 중간 형태로서 사회적 책임과 영리활동을 동시에 추구하는 형태이다. 사회적 기업을 분류하자면, 일자리 제공형은 조직의 주된 목적이 취약계층에게 일자리를 제공하고 사회서비스 제공형은 조직의 주된 목적이 취약계층에게 사회서비스를 제공한다. 혼합형은 일자리 제공형과 사회서비스 제공형이 결합된 유형이며, 기타형은 사회적 목적의 실현여부를 고용비율과 사회서비스 제공비율 등으로 판단하기 곤란한 사회적 기업을 말한다. 마지막으로 지역사회 공헌형은 지역사회 주민의 삶의 질 향상에 기여하는 기업을 말한다. 사회적 기업의 목적으로는 *취약계층에게 일자리 또는 사회서비스 제공하여 지역사회 발전 및 공익을 증진하는 것, 민주적 의사결정구조(서비스 수혜자, 근로자, 지역주민 등 이해관계자 참여)와 수익 및 이윤 발생 시 사회적 목적 실현을 위한 재투자(상법 상 회사, 이윤 ⅔이상)가 있다. 조직형태는 비영리법인·단체, 조합, 상법 상 회사 등 다양하게 인정하고 유급근로자를 고용한다.
>
> ※ **취약계층**: 저소득자, 고령자, 장애인, 성매매피해자, 장기실업자, 경력단절여성 등

① 사회적 기업은 영리 추구 활동을 배제하지 않는다.
② 사회적 기업은 재정적 지원을 정부나 대기업체로부터 받아서 활동을 수행한다.
③ 사회적 기업 활동의 가장 큰 목적은 발생된 이윤의 사회 재투자에 있다.
④ 지역사회 주민의 삶의 질 향상을 위한 사회적 기업은 사회서비스 제공형 기업이다.
⑤ 사회적 기업은 비영리법인의 형태로만 유지된다.

> **✔해설** 사회적 기업이 영리 추구 활동을 전혀 배제하는 것은 아니며, 창출된 수익이나 이윤을 운용하는 방식이 일반 기업과 다른 것이다.
> ② 재정 지원을 받는다는 언급은 없다.
> ③ 사회적 기업 활동의 가장 큰 목적은 취약계층에게 일자리와 사회서비스를 제공하는 데 있다.
> ④ 지역사회 주민의 삶의 질 향상을 위한 기업은 지역사회 공헌형 사회적 기업이다.
> ⑤ 사회적 기업의 조직형태는 비영리법인·단체, 조합, 상법 상 회사 등 다양하게 인정된다.

2 제시문을 논리적 흐름이 가장 자연스러운 순서대로 배열하면?

> ㈎ 사물은 저것 아닌 것이 없고, 또 이것 아닌 것이 없다. 이쪽에서 보면 모두가 저것, 저쪽에서 보면 모두가 이것이다.
>
> ㈏ 그러므로 저것은 이것에서 생겨나고, 이것 또한 저것에서 비롯된다고 한다. 이것과 저것은 저 혜시(惠施)가 말하는 방생(方生)의 설이다.
>
> ㈐ 그래서 성인(聖人)은 이런 상대적인 방법에 의하지 않고, 그것을 절대적인 자연의 조명(照明)에 비추어 본다. 그리고 커다란 긍정에 의존한다. 거기서는 이것이 저것이고 저것 또한 이것이다. 또 저것도 하나의 시비(是非)이고 이것도 하나의 시비이다. 과연 저것과 이것이 있다는 말인가. 과연 저것과 이것이 없다는 말인가.
>
> ㈑ 그러나 그, 즉 혜시(惠施)도 말하듯이 삶이 있으면 반드시 죽음이 있고, 죽음이 있으면 반드시 삶이 있다. 역시 된다가 있으면 안 된다가 있고, 안 된다가 있으면 된다가 있다. 옳다에 의거하면 옳지 않다에 기대는 셈이 되고, 옳지 않다에 의거하면 옳다에 의지하는 셈이 된다.

① ㈎ – ㈏ – ㈐ – ㈑

② ㈎ – ㈏ – ㈑ – ㈐

③ ㈎ – ㈐ – ㈏ – ㈑

④ ㈎ – ㈑ – ㈏ – ㈐

⑤ ㈎ – ㈑ – ㈐ – ㈑

✔해설 제시문을 가장 자연스럽게 배열하면 다음과 같다. ㈎ 사물은 이쪽에서 보면 모두가 저것, 저쪽에서 보면 모두가 이것이다→㈏ 그러므로 저것은 이것에서 생겨나고, 이것 또한 저것에서 비롯되는데 이것과 저것은 혜시가 말하는 방생의 설이다→㈑ 그러나 혜시도 말하듯이 '삶과 죽음', '된다와 안 된다', '옳다와 옳지 않다'처럼 상대적이다→㈐ 그래서 성인은 상대적인 방법이 아닌 절대적인 자연의 조명에 비추어 커다란 긍정에 의존한다.

| 3~4 | 다음 글을 읽고 물음에 답하시오.

루소의 사상은 ㉠<u>인간이 자연 상태에서는 선하고 자유롭고 행복했으나, 사회와 문명이 들어서면서 악해지고 자유를 상실하고 불행해졌다는</u> 전제에서 출발한다. 그는 「에밀」의 첫머리에서 이렇게 말하고 있다. 이 세상 만물은 조물주의 손에서 나올 때는 선하지만, 인간의 손에 와서 타락한다. 인간은 어떤 땅에다 다른 땅에서 나는 산물을 재배하려 드는가 하면, 어떤 나무에 다른 나무의 열매를 열리게 하려고 애를 쓴다. 인간은 기후·환경·계절을 뒤섞어 놓기도 한다. 무엇 하나 자연이 만들어 놓은 상태 그대로 두지 않는다. 루소에 의하면, ㉡<u>자연 상태에서 인간은 필요한 만큼의 욕구가 충족되면 그 이상 아무 것도 취하지 않았으며, 타인에게 해악을 끼치지도 않았다.</u> 심지어 타인에게 도움을 주려는 본능적인 심성까지 지니고 있었다. 그러나 인지(認知)가 깨어나면서 인간의 욕망은 필요로 하는 것 이상으로 확대되었다. ㉢<u>이 이기적인 욕망 때문에 사유 재산 제도가 형성되고, 그 결과 불평등한 사회가 등장하게 되었다. 즉, 이기적 욕망으로 인해 인간은 타락하게 되었고, 사회는 인간 사이의 대립과 갈등으로 가득 차게 되었다.</u> 이러한 인간과 사회의 병폐에 대한 처방을 내리기 위해 써진 것이 「에밀」로서, 그 처방은 한마디로 인간에게 잃어버린 자연을 되찾아 주는 것이다. 즉, 인간에게 자연 상태의 원초의 무구(無垢)함을 되돌려 주어, 선하고 자유롭고 행복하게 살 수 있는 사회를 만들게 하는 것이다. 루소는 이것이 교육을 통해서 가능하다고 보았다. 그 교육의 실체는 가공(架空)의 어린이 '에밀'이 루소가 기획한 교육 프로그램에 따라 이상적인 인간으로 성장해 가는 과정을 통해 엿볼 수 있다. 이 교육은 자연 상태의 인간이 본래의 천진무구함을 유지하면서 정신적·육체적으로 스스로를 도야해 가는 과정을 따르는 것을 원리로 삼는다. 그래서 ㉣<u>지식은 실제 생활에 필요한 정도만 배우게 하고, 심신의 발달 과정에 따라 어린이가 직접 관찰하거나 자유롭게 능동적인 경험을 하도록 하는 것이다.</u> 그럼으로써 자유로우면서도 정직과 미덕을 가진 도덕적 인간으로 성장해 나갈 수 있게 된다. 이것은 자연 상태의 인간을 중시하는 그의 인간관이 그대로 반영된 것이다. 루소의 자연으로 돌아가자는 주장은 공허한 외침으로 들리기도 한다. 루소가 말하는 자연으로 돌아가기에는 이미 인류의 역사가 너무 많이 진행되었기 때문이다. 그러나 ㉤<u>인간이 본래 무구한 존재라고 본 그의 인간관과 인간 사이의 유대를 도모하고 평등을 실천할 수 있는 인간상을 추구했던 그의 이상은 인간을 탐욕의 노예로 몰고 가는 오늘날에 더욱 빛을 발한다.</u>

3 제시문의 밑줄 친 부분 중에서 화자의 생각이 가장 잘 드러난 부분은?

① ㉠

② ㉡

③ ㉢

④ ㉣

⑤ ㉤

✔ 해설 ㉠㉡㉢㉣은 루소의 사상에 대한 내용이다. ㉤은 루소의 사상의 가치를 화자가 직접 평가하고 있다는 점에서 화자의 생각이 가장 잘 드러나는 부분이다.

4 이 글의 내용과 일치하지 않는 것은?

① 루소는 성선설(性善說)에 동의한다.

② 인지(認知)는 인간의 욕망이 필요 이상의 것을 추구하지 않도록 제어한다.

③ 루소는 '에밀'을 통해 자신이 이상적으로 생각하는 교육 프로그램을 보여준다.

④ '에밀'에는 자연 상태를 중시하는 루소의 인간관이 반영되었다.

⑤ 화자는 현실을 비판적으로 인식하며 루소의 사상을 긍정적으로 평가한다.

> **✔해설** 루소는 인지(認知)가 깨어나면서 인간의 욕망이 필요로 하는 것 이상으로 확대되었다고 보고 있다.

5 다음의 내용에 따라 손해배상액이 가장 큰 사람은?

> 법원은 손해배상책임의 여부 또는 손해배상액을 정할 때에 피해자에게 과실이 있으면 그 과실의 정도를 반드시 참작하여야 하는데 이를 '과실상계(過失相計)'라고 한다. 예컨대 택시의 과속운행으로 승객이 부상당하여 승객에게 치료비 등 총 손해가 100만 원이 발생하였지만, 사실은 승객이 빨리 달리라고 요구하여 사고가 난 것이라고 하자. 이 경우 승객의 과실이 40%이면 손해액에서 40만 원을 빼고 60만 원만 배상액으로 정하는 것이다. 이는 자기 과실로 인한 손해를 타인에게 전가하는 것이 부당하므로 손해의 공평한 부담이라는 취지에서 인정되는 제도이다. 한편 손해가 발생하였어도 손해배상 청구권자가 손해를 본 것과 같은 원인에 의하여 이익도 보았을 때, 손해에서 그 이익을 공제하는 것을 '손익상계(損益相計)'라고 한다. 예컨대 타인에 의해 자동차가 완전 파손되어 자동차 가격에 대한 손해배상을 청구할 경우, 만약 해당 자동차를 고철로 팔아 이익을 얻었다면 그 이익을 공제하는 것이다. 주의할 것은, 국가배상에 의한 손해배상금에서 유족보상금을 공제하는 것과 같이 손해를 일으킨 원인으로 인해 피해자가 이익을 얻은 경우이어야 손익상계가 인정된다는 점이다. 따라서 손해배상의 책임 원인과 무관한 이익, 예컨대 사망했을 경우 별도로 가입한 보험계약에 의해 받은 생명보험금이나 조문객들의 부의금 등은 공제되지 않는다. 과실상계를 할 사유와 손익상계를 할 사유가 모두 있으면 과실상계를 먼저 한 후에 손익상계를 하여야 한다.

> 甲 : A의 과속으로 인한 교통사고로 2억 원 상당의 자동차가 완전히 파괴되었으며, 치료비와 치료기간동안 일을 하지 못하여 생긴 손해가 3천만 원이 발생하였다. 하지만 甲의 불법주차로 인한 과실도 30% 인정되었다.
>
> 乙 : 공무원 B는 공무수행 중 사망하여 사망에 의한 손해액은 6억 원이었고 B의 유일한 상속자인 乙은 유족 보상금으로 3억 원을 수령하였다. 법원은 사건에서 B과 국가 모두 과실을 인정하였으며 국가의 과실을 60%로 판단하였다.
>
> 丙 : 식당 주인인 丙은 C의 과실로 인해 가게의 일부가 파손되어 총 1억 5천만 원 상당의 손해를 입었으며 보수공사로 인해 일주일간 가게를 열지 못해 2천만 원 상당의 손해를 입었다. 법원은 이 사고가 전적으로 C의 과실에 있다고 판단했다.
>
> 丁 : 화가인 丁는 횡단보도에서 신호를 기다리던 중 D의 자동차 급발진으로 인해 교통사고를 당하게 되었다. 사고로 인해 5천만 원 상당의 丁의 작품 2개가 파손 되었으며 丁는 팔이 골절되어 병원비 500만 원과 이로 인해 계약 기간을 지키지 못해 3천만 원 상당의 계약을 두 배로 물어주게 되었다. 법원은 丁의 과실은 없으며 해당 사고를 자동차 회사의 과실은 70%이며, D의 과실은 30%라고 선고했다.
>
> 戊 : 가구점 주인인 戊은 E의 고의 화재로 전 판매 상품과 가게 수리비, 수리기간동안의 보상액까지 총 2억 원 상당의 손해를 입었다. 戊은 화재로 인해 정가 판매는 어렵지만 큰 손상이 없는 제품들만 추려서 대폭 할인 판매하여 천만 원 상당의 수익을 얻었다.

① 甲　　　　　　　　　　　　　　② 乙

③ 丙　　　　　　　　　　　　　　④ 丁

⑤ 戊

해설 戊은 판매 제품들에 대한 보상을 포함하여 2억 원의 손해를 산정하였으나 그 제품의 판매로 1천만 원 상당의 수익을 얻었으므로 총 1억 9천만 원을 배상 받을 수 있다.

① 甲은 자동차 수리비 2억 원 기타 손해가 3천만 원으로 총 2억 3천만 원 중 70%만 배상받을 수 있으므로 총 1억 6천100만 원을 받는다.

② 乙은 6억 원 중 보상금으로 받은 3억 원을 제하고 국가의 과실이 60%이므로 총 1억 8천만 원을 받는다.

③ 丙은 총 1억 7천만 원을 받는다.

④ 해당 사건에서 丁의 과실이 없으므로 작품에 대한 보상 1억 원, 병원비 500만 원, 위약금 6천만 원, 총 1억 6천 5백만 원을 배상받을 수 있다.

6 다음과 같이 작성된 건강검진 안내문을 참고할 때, 경리부 홍 대리가 직원들에게 안내하게 될 말로 적절하지 않은 것은 어느 것인가?

〈건강검진 실시안내〉

가. 실시예정일 : 2021년 4월 9일

나. 시간 : 오전 9시부터

다. 주의사항
- 검진 전날 저녁 9시 이후부터는 금식하여야 하며 커피, 담배, 껌, 우유, 물 등을 삼가주시기 바랍니다.
- 여성의 경우 생리 중에는 검진을 피하십시오.

라. 검진대상자 제출자료 : 검진대상자는 사전에 배부해 드린 '건강검진표', '구강검사표', '문진표'를 작성하시고, 기재된 인적사항이 사실과 상이할 경우 정정하시어 검사 3일 전까지 경리부로 제출 바랍니다.

마. 검진항목 안내
- 기초검사 : 신장, 체중, 시력, 청력, 혈압, 비만도 등 검사
- 혈액검사 : 당뇨, 당지혈증, 신장질환 등 검사
- 소변검사 : 당뇨, 신장질환 등 검사
- 구강검사 : 우식증, 결손치, 치주질환
- 심전도검사 : 심장질환 등 검사
- 흉부 방사선검사 : 폐결핵 및 기타 흉부질환 등 검사
- 부인과 검사 : 자궁경부암 등 검사(여성만 실시)

바. 별도검진 : 별도의 검진기관을 이용하여 검진 받으시는 분은 담당자에게 실시기관 문의 후 검진기관과 사전에 검진 시간을 협의하시기 바랍니다. 또한 별도 검진일에 검진을 원하시는 분 역시 경리부 담당자와 검진일을 협의하시기 바랍니다.

※ 담당자 : 경리부 대리 강덕배(내선 1234)

① "검진 전날 밤엔 물을 마시는 것도 삼가야 합니다."

② "생리 중인 여성은 경리부 담당자와 별도 검진일을 협의하셔야 합니다."

③ "검진 전 제출 자료를 모두 기재하여 경리부에 제출하셔야 합니다."

④ "별도의 검진기관을 이용할 경우, 사후 모든 사항을 경리부에 보고하셔야 합니다."

⑤ "다른 검사와 달리 구강검사는 별도의 검사표가 있습니다."

> ✔해설 별도 검진자는 사전 경리부에 연락하여 실시기관 문의를 먼저 하여야 한다고 안내하고 있다.
> ① 검진 전날 저녁 9시 이후부터는 금식해야 한다고 언급되어 있다.
> ② 생리 중인 여성은 검진을 피해야 한다고 언급되어 있으며, 그에 따른 별도검진이 예상되므로 안내와 같이 경리부 담당자와 별도 검진일을 협의해야 한다.
> ③ 검진대상자는 사전에 배부한 '건강검진표', '구강검사표', '문진표'를 작성하여 경리부에 제출토록 언급되어 있다.
> ⑤ 검진대상자 제출 자료에 별도의 구강검사표가 있다고 언급되어 있다.

7 다음 글을 읽고 미루어 짐작할 수 있는 것은?

신화를 문학의 하나로 보는 장르론적 사유에서 벗어나 담론적 실천으로 바라보는 시각에서 신화는 그것과 연루된 인지와 행위를 다른 어떤 담론보다도 적극적으로 호명하는 장치를 갖고 있다. 다시 말해 신화가 있는 곳에 믿음이 있고 행위가 있으며, 이는 곧 신화가 갖는 강력한 지표성을 말해준다. 이러한 지표성으로 인해 우리는 신화가 우리의 삶에 미치는 직접적인 영향을 더욱 생생하게 경험할 수 있게 된다. 그러나 신화의 지표성은 신화를 개념화하는 것을 더욱 어렵게 만든다. 개념이 확정되는 것은 그것이 의미체계 어딘가에 제자리를 잡는 것을 말한다. 확고한 의미체계로 이루어진 담론이 그것과 지표적으로 연루된 현실의 간섭을 받는다면 그러한 세계는 그 확고함을 유지하기가 어려울 것이다. 신화의 개념은 그것이 갖는 지표성으로 인해 의미체계 안에서 늘 불안정한 위상을 갖는다. 그 때문에 신화는 강력한 담론이면서도 늘 해체의 위험에 노출되어 있다. 신화의 해체는 다음의 두 가지로 나타난다고 정리할 수 있을 것이다. 먼저, 신화는 탈신화적 해체에 노출된다. 이를 뮈토스(mythos, 신화 체계)와 로고스(logos, 이성 체계) 간에 이루어지는 상호작용으로 파악할 수 있다. 즉, 신화에 내포된 믿음은 맹목적인 것이지만, 신화는 그것을 합리적인 것으로 위장한다. 혹은 탈신화를 통해 얻어진 합리성이라 하더라도, 그것이 어느 순간 맹목적인 믿음의 모습으로 돌변하기도 한다. 그러므로 신화는 늘 명사가 아닌 동사의 모습으로 나타난다. 언제나 이러한 해체의 역동적인 움직임이 수반되기에 신화는 '신화함'이거나 '신화됨'으로 나타나는 것이다. 아울러 그러한 움직임에 대한 반작용을 필연적으로 함의한 역설적 동사인 것이다. 다음으로, 신화는 사유의 한 형태로 문학이나 언어의 경계를 넘어서 존재한다. 기호 작용이라 규정됨으로써 그것은 존재론적이면서 인식론적인 모든 현상에 골고루 침투한다. 신화가 없는 곳은 문화가 없는 곳이고 인간이 없는 곳이다. 한마디로 신화는 필연적인 것이다. 신화의 이러한 특성 때문에 신화는 더욱 위험하고, 잠재적이며 때로는 무의식적인 것처럼 보인다. 그러나 바로 이 때문에 우리는 신화를 더욱 노출시키고, 실재화시키며, 의식화시킬 필요가 있다. 이것이 앞서 말한 탈신화일 터인데, 그러한 사유는 우리의 문화를 맹목으로 얼룩진 부패한 모습이 아닌 활발한 모습으로 숙성된 발효한 모습으로 거듭나게 할 것이다.

① 신화는 기존의 차원을 넘어선 보다 깊이 있는 사색을 통해 거듭나야 한다.
② 신화는 문학 외의 다양한 예술적 차원에서 사유되어야 한다.
③ 문학은 신화를 담론적 시각으로 바라보는 하나의 수단이다.
④ 신화를 노출함으로써 저마다의 문화를 더욱 수용할 수 있게 된다.
⑤ 신화를 해체의 위험에서 구출할 수 있는 것은 다양한 형태의 구전이다.

✓ **해설** 제시문에서 신화는 문학적 장르에 한정되어 있음을 지적하고 보다 다양한 사유를 통해 문화를 활발한 모습으로 거듭나게 할 수 있다.

Answer 6.④ 7.①

현대는 소비의 시대다. 소비가 하나의 이데올로기가 된 세상이다. 소비자들은 쏟아져 나오는 여러 상품들을 선택하는 행위를 통해 욕구 충족을 할 뿐 아니라 개인의 개성과 정체성을 형성한다. 소비가 인간을 만드는 것이다. 그뿐 아니다. 다른 사람의 소비를 보면서 그를 평가하기도 한다. 그 사람이 무엇을 소비하느냐에 따라 그 사람의 값을 매긴다. 거기서 자연스럽게 ⊙배태되는 게 바로 유행이다. 온통 소비에 신경을 쓰다 보니 유명인이나 트렌드 세터들이 만들어내는 소비패턴에 민감하다. 옷이든 장신구든 아니면 먹거리든 간에 이런 유행을 타지 않은 게 드물 정도도. 유행을 따르지 않으면 시대에 뒤처지고 소외되는 것 같은 ⓒ강박이 사람들을 짓누르고 있다. 문제는 유행이 무척 짧은 수명을 갖는다는 것이다. 옷 같은 경우는 일 년이 멀다하고 새로운 패션이 밀려온다. 소비시장이 그만큼 다양화, 개성화, 전문화됐다는 뜻이다. 제대로 유행의 첨단에 서자면 정신이 달아날 지경일 것이다. 원래 제품 수명주기이론에서는 제품이 태어나 사라질 때까지를 보통 3～5년 정도로 본다. 즉 도입기와 성장기-성숙기-쇠퇴기를 거치는 데 몇 년 정도는 걸린다는 설명이다. 상품의 생명력이 이 정도 유지되는 게 정상이다. 그래야 생산자들도 어느 정도 이 속도에 맞춰 신상품을 개발하는 등 마케팅 ⓒ전략을 세울 수 있다. 그런데 최근 ⓔ풍조는 상품 수명이 1년을 넘기지 못하는 경우가 잦다고 한다. 소득이 늘면서 유행에 목을 매다보니 남보다 한 발짝이라도 빨리 가고 싶은 욕망이 생기고 그것이 유행의 주기를 앞당기는 것이다. 한 때 온 나라를 떠들썩하게 했던 아웃도어 열풍이 급격히 식어가고 있다는 보도다. 업계에 따르면 국내 아웃도어 시장 규모는 2014년 7조 4,000억 원을 정점으로 급격한 내림세에 접어들었다. 작년 백화점 등 유통업체들은 아웃도어에서 6～9% 마이너스 성장을 했다. 업체들은 일부 브랜드를 접고 감원에 들어가는가 하면 백화점에서도 퇴점하는 ⓜ사례가 증가하고 있다. 과거에도 하얀국물 라면과 같은 음식이나 패션 등 일부 상품에서 빠른 트렌드 변화가 있었다. 소비자 요구는 갈수록 복잡해지고 기업이 이에 적응하는 데는 한계가 있는 것이다. 따라서 이러한 변화를 맞춰야 하는 기업은 피곤해질 수밖에 없다.

8 제시문과 관련된 내용으로 보기 가장 어려운 것을 고르면?

① 사람들은 제품 구매를 통해 니즈를 충족하고 그들의 개성을 형성하게 된다.

② 현대에 들어 분야를 막론하고 유행을 좇지 않는 게 거의 없다.

③ 제품 수명주기이론에서 제품은 도입기-성장기-성숙기-쇠퇴기의 4단계를 겪게 된다.

④ 소득이 증가하면서 제품의 유행주기가 점차적으로 늦춰졌다.

⑤ 빠른 트렌드의 변화로 소비자들의 욕구는 충족되는 반면에 기업의 경우에는 이를 맞추기 위해 상당히 피곤해진다.

> ✔해설 "소득이 늘면서 유행에 목을 매다보니 남보다 한 발짝이라도 빨리 가고 싶은 욕망이 생기고 그것이 유행의 주기를 앞당기는 것이다."에서 보듯이 유행과 소비자들의 복잡한 욕구가 서로 얽혀 유행 풍조를 앞당기고 있다고 할 수 있다.

9 다음 중 밑줄 친 부분의 한자어 표기로 옳은 것은?

① ㉠ – 胚胎
② ㉡ – 强拍
③ ㉢ – 前略
④ ㉣ – 風鳥
⑤ ㉤ – 謝禮

> **해설** 배태(胚胎) … 어떤 현상이나 사물이 발생하거나 일어날 원인을 속으로 가짐을 나타내는 말이다.
> ② 한 마디 안에서 세게 연주하는 박자를 나타내는 말로, 제시문의 강박은 무엇에 눌리거나 쫓겨 심하게 압박을 느끼는 의미의 强迫으로 표기하는 것이 옳다.
> ③ 편지나 글, 말의 앞부분을 줄임, 또는 앞부분을 줄였다는 뜻으로 쓰는 말이다. 제시문의 전략은 필요한 책략을 의미하는 戰略으로 표기하는 것이 옳다.
> ④ 극락조를 나타내는 말로, 제시문의 풍조는 시대에 따라 변하는 세태를 의미하는 風潮으로 표기하는 것이 옳다.
> ⑤ 언행이나 선물 따위로 상대에게 고마운 뜻을 나타내는 말로, 제시문의 사례는 어떤 일이 전에 실제로 일어난 예를 의미하는 事例으로 표기하는 것이 옳다.

10 다음은 어느 공사의 윤리헌장이다. 밑줄 친 단어를 한자로 바꾸어 쓴 것으로 옳지 않은 것은?

> 우리 공사는 신뢰와 존경받는 일등 공기업으로서 새롭게 100년의 역사를 만들기 위하여 모든 임직원은 올바른 행동과 가치판단의 기준으로 아래와 같이 윤리헌장을 제정하고 <u>실천</u>을 다짐한다.
> 하나, 윤리적 기준과 원칙이 모든 경영 활동의 기본이 되고 의사결정의 <u>기초</u>가 된다.
> 하나, 국내외 법규와 국제협약을 준수한다.
> 하나, 임직원의 <u>존엄성</u>과 다양성을 존중한다.
> 하나, 개인의 이해를 초월하여 공사의 <u>이익</u>을 추구한다.
> 하나, 고객만족을 실천하고 협력업체와 <u>상생</u>을 추구한다.
> 하나, 기업시민으로서 지켜야 할 의무와 책임을 다한다.
> 하나, 지속가능경영을 위한 글로벌 스탠다드를 준수한다.

① 실천 – 實踐
② 기초 – 基礎
③ 존엄성 – 尊嚴性
④ 이익 – 李瀷
⑤ 상생 – 相生

> **해설** '이익'은 한자로 '利益'으로 써야 한다.

11 제시문의 관점에서 A ~ C에 대한 평가로 적절한 것을 모두 고르면?

> 위험은 우리의 안전을 위태롭게 하는 실제 사건의 발생과 진행의 총체라고 할 수 있다. 위험에 대해 사람들이 취하는 태도에 대해서는 여러 관점이 존재한다. 관점 A에 따르면, 위험 요소들은 보편타당한 기준에 따라 계산 가능하고 예측 가능하기 때문에 객관적이고 중립적인 것으로 인식될 수 있다. 그 결과, 각각의 위험에 대해 개인이나 집단이 취하게 될 태도 역시 사고의 확률에 대한 객관적인 정보에 의해서만 결정된다. 하지만 이 관점은 객관적인 발생가능성이 높지 않은 위험을 민감하게 받아들이는 개인이나 사회가 있다는 것을 설명하지 못한다. 한편 관점 B는 위험에 대한 태도가 객관적인 요소뿐만 아니라 위험에 대한 주관적 인지와 평가에 의해 좌우된다고 본다. 예를 들어 위험이 발생할 객관적인 가능성은 크지 않더라도, 그 위험의 발생을 스스로 통제할 수 없는 경우에 사람들은 더욱 민감하게 반응한다. 그뿐만 아니라 위험을 야기하는 사건이 자신에게 생소한 것이어서 그에 대한 지식이 부족할수록 사람들은 그 사건을 더 위험한 것으로 인식하는 경향이 있다. 하지만 이것은 동일한 위험에 대해 서로 다른 문화와 가치관을 가지고 있는 사회 또는 집단들이 다른 태도를 보이는 이유를 설명하지 못한다. 이와 관련해 관점 C는 위험에 대한 태도가 개인의 심리적인 과정에 의해서만 결정되는 것이 아니라, 개인이 속한 집단의 문화적 배경에도 의존한다고 주장한다. 예를 들어 숙명론이 만연한 집단은 위험을 통제 밖의 일로 여겨 위험에 대해서 둔감한 태도를 보이게 되며, 구성원의 안전 문제를 다른 무엇보다도 우선시하는 집단은 그렇지 않은 집단보다 위험에 더 민감한 태도를 보이게 될 것이다.

〈보기〉

㉠ 관점 A와 달리 관점 B는 위험에 대한 사람들의 태도가 객관적인 요소에 영향을 받지 않는다고 주장한다.
㉡ 관점 B와 관점 C는 사람들이 동일한 위험에 대해서 다른 태도를 보이는 사례를 설명할 수 있다.
㉢ 관점 A는 민주화 수준이 높은 사회일수록 사회 구성원들이 기후변화의 위험에 더 민감한 태도를 보인다는 것을 설명할 수 있지만, 관점 C는 그렇지 않다.

---

① ㉠
② ㉡
③ ㉠㉢
④ ㉡㉢
⑤ ㉠㉡㉢

✔ **해설** 관점 A : 객관적인 정보에 의해서 결정
관점 B : 객관적 요소뿐 아니라 주관적 인지와 평가에 좌우
관점 C : 개인의 심리적 과정과 속한 집단의 문화적 배경에도 의존
㉠ 관점 B는 객관적인 요소에 영향을 받는다.
㉡ 관점 B는 주관적 인지와 평가, 관점 C는 문화적 배경
㉢ 민주화 수준이 높은 사회는 개인이 속한 집단의 문화적 배경에 해당하므로 관점 C에 해당하며, 관점 A는 사회 구성원들이 기후변화의 위험에 더 민감한 태도를 보인다는 것을 설명할 수 없다.

12 다음은 재해복구사업에 관한 내용이다. 이를 이해한 내용으로 옳지 않은 것은?

---

1. 목적 : 풍수해로 인한 수리시설 및 방조제를 신속히 복구하여 안전영농 실현
2. 근거법령 : 자연재해대책법 제46조(재해복구계획의 수립·시행)
3. 사업시행자
   • 복구계획 : 시장·군수 책임 하에 시행
   – 시·군관리 수리시설 : 시장·군수
   – 공사(公社)관리 수리시설 : 공사 사장
   • 하천, 도로, 수리시설, 농경지 복구를 2개 사업 이상 동시에 하여야 할 경우는 시장·군수가 주된 실시자를 지정하여 통합실시 가능
4. 재원 : 국고(70%), 지방비(30%)
   • 국고(70%) : 재해대책예비비(기획재정부) – 피해 발생시 소관부처로 긴급배정
   • 지방비(30%) : 지자체(시·도 및 시·군)별로 재해대책기금 자체 조성
5. 사업(지원) 대상 : 1개소의 피해액이 3천만 원 이상이고, 복구액이 5천만 원 이상인 경우 지원
6. 추진방향
   • 국가재원 부담능력을 고려, 기능복원 원칙을 유지
   – 기능복원사업 : 본래 기능을 유지할 수 있도록 현지여건에 맞추어 복원
   – 개선복구사업 : 피해 발생 원인을 근원적으로 해소하거나 피해 시설의 기능을 개선
   • 모든 사업은 가능한 당해 연도에 마무리 되도록 하고, 규모가 큰 시설은 다음 영농기 이전까지 복구 완료
   • 홍수량 배제능력이 부족한 저수지 등의 주요시설 복구는 개선복구를 원칙
   • 유실·매몰 피해 농경지가 대규모인 곳은 가능한 경지정리사업과 병행하여 복구하고, 도로 및 하천과 농경지가 같이 피해를 입은 지역은 동시 시행계획을 수립하여 종합개발 방식으로 복구(소관 청별 사업비는 구분)
   • 행정절차는 간소화하고 복구공사를 선 착공

---

① 모든 사업은 되도록 당해 연도에 마무리 되어야 한다.
② 피해액이 3천만 원이고, 복구액이 4천만 원인 경우는 지원대상이 아니다.
③ 하천과 농경지 복구의 2개 사업을 동시에 해야 되는 경우에는 통합실시가 가능하다.
④ 재원이 국고인 경우에는 기획재정부가 예산을 배정한다.
⑤ 국가재원 부담능력을 고려하여 예외 없이 모든 재해복구는 기능복원을 원칙으로 한다.

✔해설 홍수량 배제능력이 부족한 저수지 등의 주요시설 복구는 개선복구를 원칙으로 한다.

Answer 11.② 12.⑤

다음 글을 읽고 이어지는 물음에 답하시오.

경남 합천군은 10일 고령운전자 교통사고를 예방하기 위한 조례를 제정할 것이라고 밝혔다. 합천군은 이에 따라 '고령운전자 교통사고 예방에 관한 조례안'을 최근 입법 예고하고, 이달 중 열릴 제232회 군 의회 임시회에서 조례안을 심의해 의결토록 할 계획이다. 조례안에서는 운전면허 소지자 중 합천에 주소를 둔 만 70세 이상을 고령운전자로 규정했으며 합천군수는 고령운전자가 운전면허를 자진 반납하면 예산 범위에서 교통비를 지원하는 등 교통사고 예방을 위해 적극적으로 노력할 것이라는 내용도 담겨있다.

또한 조례안에서는 주행 중인 다른 차량의 운전자가 고령운전자 차량을 쉽게 식별할 수 있도록 고령자의 차량 앞뒤에 고령운전자 표시 스티커를 만들어 지원할 수 있게 했다. 합천군은 고령운전자에게 운전면허 자진 반납자임을 증명하는 카드도 발급하고, 카드 소지자에게 합천군의 일부 가맹점 등을 이용할 때 할인 혜택을 주는 방안도 검토하고 있다.

조례안을 대표 발의한 최정옥 합천군 의원은 "최근 고령운전자 교통사고가 잇따르는 만큼 사고예방 지원 근거를 마련해 군민의 생명과 재산을 보호하는 것이 목적이다"라고 설명했다. 합천군은 이달 중 군 의회의 조례안 통과 후 사업계획을 구체화하면서 예산을 편성해 빠르면 올해 하반기부터 고령운전자 사고예방사업을 시작할 방침이다.

앞서 부산시는 지난해 1월부터 전국 최초로 고령운전자 면허반납 인센티브 지급제도를 도입했다. 부산시는 만 65세 이상을 대상으로 10만 원이 충전된 교통카드 등을 지급하고, 시청과 가맹 계약을 맺은 상점들을 이용하면 5%~50%의 할인 혜택을 받을 수 있는 '어르신 교통사랑 카드'를 발급했다.

서울 양천구도 올해부터 만 65세 이상 고령운전자들이 운전면허증을 반납하면 '운전면허 졸업증서'를 주고, 10만 원이 충전된 선불교통카드를 지급하고 있다. 또 경기 오산시도 고령운전자 운전면허 자진반납과 인센티브 부여 등을 담은 조례안 제정을 추진 중이다.

13 윗글에서 강조하고 있는 가장 핵심적인 내용으로 적절한 것은?

① 고령운전자가 안심하고 운전할 수 있는 교통법규를 마련하여야 한다.
② 고령운전자로 인한 교통사고를 예방하여야 한다.
③ 고령운전자에게 교통비 등의 지원이 시급히 이루어져야 한다.
④ 운전면허 사용 가능 연령을 법으로 지정해야 한다.
⑤ 운전면허 자진반납 제도는 강제적 반납과 차별을 두어야 한다.

✔해설 주어진 글은 고령운전자에 대한 운전면허 자진 반납을 유도해야 한다는 내용이 주를 이루고 있으며, 이것은 결국 고령운전자 본인을 포함하여 고령운전자로 인한 교통사고를 최소화하여야 한다는 주장인 것이며, 이를 위해 조례안을 제정해야 한다는 주제를 담고 있다고 할 수 있다. 따라서 정답은 ②이다.

14 윗글을 통하여 추론할 수 있는 설명으로 적절한 것은?

① 대부분의 고령운전자들은 인센티브를 지급받기 위하여 운전면허를 반납하게 될 것이다.

② 고령운전자로 인한 교통사고에 따르는 비용이 면허반납 인센티브 금액의 근거가 되었을 것이다.

③ 70세 이상의 운전자는 모두 교통사고를 일으킬 것이다.

④ 조례안이 통과되면 합천군의 예산 지출은 당분간 매우 증가할 것이다.

⑤ 합천군의 고령운전자들은 부산시나 양천구에 비해 안전 운전능력이 더 뛰어날 것이다.

> ✔해설 각 지역에서 마련한 할인 혜택이나 교통비 지원 등의 인센티브 제도는 결국 고령운전자의 교통사고로 인한 사회적 비용을 줄여 절약된 비용을 통해 이루어지는 제도일 것이므로, 인센티브 제도는 절약되는 비용과 새롭게 지출되는 비용의 크기를 따져 마련되었을 것으로 판단하는 것은 합리적이다.
> ① 고령운전자에 대한 면허반납의 유인책이 될 수 있으나, 그에 대한 결과를 예단하는 것은 합리적인 추론이라고 할 수 없다.
> ③ 일반화의 오류를 범하고 있는 주장이 된다.
> ④ 교통사고 또한 줄어들 것이므로 반드시 예산 지출이 증가할 것으로 추론할 수는 없다.
> ⑤ 합천군의 고령운전자 기준이 70세로 타 지역과 다르게 책정되어 있으나, 이것은 안전 운전능력을 판단할 수 있는 기준이 아닌, 지역적 특성, 고령운전자의 수, 예산 범위 등을 고려한 행정적 기준으로 보는 것이 타당하다.

15 다음은 A 출판사 B 대리의 업무보고서이다. 이 업무보고서를 통해 알 수 있는 내용이 아닌 것은?

업무 내용	비고
09:10~10:00 [실내 인테리어] 관련 신간 도서 저자 미팅	※ 외주 업무 진행 보고
10:00~12:30 시장 조사(시내 주요 서점 방문)	1. [보세서] 원고 도착
12:30~13:30 점심식사	2. [월간 무비스타] 영화평론 의뢰
13:30~17:00 시장 조사 결과 분석 및 보고서 작성	
17:00~18:00 영업부 회의 참석	※ 중단 업무
※ 연장근무	1. [한국어교육능력] 기출문제 분석
1. 문화의 날 사내 행사 기획 회의	2. [관광통역안내사] 최종 교정

① B 대리는 A 출판사 영업부 소속이다.

② [월간 무비스타]에 실리는 영화평론은 A 출판사 직원이 쓴 글이 아니다.

③ B 대리는 시내 주요 서점을 방문하고 보고서를 작성하였다.

④ A 출판사에서는 문화의 날에 사내 행사를 진행할 예정이다.

⑤ B 대리의 현재 중단 업무는 2개이다.

> ✔해설 B 대리가 영업부 회의에 참석한 것은 사실이나, 해당 업무보고서만으로 A 출판사 영업부 소속이라고 단정할 수는 없다.

16 〈보기〉를 참조할 때, ㉠과 유사한 예로 볼 수 없는 것은?

어머니가 세탁기 버튼을 눌러 놓고는 텔레비전 드라마를 보고 있다. 우리가 이러한 모습을 볼 수 있는 이유는 바로 전자동 세탁기의 등장 때문이다. 전자동 세탁기는 세탁조 안에 탈수조가 있으며 탈수조 바닥에는 물과 빨랫감을 회전시키는 세탁판이 있다. 그리고 세탁조 밑에 클러치가 있는데, 클러치는 모터와 연결되어 있어서 모터의 힘을 세탁판이나 탈수조에 전달한다. 마이크로컴퓨터는 이 장치들을 제어하여 빨래를 하게 한다. 그렇다면 빨래로부터 주부들의 ㉠손을 놓게 한 전자동 세탁기는 어떻게 빨래를 하는가?

〈보기〉

㉠은 '손(을)'과 '놓다'가 결합하여, 각 단어가 지닌 원래 의미와는 다른 새로운 의미, 즉 '하던 일을 그만두거나 잠시 멈추다.'의 뜻을 나타낸다. 이렇게 두 개 이상의 단어가 만나 새로운 의미를 가지는 경우가 있다.

① 어제부터 모두들 그 식당에 발을 끊었다.
② 모든 학생들이 선생님 말씀에 귀를 기울였다.
③ 결국은 결승전에서 우리 편이 무릎을 꿇었다.
④ 조용히 눈을 감고 미래의 자신의 모습을 생각했다.
⑤ 장에 가신 아버지가 오시기를 목을 빼고 기다렸다.

> ✔해설 '눈을 감고'는 눈꺼풀을 내려 눈동자를 덮는 것을 의미한다. 단어의 본래의 의미가 사용되었으므로 관용적 표현이 아니다.

17 ㈎~㈒에 대한 설명으로 적절하지 않은 것은?

> ㈎ 십 수 년 전만 해도 약수터에서 물을 마시는 모습을 쉽게 볼 수 있었지만, 지금은 많은 사람들이 돈을 주고 물을 사먹는 실정이다. 이로 인해 생수 사업이 번창하고 있고, 가정에서도 깨끗한 물을 마실 수 있는 정수기가 생활 가전의 하나로 자리 잡았다.
>
> ㈏ 우리가 가정에서 사용하는 정수기의 대부분은 역삼투압 방식이다. 이 정수기는 삼투압 현상을 응용하여 만든 것이다. '삼투압 현상'이란 반투막을 사이에 둔 두 용액의 농도 차에 의해 저농도용액 속의 물이 고농도용액 속으로 이동하는 현상이다. 이 현상은 생물이 살아가는 데 없어서는 안 될 중요한 기능을 한다. 식물이 뿌리를 통해 물을 흡입하고, 짠 바닷물에서 물고기가 살 수 있는 이유가 여기에 있다.
>
> ㈐ 반면, '역삼투압 현상'이란 자연계의 '삼투압 현상'을 거꾸로 응용한 것으로 고농도용액에 삼투압 이상의 압력을 가하면 삼투압 현상과는 반대로 고농도용액 측의 물이 저농도용액 쪽으로 빠져나가는 현상이다. 역삼투압 정수기의 정수 과정은 세디멘트 필터→펌프→선(先) 카본 필터→멤브레인 필터→후(後) 카본 필터로 진행된다. 이 중 핵심은 멤브레인 필터로 표면에 아주 작은 구멍이 매우 촘촘히 뚫려 있다. 순수한 물 분자의 입자만이 이 작은 구멍을 통과하고 입자가 큰 나머지 이물질은 이 필터를 통과하지 못하고 표면을 스쳐 밖으로 배출된다.
>
> ㈑ 역삼투압 정수기는 멤브레인 필터를 이용해 0.0001 미크론의 미세한 구멍(사람 머리카락의 100만 분의 1)을 통해 물을 거르기 때문에 유기 및 무기 오염 물질, 세균, 바이러스, 중금속을 포함한 이온 물질을 99%에 가깝게 제거하여 순수한 물을 얻을 수 있다. 그러나 정수 과정에서 역삼투압을 만들기 위한 고압의 펌프가 필요하고, 순간적으로 정수되는 물의 양이 너무 적기 때문에 일정량을 모아서 쓰기 위한 정수 저장 탱크도 반드시 있어야 한다. 그리고 필터의 막에 있는 구멍이 막히는 것을 방지하기 위해 전체 물 중 약 3분의 2 정도의 물은 거르지 않고 흘려보낸다.
>
> ㈒ 이런 문제점을 보완하기 위하여 최근에는 저압형 역삼투압 정수기가 개발되었다. 저압형 역삼투막은 막 표면의 구멍 크기가 기존의 역삼투막보다 크기 때문에 별도의 펌프를 설치하지 않고 사용할 수 있다. 다만, 역삼투압 정수기보다 오염물질 제거율이 다소 떨어지고 종래의 역삼투압 정수기와 같이 별도의 정수 저장 탱크도 꼭 필요하다.

① ㈎ : 현 실정을 제시하여 독자의 흥미를 유발하고 있다.
② ㈏ : 대상을 이해하기 위한 사전 정보를 제공하고 있다.
③ ㈐ : 대상의 작동 원리와 단계적 과정을 설명하고 있다.
④ ㈑ : 대상이 지닌 장점과 문제점을 제시하고 있다.
⑤ ㈒ : 글의 내용을 요약하고 미래를 전망하고 있다.

> ✔해설 ㈒는 새로운 대상을 제시하고 그 대상의 장·단점을 소개하고 있다.

18 다음은 '저출산 문제 해결 방안'에 대한 글을 쓰기 위한 개요이다. ㉠에 들어갈 내용으로 가장 적절한 것은?

Ⅰ. 서론 : 저출산 문제의 심각성

Ⅱ. 본론

  1. 저출산 문제의 원인

    ① 출산과 양육에 대한 부담 증가

    ② 직장 일과 육아 병행의 어려움

  2. 저출산 문제의 해결 방안

    ① 출산과 양육에 대한 사회적 책임 강화

    ② (㉠   )

Ⅲ. 결론 : 해결 방안의 적극적 실천 당부

---

① 저출산 실태의 심각성

② 미혼율 증가와 1인가구 증가

③ 저출산으로 인한 각종 사회문제 발생

④ 출산율 감소 원인

⑤ 가정을 배려하는 직장 문화 조성

  ✔ **해설** 저출산 문제의 원인으로 '직장 일과 육아 병행의 어려움'이 있으므로 해결 방안으로 '가정을 배려하는 직장 문화 조성'이 들어가야 적절하다.

제6조(보증사고)

① 보증사고라 함은 아래에 열거된 보증사고 사유 중 하나를 말합니다.

    1. 보증채권자가 전세계약기간 종료 후 1월까지 정당한 사유 없이 전세보증금을 반환받지 못하였을 때

    2. 전세계약 기간 중 전세목적물에 대하여 경매 또는 공매가 실시되어, 배당 후 보증채권자가 전세보증금을 반환받지 못하였을 때

② 제1항 제1호의 보증사고에 있어서는 전세계약기간이 갱신(묵시적 갱신을 포함합니다)되지 않은 경우에 한합니다.

제7조(보증이행 대상이 아닌 채무)

보증회사는 다음 각 호의 어느 하나에 해당하는 사유가 있는 경우에는 보증 채무를 이행하지 아니합니다.

    1. 천재지변, 전쟁, 내란 기타 이와 비슷한 사정으로 주채무자가 전세계약을 이행하지 못함으로써 발생한 채무

    2. 주채무자의 전세보증금 반환의무 지체에 따른 이자 및 지연손해금

    3. 주채무자가 실제 거주하지 않는 명목상 임차인 등 정상계약자가 아닌 자에게 부담하는 채무

    4. 보증채권자가 보증채무이행을 위한 청구서류를 제출하지 아니하거나 협력의무를 이행하지 않는 등 보증채권자의 책임 있는 사유로 발생하거나 증가된 채무 등

제9조(보증채무 이행청구시 제출서류)

① 보증채권자가 보증채무의 이행을 청구할 때에는 보증회사에 다음의 서류를 제출하여야 합니다.

    1. 보증채무이행청구서

    2. 신분증 사본

    3. 보증서 또는 그 사본(보증회사가 확인 가능한 경우에는 생략할 수 있습니다)

    4. 전세계약이 해지 또는 종료되었음을 증명하는 서류

    5. 명도확인서 또는 퇴거예정확인서

    6. 배당표 등 전세보증금 중 미수령액을 증명하는 서류(경·공매시)

    7. 회사가 요구하는 그 밖의 서류

② 보증채권자는 보증회사로부터 전세계약과 관계있는 서류사본의 교부를 요청받은 때에는 이에 응하여야 합니다.

③ 보증채권자가 제1항 내지 제2항의 서류 중 일부를 누락하여 이행을 청구한 경우 보증회사는 서면으로 기한을 정하여 서류보완을 요청할 수 있습니다.

제18조(분실·도난 등)

보증채권자는 이 보증서를 분실·도난 또는 멸실한 경우에는 즉시 보증회사에 신고하여야 합니다. 만일 신고하지 아니함으로써 일어나는 제반 사고에 대하여 보증회사는 책임을 부담하지 아니합니다.

19 | 이 회사의 사원 L은 약관을 읽고 질의응답에 답변을 했다. 질문에 대한 답변으로 옳지 않은 것은?

① Q : 2년 전세 계약이 만료되고 묵시적으로 계약이 연장되었는데, 이 경우도 보증사고에 해당하는 건 가요?

A : 묵시적으로 전세계약기간이 갱신된 경우에는 보증사고에 해당하지 않습니다.

② Q : 보증서를 분실하였는데 어떻게 해야 하나요?

A : 즉시 보증회사에 신고하여야 합니다. 그렇지 않다면 제반 사고에 대하여 보증회사는 책임지지 않습니다.

③ Q : 주채무자가 전세보증금 반환의무를 지체하는 바람에 생긴 지연손해금도 보증회사에서 이행하는 건가요?

A : 네. 주채무자의 전세보증금 반환의무 지체에 따른 이자 및 지연손해금도 보증 채무를 이행하고 있습니다.

④ Q : 보증회사에 제출해야 하는 서류는 어떤 것들이 있나요?

A : 보증채무이행청구서, 신분증 사본, 보증서 또는 그 사본, 전세계약이 해지 또는 종료되었음을 증명하는 서류, 명도확인서 또는 퇴거예정확인서, 배당표 등 전세보증금중 미수령액을 증명하는 서류(경·공매시) 등이 있습니다.

⑤ Q : 여름 홍수로 인해서 주채무자가 전세계약을 이행하지 못하고 있습니다. 이 경우에도 보증회사가 보증 채무를 이행하는 건가요?

A : 천재지변의 사유가 있는 경우에는 보증 채무를 이행하지 아니합니다.

> ✔ 해설 | 주채무자의 전세보증금 반환의무 지체에 따른 이자 및 지연손해금은 보증 채무를 이행하지 아니한다(제7조 제2호).

20 다음과 같은 상황이 발생하여 적용되는 약관을 찾아보려고 한다. 적용되는 약관의 조항과 그에 대한 대응방안으로 옳은 것은?

> 보증채권자인 A는 보증채무 이행을 청구하기 위하여 보증채무이행청구서, 신분증 사본, 보증서 사본, 명도확인서를 제출하였다. 이를 검토해 보던 사원 L은 A가 전세계약이 해지 또는 종료되었음을 증명하는 서류를 제출하지 않은 것을 알게 되었다. 이 때, 사원 L은 어떻게 해야 하는가?

① 제9조 제2항, 청구가 없었던 것으로 본다.

② 제9조 제2항, 기간을 정해 서류보완을 요청한다.

③ 제9조 제3항, 청구가 없었던 것으로 본다.

④ 제9조 제3항, 기간을 정해 서류보완을 요청한다.

⑤ 제9조 제3항, 처음부터 청구를 다시 하도록 한다.

✔ 해설 보증채권자가 서류 중 일부를 누락하여 이행을 청구한 경우 보증회사는 서면으로 기한을 정하여 서류보완을 요청할 수 있다.

21 다음 공공언어 바로 쓰기 규정을 참고할 때, 제시된 문장 중 규정에 맞게 사용된 것은?

□ 단어 바로 쓰기
1) 정확한 용어 선택
- 정확한 개념을 표현한 용어
- 이해하기 쉬운 용어
- 혼동되거나 오해할 가능성이 적은 용어
- 어문 규범에 맞는 용어

2) 순화어 사용
- 우리말 다듬기(국어 순화)의 의미 : 국민 정서에 맞지 않는 말, 지나치게 어렵거나 생소한 말을 '쉽고 바르고 고운 말로 다듬는 것
- 국어 순화의 목적 : 국어의 소통 기능 향상, 국어 문화와 민족 문화 발전
- 다듬은 말의 효용 : 쉽고 원활한 의사소통 도모, 경제적 손실 방지

3) 어문 규범 준수
- 표준어 사용 : 온 국민에게 통용될 수 있는 언어 사용
- 표기 규범 준수 : 올바른 국어 표기를 위한 어문 규범 준수
- 한글 맞춤법
- 외래어 표기법
- 국어의 로마자 표기법

□ 문장 바로 쓰기
1) 간결하고 명료한 문장 사용
가) 주어와 서술어의 호응
- 주어와 서술어의 관계를 명확하게 표현함.
- 능동과 피동 등 흔히 헷갈리기 쉬운 것에 유의
나) 지나치게 긴 문장 삼가기
- 여러 가지 정보는 여러 문장으로 나누어 작성함.
다) 여러 뜻으로 해석되는 표현 삼가기
- 하나의 뜻으로 해석되는 문장을 사용함.
라) 명료한 수식어구 사용
- 수식어구가 무엇을 수식하는지를 분명히 알 수 있는 표현을 사용함.
마) 조사·어미 등 생략 시 어법 고려
- 조사, 어미, '-하다' 등을 과도하게 생략하지 않음.
바) 대등한 것끼리 접속
- -고/-며', '-와/-과' 등으로 접속되는 말에는 구조가 같은 표현을 사용함.

> 2) 외국어 번역 투 삼가기
>   우리말다운 문장이 가장 자연스러운 문장이며, 외국어 번역 투는 어순이나 문체
>   등이 자연스럽게 느껴지지 않을 수 있으므로 삼가야 함.
> 가) 영어 번역 투 삼가기
>   • 어색한 피동 표현(~에 의해 ~되다)
>   • 스스로 움직이지 않는 사물이나 추상적 대상이 능동적 행위의 주어로 나오는 문장
> 나) 일본어 번역 투 삼가기
>   • ~에 있다 : '~이다'로 바꾸어 사용함.
>   • ~에 있어서 : '~에 대하여', '~에 관하여', '~에서' 등으로 바꾸어 사용함.

① 팀장은 직원들과 회사의 인사 정책에 대하여 자유토론을 실시하였다.

② 우리 동네 주변에는 아웃렛 매장이 두 군데나 있어 계절 옷을 사기가 정말 편하다.

③ 평화 수호와 인권을 보장하는 일이야말로 가치 있는 것 아니겠냐.

④ 원래 그 동굴은 원주민들에 의해 발견된 것이 아니다.

⑤ 앞으로 치러질 선거에 있어서 금품 수수 행위가 적발되면 입후보 자격이 취소된다.

✔해설 외래어 표기법에 따르면, '아울렛'은 틀린 표기이며, '아웃렛'이 올바른 외래어 표기이므로 규정에 맞게 쓰인 문장이다.
① 의미가 명확하지 않고 모호하므로 다음과 같이 수정하여야 한다.
 →'팀장은 직원들과 함께 한 자리에서 회사의 인사 정책에 대하여~' 또는 '팀장은 직원들을 비롯한 회사의 인사 정책에 대하여~'
③ '~와'는 대등한 구를 연결하여야 하므로 다음과 같이 수정하여야 한다.
 →'평화를 수호하고 인권을 보장하는 일' 또는 '평화 수호와 인권 보장'
④ 굳이 피동형을 쓸 이유가 없는 불필요한 피동형이므로 다음과 같이 수정하여야 한다.
 →'원래 그 동굴은 원주민들이 발견한 것이 아니다.'
⑤ 일본어 번역 투이므로 다음과 같이 수정하여야 한다.
 →'앞으로 치러질 선거에서 금품~'

Answer 21.②

22 다음 자료는 H전자 50주년 기념 프로모션에 대한 안내문이다. 안내문을 보고 이해한 내용으로 틀린 사람을 모두 고른 것은?

H전자 50주년 기념행사 안내

50년이라는 시간동안 저희 H전자를 사랑해주신 고객여러분들께 감사의 마음을 전하고자 아래와 같이 행사를 진행합니다. 많은 이용 부탁드립니다.

– 아래 –

1. 기간 : 20××년 12월 1일~ 12월 15일
2. 대상 : 전 구매고객
3. 내용 : 구매 제품별 혜택 상이

제품명		혜택	비고
노트북	H-100	• 15% 할인	현금결제 시 할인금액의 5% 추가 할인
	H-105	• 2년 무상 A/S • 사은품 : 노트북 파우치 or 5GB USB(택1)	
세탁기	H 휘롬	• 20% 할인 • 사은품 : 세제 세트, 고급 세탁기커버	전시상품 구매 시 할인금액의 5% 추가 할인
TV	스마트 H TV	• 46in 구매시 LED TV 21.5in 무상 증정	
스마트폰	H-Tab20	• 10만 원 할인(H카드 사용 시) • 사은품 : 샤오밍 10000mAh 보조배터리	–
	H-V10	• 8만 원 할인(H카드 사용 시) • 사은품 : 샤오밍 5000mAh 보조배터리	–

4. 기타 : 기간 내에 H카드로 매장 방문 20만 원 이상 구매고객에게 1만 서비스 포인트를 더 드립니다.
5. 추첨행사 안내 : 매장 방문고객 모두에게 추첨권을 드립니다(1인 1매).

등수	상품
1등상(1명)	H캠-500D
2등상(10명)	샤오밍 10000mAh 보조배터리
3등상(500명)	스타베네 상품권(1만 원)

※ 추첨권 당첨자는 20××년 12월 25일 www.H-digital.co.kr에서 확인하실 수 있습니다.

⊙ 수미 : H-100 노트북을 현금으로 사면 20%나 할인 받을 수 있구나.
ⓛ 병진 : 스마트폰 할인을 받으려면 H카드가 있어야 해.
ⓒ 지수 : 46in 스마트 H TV를 사면 같은 기종의 작은 TV를 사은품으로 준대.
ⓔ 효정 : H전자에서 할인 혜택을 받으려면 H카드나 현금만 사용해야 하나봐.

① 수미
② 병진, 지수
③ 수미, 효정
④ 수미, 병진, 효정
⑤ 수미, 지수, 효정

✔해설 ⊙ 15% 할인 후 가격에서 5%가 추가로 할인되는 것이므로 20%보다 적게 할인된다.
        ⓛ 위 안내문과 일치한다.
        ⓒ 같은 기종이 아닌 LED TV가 증정된다.
        ⓔ 노트북, 세탁기, TV는 따로 H카드를 사용해야 한다는 항목이 없으므로 옳지 않다.

23

　　저소득 계층을 위한 지원 방안으로는 대상자에게 현금을 직접 지급하는 소득보조, 생활필수품의 가격을 할인해 주는 가격보조 등이 있다.

(가) 특별한 조건이 없다면 최적의 소비선택은 무차별 곡선과 예산선의 접점에서 이루어진다.

(나) 또한 X재, Y재를 함께 구매했을 때, 만족도가 동일하게 나타나는 X재와 Y재 수량을 조합한 선을 무차별 곡선이라고 한다.

(다) 그런데 소득보조나 가격보조가 실시되면 실질 소득의 증가로 예산선이 변하고, 이에 따라 소비자마다 만족하는 상품 조합도 변하게 된다.

(라) 이 제도들을 이해하기 위해서는 먼저 대체효과와 소득효과의 개념을 아는 것이 필요하다.

(마) 어떤 소비자가 X재와 Y재만을 구입한다고 할 때, 한정된 소득 범위 내에서 최대로 구입 가능한 X재와 Y재의 수량을 나타낸 선을 예산선이라고 한다.

즉 예산선과 무차별 곡선의 변화에 따라 각 소비자의 최적 선택지점도 변하는 것이다.

① (가) - (나) - (라) - (마) - (다)

② (다) - (마) - (가) - (나) - (라)

③ (라) - (마) - (나) - (가) - (다)

④ (마) - (가) - (나) - (다) - (라)

⑤ (나) - (가) - (마) - (다) - (라)

 해설 (라) '이 제도'라는 것을 보아 앞에 제도에 대한 설명이 있음을 알 수 있다. 따라서 제시된 글의 바로 뒤에 와야 한다.

(마) (라)에서 개념을 아는 것이 필요하다고 했으므로 뒤에서 설명이 시작됨을 알 수 있다.

(나) '또한'이라는 말을 통해 (마)의 이야기에 연결된다는 것을 알 수 있다.

(가) 예산선과 무차별 곡선에 대한 이야기가 나오고, 특별한 조건이 없다면 이 둘의 접점에서 최적의 소비선택이 이루어진다고 말하고 있다.

(다) '그런데' 이후는 (가)에서 제시된 특별한 조건에 해당한다.

24

제약 산업은 1960년대 냉전 시대부터 지금까지 이윤율 1위를 계속 고수해 온 고수익 산업이다.

㈎ 또 미국은 미-싱가폴 양자 간 무역 협정을 통해 특허 기간을 20년에서 50년으로 늘렸고, 이를 다른 나라와의 무역 협정에도 적용하려 하고 있다.

㈏ 다국적 제약사를 갖고 있는 미국 등 선진국들이 지적 재산권을 적극적으로 주장하는 핵심적인 이유도 이런 독점을 이용한 이윤 창출에 있다.

㈐ 이 이윤율의 크기는 의약품 특허에 따라 결정되는데 독점적인 특허권을 바탕으로 '마음대로' 정해진 가격이 유지되고 있다.

㈑ 이를 위해 다국적 제약 회사와 해당 국가들은 지적 재산권을 제도화하고 의약품 특허를 더욱 강화하고 있다.

㈒ 제약 산업은 냉전 시대에는 군수 산업보다 높은 이윤을 창출하였고, 신자유주의 시대인 지금은 은행보다 더 높은 평균이윤율을 자랑하고 있다.

① ㈏ – ㈑ – ㈎ – ㈒ – ㈐

② ㈐ – ㈎ – ㈑ – ㈏ – ㈒

③ ㈐ – ㈑ – ㈏ – ㈎ – ㈒

④ ㈒ – ㈏ – ㈐ – ㈑ – ㈎

⑤ ㈒ – ㈐ – ㈏ – ㈑ – ㈎

✔ 해설 첫 번째 문장에 제약 산업에 관한 글이 제시되었다. 제약 산업에 관한 연결된 글로 ㈒가 적절하다. ㈒에서 제시된 평균이윤율을 ㈐에서 '이 이윤율'이라고 하여 설명하고 있으므로 ㈒ – ㈐의 순서가 된다. ㈏의 '이런 독점'이라는 단어를 통해 ㈐의 독점을 이용한 이윤 창출이라는 말과 연결된다는 것을 알 수 있다. ㈑의 '이를 위해'는 ㈏의 '이런 독점을 이용한 이윤 창출'과 연결되고, ㈎에서는 ㈑의 구체적 사례를 들고 있다.

25 다음 글을 통해 답을 찾을 수 없는 질문은?

> 사진은 자신의 주관대로 끌고 가야 한다. 일정한 규칙이 없는 사진 문법으로 의사 소통을 하고자 할 때 필요한 것은 대상이 되는 사물의 객관적 배열이 아니라 주관적 조합이다. 어떤 사물을 어떻게 조합해서 어떤 생각이나 느낌을 나타내는가 하는 것은 작가의 주관적 판단에 의할 수밖에 없다. 다만 철저하게 주관적으로 엮어야 한다는 것만은 확실하다.
>
> 주관적으로 엮고, 사물을 조합한다고 해서 소위 '만드는 사진'처럼 합성을 하고 이중 촬영을 하라는 뜻은 아니다. 특히 요즈음 디지털 사진이 보편화되면서 포토샵을 이용한 합성이 많이 보이지만, 그런 것을 권하려는 것이 아니다. 사물을 있는 그대로 찍되, 주위 환경과 어떻게 어울리게 하여 어떤 의미로 살려 낼지를 살펴서 그들끼리 연관을 지을 줄 아는 능력을 키우라는 뜻이다.
>
> 사람들 중에는 아직도 사진이 객관적인 매체라고 오해하는 사람들이 퍽 많다. 그러나 사진의 형태만 보면 객관적일 수 있지만, 내용으로 들어가 보면 객관성은 한 올도 없다. 어떤 대상을 찍을 것인가 하는 것부터가 주관적인 선택 행위이다. 아름다움을 표현하기 위해서 꽃을 찍는 사람이 있는가 하면 꽃 위를 나는 나비를 찍는 사람도 있을 것이고 그 곁의 여인을 찍는 사람도 있을 것이다. 이처럼 어떤 대상을 택하는가 하는 것부터가 주관적인 작업이며, 이것이 사진이라는 것을 머리에 새겨 두고 사진에 임해야 한다. 특히 그 대상을 어떻게 찍을 것인가로 들어가면 이제부터는 전적으로 주관적인 행위일 수밖에 없다. 렌즈의 선택, 셔터 스피드나 조리개 값의 결정, 대상과의 거리 정하기 등 객관적으로는 전혀 찍을 수 없는 것이 사진이다. 그림이나 조각만이 주관적 예술은 아니다.
>
> 때로 객관적이고자 하는 마음으로 접근할 수도 있기는 하다. 특히 다큐멘터리 사진의 경우 상황을 객관적으로 파악, 전달하고자 하는 마음은 이해가 되지만, 어떤 사람도 완전히 객관적으로 접근할 수는 없다. 그 객관이라는 것도 그 사람 입장에서의 객관이지 절대적 객관이란 이 세상에 있을 수가 없는 것이다. 더구나 예술로서의 사진으로 접근함에 있어서야 말할 것도 없는 문제이다. 객관적이고자 하는 시도도 과거의 예술에서 있기는 했지만, 그 역시 객관적이고자 실험을 해 본 것일 뿐 객관적 예술을 이루었다는 것은 아니다.
>
> 예술이 아닌 단순 매체로서의 사진이라 해도 객관적일 수는 없다. 그 이유는 간단하다. 사진기가 저 혼자 찍으면 모를까, 찍는 사람이 있는 한 그 사람의 생각과 느낌은 어떻게든지 그 사진에 작용을 한다. 하다못해 무엇을 찍을 것인가 하는 선택부터가 주관적인 행위이다. 더구나 예술로서, 창작으로서의 사진은 주관을 배제하고는 존재조차 할 수 없다는 사실을 깊이 새겨서, 언제나 '나는 이렇게 보았다. 이렇게 생각한다. 이렇게 느꼈다.'라는 점에 충실하도록 노력해야 할 것이다.

① 사진의 주관성을 염두에 두어야 하는 까닭은 무엇인가?
② 사진으로 의사소통을 하고자 할 때 필요한 것은 무엇인가?
③ 단순 매체로서의 사진도 객관적일 수 없는 까닭은 무엇인가?
④ 사진의 객관성을 살리기 위해서는 구체적으로 어떤 작업을 해야 하는가?
⑤ 사진을 찍을 때 사물을 주관적으로 엮고 조합하라는 것은 어떤 의미인가?

> ✔해설 이 글에서는 사진의 주관성에 대해 설명하면서 주관적으로 사진을 찍어야 함을 강조하고 있을 뿐, 사진을 객관적으로 찍으려면 어떻게 작업해야 한다는 구체적인 정보는 나와 있지 않다.

26 다음은 주문과 다른 물건을 배송 받은 Mr. Hopkins에게 보내는 사과문이다. 순서를 바르게 나열한 것은?

Dear Mr. Hopkins

a. We will send you the correct items free of delivery charge.

b. We are very sorry to hear that you received the wrong order.

c. Once again, please accept our apologies for the inconvenience, and we look forward to serving you again in the future.

d. Thank you for your letter dated October 23 concerning your recent order.

e. Apparently, this was caused by a processing error.

---

① c － e － a － d － b

② d － b － e － a － c

③ b － c － a － e － d

④ e － a － b － d － c

⑤ a － e － d － b － c

> ✔해설 「Mr. Hopkins에게
> d. 당신의 최근 주문에 관한 10월 23일의 편지 감사합니다.
> b. 당신이 잘못된 주문을 받았다니 매우 유감스럽습니다.
> e. 듣자 하니, 이것은 프로세싱 오류로 인해 야기되었습니다.
> a. 우리는 무료배송으로 당신에게 정확한 상품을 보낼 것입니다.
> c. 다시 한 번, 불편을 드린 것에 대한 저희의 사과를 받아주시길 바라오며, 장래에 다시 서비스를 제공할 수 있기를 기대합니다.」

27 다음은 안전한 스마트뱅킹을 위한 스마트폰 정보보호 이용자 6대 안전수칙이다. 다음 안전수칙에 따르지 않은 행동은?

1. 의심스러운 애플리케이션 다운로드하지 않기

   스마트폰용 악성코드는 위·변조된 애플리케이션에 의해 유포될 가능성이 있습니다. 따라서 의심스러운 애플리케이션의 다운로드를 자제하시기 바랍니다.

2. 신뢰할 수 없는 사이트 방문하지 않기

   의심스럽거나 알려지지 않은 사이트를 방문할 경우 정상 프로그램으로 가장한 악성 프로그램이 사용자 몰래 설치될 수 있습니다. 인터넷을 통해 단말기가 악성코드에 감염되는 것을 예방하기 위해서 신뢰할 수 없는 사이트에는 방문 하지 않도록 합니다.

3. 발신인이 불명확하거나 의심스러운 메시지 및 메일 삭제하기

   멀티미디어메세지(MMS)와 이메일은 첨부파일 기능을 제공하기 때문에 스마트폰 악성코드를 유포하기 위한 좋은 수단으로 사용되고 있습니다. 해커들은 게임이나 공짜 경품지급, 혹은 유명인의 사생활에 대한 이야기 등 자극적이거나 흥미로운 내용을 전달하여 사용자를 현혹하는 방법으로 악성코드를 유포하고 있습니다. 발신인이 불명확하거나 의심스러운 메시지 및 메일은 열어보지 마시고 즉시 삭제하시기 바랍니다.

4. 블루투스 등 무선인터페이스는 사용 시에만 켜놓기

   지금까지 국외에서 발생한 스마트폰 악성코드의 상당수가 무선인터페이스의 일종인 블루투스(Bluetooth) 기능을 통해 유포된 것으로 조사되고 있습니다. 따라서 블루투스나 무선랜을 사용하지 않을 경우에는 해당 기능을 비활성화(꺼놓음) 하는 것이 필요합니다. 이로써 악성코드 감염 가능성을 줄일 뿐만 아니라 단말기의 불필요한 배터리 소모를 막을 수 있습니다.

5. 다운로드한 파일은 바이러스 유무를 검사한 후 사용하기

   스마트폰용 악성프로그램은 인터넷을 통해 특정 프로그램이나 파일에 숨겨져 유포될 수 있으므로, 프로그램이나 파일을 다운로드하여 실행하고자 할 경우 가급적 스마트폰용 백신프로그램으로 바이러스 유무를 검사한 후 사용하는 것이 좋습니다.

6. 비밀번호 설정 기능을 이용하고 정기적으로 비밀번호 변경하기

   단말기를 분실 혹은 도난당했을 경우 개인정보가 유출되는 것을 방지하기 위하여 단말기 비밀번호를 설정하여야 합니다. 또한 단말기를 되찾은 경우라도 악의를 가진 누군가에 의해 악성코드가 설치될 수 있기 때문에 비밀번호 설정은 중요합니다. 제품출시 시 기본으로 제공되는 비밀번호(예 : "0000")를 반드시 변경하여 사용하시기 바라며, 비밀번호를 설정할 때에는 유추하기 쉬운 비밀번호(예 : "1111", "1234" 등)는 사용하지 않도록 합니다.

① 봉순이는 유명인 A씨에 대한 사생활 내용이 담긴 MMS를 받아서 열어보고선 삭제했다.
② 형식이는 개인정보 유출을 방지하기 위해 1개월에 한번 씩 비밀번호를 변경하고 있다.
③ 음악을 즐겨듣는 지수는 블루투스를 사용하지 않을 때에는 항상 블루투스를 꺼놓는다.
④ 평소 의심이 많은 봉기는 신뢰할 수 없는 사이트는 절대 방문하지 않는다.
⑤ 해진이는 스마트폰으로 파일을 다운로드 한 경우는 반드시 바이러스 유무를 검사한 후 사용한다.

해설 발신인이 불명확하거나 의심스러운 메시지 및 메일은 열어보지 말고 즉시 삭제해야 한다.

28 다음 ㉠, ㉡에 들어갈 내용으로 올바르게 짝지어진 것은?

> 현행 「독점규제 및 공정거래에 관한 법률」(이하 "공정거래법") 집행의 큰 문제점 중의 하나는 제재는 많으나 피해기업에 대한 배상은 쉽지가 않다는 점이다. 과징금제도는 제재와 부당이득환수의 목적이 있으나 금전적으로는 부당이득을 피해자가 아닌 국가가 환수하는 구조이다. 공정거래법 위반으로 인해 피해를 입은 자가 공정거래위원회에 신고하여 가해기업에게 거액의 과징금이 부과된다 하더라도 과징금은 국고로 편입되어 버리기 때문에 피해자에 대한 배상은 별도의 민사소송을 제기하여야 한다.
>
> 그런데 민사소송은 절차가 복잡하고 시간이 많이 소요될 뿐만 아니라 미국식의 당연위법원칙, 약자에게 관대한 경향이 있는 배심원 제도, 증거개시제도(discovery) 등이 도입되어 있지 않기 때문에 경제적 약자가 경제적 강자를 상대로 소송을 제기하여 승소하는 것은 쉽지가 않다. 미국에서도 사적 집행으로서의 손해배상소송이 급증한 것은 1960년대 이후이며 1977년에 절정이었는데, 당연위법원칙이나 배심원 제도 등이 주요 원인으로 지적되고 있다. 반면 1980년대 들어서는 당연위법원칙의 후퇴, 시카고학파의 영향에 따른 경제분석 강화 등으로 손해배상소송이 (㉠)
>
> 결국, 피해자의 신고 후 공정거래위원회가 조사하여 거액의 과징금을 부과한다 하더라도 피해자는 그 결과에 만족하지 못하는 경우가 생기게 되고 그렇게 되면 공정거래절차의 효용성이 크게 (㉡) 국민의 불신이 높아질 수밖에 없다. 따라서 피해자의 실질적인 구제를 위하여서는 별도의 민사소송 제기 없이 공정거래위원회의 결정에 의해 손해배상명령을 직접 내리는 것이 효율적이라는 주장이 과거에도 간헐적으로 제기되어 왔다. 하지만 이러한 제도는 외국에서도 사례를 찾아보기 어려울 뿐만 아니라 우리나라의 법체계에 있어서도 너무나 독특한 것이기 때문에 정부 안팎에서만 논의가 되었을 뿐이다.

	㉠	㉡
①	늘어났다.	떨어지고
②	늘어났다.	올라가고
③	줄어들었다.	올라가고
④	줄어들었다.	떨어지고
⑤	유지되었다.	떨어지고

해설 ㉠ 미국에서 손해배상소송이 급증한 것은 당연위법원칙이나 배심원 제도 때문이었는데 1980년대 들어서 당연위법원칙이 후퇴하였으므로 손해배상소송이 줄어들었다.
㉡ 가해자에게 과징금을 부과한다 하더라도 국고로 편입되기 때문에 피해자는 만족하지 못하게 되며 공정거래절차의 효용성이 크게 떨어지고 국민의 불신이 높아진다.

Answer 27.① 28.④

주먹과 손바닥으로 상징되는 이항 대립 체계는 롤랑 바르트도 지적하고 있듯이 서구 문화의 **뿌리**를 이루고 있는 기본 체계이다. 천사와 악마, 영혼과 육신, 선과 악, 괴물을 죽여야 공주와 행복한 결혼을 한다는 이른바 세인트 조지 콤플렉스가 바로 서구 문화의 본질이었다고 할 수 있다. 그러니까 서양에는 이항 대립의 중간항인 가위가 결핍되어 있었던 것이다. 주먹과 보자기만 있는 대립항에서는 어떤 새로운 변화도 일어나지 않는다. 항상 이기는 보자기와 지는 주먹의 대립만이 존재한다.

서양에도 가위바위보와 같은 민속놀이가 있긴 하지만 그것은 동아시아에서 들어온 것이라고 한다. 그들은 이런 놀이를 들여옴으로써 서양 문화가 논리적 배중률이니 모순율이니 해서 극력 배제하려고 했던 가위의 힘, 말하자면 세 손가락은 닫혀 있고 두 손가락은 펴 있는 양쪽의 성질을 모두 갖춘 중간항을 발견하였다. 열려 있으면서도 닫혀 있는 가위의 존재, 그 때문에 이항 대립의 주먹과 보자기의 세계에 새로운 생기와 긴장감이 생겨난다. 주먹은 가위를 이기고 가위는 보자기를 이기며 보자기는 주먹을 이기는, 그 어느 것도 정상에 이를 수 없으며 그 어느 것도 밑바닥에 깔리지 않는 서열 없는 관계가 형성되는 것이다.

유교에서 말하는 중용(中庸)도 가위의 기호 체계로 보면 정태론이 아니라 강력한 동태적 생성력으로 해석될 수 있을 것이다. 그것은 단순한 균형이나 조화가 아니라 주먹과 보자기의 가치 시스템을 파괴하고 새로운 질서를 끌어내는 혁명의 원리라고도 볼 수 있다. 〈역경(易經)〉을 서양 사람들이 변화의 서(書)라고 부르듯이 중용 역시 변화를 전제로 한 균형이며 조화라는 것을 잊어서는 안 된다. 쥐구멍에도 볕들 날이 있다는 희망은 이와 같이 변화의 상황에서만 가능한 꿈이라고 할 수 있다.

요즘 서구에서 일고 있는 '제3의 길'이란 것은 평등과 자유가 이항 대립으로 치닫고 있는 것을 새로운 가위의 패러다임으로 바꾸려는 시도라고 풀이할 수 있다. 지난 냉전 체제는 바로 정치 원리인 평등을 극단적으로 추구하는 구소련의 체제와 경제 원리인 자유를 극대화한 미국 체제의 충돌이었다고 할 수 있다. 이 '바위-보'의 대립 구조에 새로운 가위가 끼어들면서 구소련은 붕괴하고 자본주의는 승리라기보다 새로운 패러다임의 전환점에 서 있게 된 것이다. 새 천년의 21세기는 새로운 게임, 즉 가위바위보의 게임으로 상징된다고도 볼 수 있다. 화식과 생식의 요리 모델밖에 모르는 서구 문화에 화식(火食)도 생식(生食)도 아닌 발효식의 한국 김치가 들어가게 되면 바로 그러한 가위 문화가 생겨나게 되는 것이다.

역사학자 홉스봄의 지적대로 20세기는 극단의 시대였다. 이런 대립적인 상황이 열전이나 냉전으로 나타나 1억 8천만 명의 전사자를 낳는 비극을 만들었다. 전쟁만이 아니라 정신과 물질의 양극화로 환경은 파괴되고 세대의 갈등과 양성의 대립은 가족의 붕괴, 윤리의 붕괴를 일으키고 있다. 원래 예술과 기술은 같은 것이었으나 그것이 양극화되어 이상과 현실의 간극처럼 되고 인간 생활의 균형을 깨뜨리고 말았다. 이런 위기에서 벗어나기 위해 우리는 주먹과 보자기의 대립을 조화시키고 융합하는 방법을 찾아야 할 것이다.

① 예술과 기술의 조화를 이룬 발전을 이루어야 한다.

② 미래의 사회는 자유와 평등을 함께 구현하여야 한다.

③ 동양 문화의 장점을 살려 새로운 문화를 창조해야 한다.

④ 이분법적인 사고에서 벗어나 새로운 발상을 하여야 한다.

⑤ 냉전 시대의 해체로 화합과 조화의 자세가 요구되고 있다.

> ✔해설 이분법적인 사고를 바탕으로 한 이항 대립의 한계(서구 문화)를 극복하고, 새로운 패러다임(중간항의 존재)으로 전환해야 한다는 논지를 전개하고 있다.

Answer 29.④

30 다음은 은행을 사칭한 대출 주의 안내문이다. 이에 대한 설명으로 옳지 않은 것은?

항상 OO은행을 이용해 주시는 고객님께 감사드립니다.

최근 OO은행을 사칭하면서 대출 협조문이 Fax로 불특정 다수에게 발송되고 있어 각별한 주의가 요망됩니다. OO은행은 절대로 Fax를 통해 대출 모집을 하지 않으니 아래의 Fax 발견시 즉시 폐기하시기 바랍니다.

아래 내용을 검토하시어 자금문제로 고민하는 대표이하 직원 여러분들에게 저의 은행의 금융정보를 공유할 수 있도록 업무협조 부탁드립니다.

수신 : 직장인 및 사업자
발신 : OO은행 여신부
여신상담전화번호 : 070-xxxx-xxxx

대상	직장인 및 개인/법인 사업자
금리	개인신용등급적용 (최저 4.8~)
연령	만 20세~만 60세
상환 방식	1년만기일시상환, 원리금균등분할상환
대출 한도	100만원~1억원
대출 기간	12개월~최장 60개월까지 설정가능
서류 안내	공통서류 – 신분증 직장인 – 재직, 소득서류 사업자 – 사업자 등록증, 소득서류

※ 기타사항
- 본 안내장의 내용은 법률 및 관련 규정 변경시 일부 변경될 수 있습니다.
- 용도에 맞지 않을 시, 연락 주시면 수신거부 처리 해드리겠습니다.

현재 OO은행을 사칭하여 문자를 보내는 불법업체가 기승입니다. OO은행에서는 본 안내장 외엔 문자를 발송치 않으니 이점 유의하시어 대처 바랍니다.

---

① Fax 수신문에 의하면 최대 대출 한도는 1억원까지이다.
② Fax로 수신되는 대출 협조문은 OO은행에서 보낸 것이 아니다.
③ 대출 주의 안내문은 수신거부 처리가 가능하다.
④ Fax로 수신되는 대출 협조문은 즉시 폐기하여야 한다.
⑤ OO은행에서는 대출 협조문을 문자로 발송한다.

✔해설 OO은행에서는 본 안내장 외엔 문자를 발송하지 않는다.

31 다음은 고령화 시대의 노인 복지 문제라는 제목으로 글을 쓰기 위해 수집한 자료이다. 자료를 모두 종합하여 설정할 수 있는 논지 전개 방향으로 가장 적절한 것은?

㉠ 노령화 지수 추이(통계청)

연도	1990	2000	2010	2020	2030
노령화 지수	20.0	34.3	62.0	109.0	186.6

※ 노령화 지수 : 유년인구 100명당 노령인구

㉡ 경제 활동 인구 한 명당 노인 부양 부담이 크게 증가할 것으로 예상된다. 노인 인구에 대한 의료비 증가로 건강 보험 재정도 위기 상황에 처할 수 있을 것으로 보인다. 향후 노인 요양 시설 및 재가(在家) 서비스를 위해 부담해야 할 투자비용도 막대하다.

－ 00월 00일 ○○뉴스 중

㉢ 연금 보험이나 의료 보험 같은 혜택도 중요하지만 우리 같은 노인이 경제적으로 독립할 수 있도록 일자리를 만들어 주는 것이 더 중요한 것 같습니다.

－ 정년 퇴직자의 인터뷰 중 －

---

① 노인 인구의 증가 속도에 맞춰 노인 복지 예산 마련이 시급한 상황이다. 노인 복지 예산을 마련하기 위한 구체적 방안은 무엇인가?

② 노인 인구의 급격한 증가로 여러 가지 사회 문제가 나타날 것으로 예상된다. 이러한 상황의 심각성을 사람들에게 어떻게 인식시킬 것인가?

③ 노인 인구의 증가가 예상되면서 노인 복지 대책 또한 절실히 요구되고 있다. 이러한 상황에서 노인 복지 정책의 바람직한 방향은 무엇인가?

④ 노인 인구가 증가하면서 노인 복지 정책에 대한 노인들의 불만도 높아지고 있다. 이러한 불만을 해소하기 위해서 정부는 어떠한 노력을 해야 하는가?

⑤ 현재 정부의 노인 복지 정책이 마련되어 있기는 하지만 실질적인 복지 혜택으로 이어지지 않고 있다. 이러한 현상이 나타나게 된 근본 원인은 무엇인가?

✔해설 ㉠㉡을 통해 노인인구 증가에 대한 문제를 제기하고, ㉢을 통해 노인 복지 정책의 바람직한 방향을 금전적인 복지보다는 경제적인 독립, 즉 일자리 창출 등으로 잡아야 한다고 논지를 전개해야 한다.

32 다음은 라디오 대담의 일부이다. 대담 참여자의 말하기 방식에 대한 설명으로 적절하지 않은 것은?

진행자 : 청취자 여러분, 안녕하세요. 오늘은 ○○ 법률 연구소에 계신 법률 전문가를 모시고 생활 법률 상식을 배워보겠습니다. 안녕하세요?

전문가 : 네, 안녕하세요. 오늘은 '정당행위'에 대해 말씀드리고자 합니다. 먼저 여러분께 문제 하나 내 보겠습니다. 만약 스파이더맨이 도시를 파괴하려는 악당들과 싸우다 남의 건물을 부쉈다면, 부서진 건물은 누가 배상해야 할까요?

진행자 : 일반적인 경우라면 건물을 부순 사람이 보상해야겠지만, 이런 경우에 정의를 위해 악당과 싸운 스파이더맨에게 보상을 요구하는 것은 좀 지나친 것 같습니다.

전문가 : 청취자 여러분들도 이와 비슷한 생각을 하실 것 같은데요, 이런 경우에는 스파이더맨의 행위를 악당으로부터 도시를 지키기 위한 행위로 보고 민법 761조 1항에 의해 배상책임을 면할 수 있도록 하고 있습니다. 이때 스파이더맨의 행위를 '정당행위'라고 합니다.

진행자 : 아, 그러니까 악당으로부터 도시를 지키기 위해 싸운 스파이더맨의 행위가 '정당행위'이고, 정당행위로 인한 부득이한 손해는 배상할 필요가 없다는 뜻이군요.

전문가 : 네, 맞습니다. 그래야 스파이더맨의 경우처럼 불의를 보고 나섰다가 오히려 손해를 보는 일이 없겠죠.

진행자 : 그런데 문득 이런 의문이 드네요. 만약 스파이더맨에게 배상을 받을 수 없다면 건물 주인은 누구에게 배상을 받을 수 있을까요?

전문가 : 그래서 앞서 말씀드린 민법 동일 조항에서는 정당행위로 인해 손해를 입은 사람이 애초에 불법행위를 저질러 손해의 원인을 제공한 사람에게 배상을 청구할 수 있도록 하고 있습니다. 즉 건물 주인은 악당에게 손해배상을 청구할 수 있습니다.

① 진행자는 화제와 관련된 질문을 던지며 대담을 진전시키고 있다.
② 진행자는 전문가가 한 말의 핵심 내용을 재확인함으로써 청취자들의 이해를 돕고 있다.
③ 전문가는 청취자가 관심을 가질 질문을 던져 화제에 집중도를 높이고 있다.
④ 전문가는 구체적인 법률 근거를 제시하여 신뢰성을 높이고 있다.
⑤ 전문가는 추가적인 정보를 제시함으로써 진행자의 오해를 바로 잡고 있다.

> ✔해설 제시문은 라디오 대담 상황으로, 진행자와 전문가의 대담을 통해 '정당행위'의 개념과 배상 책임 면제에 관한 법리를 쉽게 설명해 주고 있다. 전문가는 마지막 말에서 추가적인 정보를 제시하고 있지만 그것을 통해 진행자의 오해를 바로잡고 있는 것은 아니다.

33 문화체육관광부 홍보팀에 근무하는 김문화씨는 '탈춤'에 관한 영상물을 제작하는 프로젝트를 맡게 되었다. 제작계획서 중 다음의 제작 회의 결과가 제대로 반영되지 않은 것은?

- 제목 : 탈춤 체험의 기록임이 나타나도록 표현
- 주 대상층 : 탈춤에 무관심한 젊은 세대
- 내용 : 실제 경험을 통해 탈춤을 알아가고 가까워지는 과정을 보여 주는 동시에 탈춤에 대한 정보를 함께 제공
- 구성 : 간단한 이야기 형식으로 구성
- 전달방식 : 정보들을 다양한 방식으로 전달

〈제작계획서〉

제목	'기획 특집 – 탈춤 속으로 떠나는 10일간의 여행'	①
제작 의도	젊은 세대에게 우리 고유의 문화유산인 탈춤에 대한 관심을 불러일으킨다.	②
전체 구성	중심 얼개	• 대학생이 우리 문화 체험을 위해 탈춤이 전승되는 마을을 찾아가는 상황을 설정한다. • 탈춤을 배우기 시작하여 마지막 날에 공연으로 마무리한다는 줄거리로 구성한다.	③
	보조 얼개	탈춤에 대한 정보를 별도로 구성하여 중간 중간에 삽입한다.	
전달 방식	해설	내레이션을 통해 탈춤에 대한 학술적 이견들을 깊이 있게 제시하여 탈춤에 조예가 깊은 시청자들의 흥미를 끌도록 한다.	④
	영상 편집	• 탈에 대한 정보를 시각 자료로 제시한다. • 탈춤의 종류, 지역별 탈춤의 특성 등에 대한 그래픽 자료를 보여 준다. • 탈춤 연습 과정과 공연 장면을 현장감 있게 보여 준다.	⑤

✔해설 해당 영상물의 제작 의도는 탈춤에 무관심한 젊은 세대를 대상으로 하여 우리 고유의 문화유산인 탈춤에 대한 관심을 불러일으키기 위한 것이다. 따라서 탈춤에 대한 학술적 이견들을 깊이 있게 제시하는 것은 제작 의도와 맞지 않는다.

┃34~35┃ 다음은 어느 공항의 〈교통약자 공항이용안내〉의 일부이다. 이를 읽고 물음에 답하시오.

패스트트랙

- Fast Track을 이용하려면 교통약자(보행장애인, 7세 미만 유소아, 80세 이상 고령자, 임산부, 동반여객 2인 포함)는 본인이 이용하는 항공사의 체크인카운터에서 이용대상자임을 확인 받고 'Fast Track Pass'를 받아 Fast Track 전용출국장인 출국장 1번, 6번 출국장입구에서 여권과 함께 제시하면 됩니다.
- 인천공항 동편 전용출국통로(Fast Track, 1번 출국장), 오전7시 ~ 오후7시까지 운영 중이며, 운영상의 미비점을 보완하여 정식운영(동·서편, 전 시간 개장)을 개시할 예정에 있습니다.

휠체어 및 유모차 대여

공항 내 모든 안내데스크에서 휠체어 및 유모차를 필요로 하는 분께 무료로 대여하여 드리고 있습니다.

장애인 전용 화장실

- 여객터미널 내 화장실마다 최소 1실의 장애인 전용화장실이 있습니다.
- 장애인분들의 이용 편의를 위하여 넓은 출입구와 내부공간, 버튼식자동문, 비상벨, 센서작동 물내림 시설을 설치하였으며 항상 깨끗하게 관리하여 편안한 공간이 될 수 있도록 하고 있습니다.

주차대행 서비스

- 공항에서 허가된 주차대행 서비스(유료)를 이용하시면 보다 편리하고 안전하게 차량을 주차하실 수 있습니다.
- 경차, 장애인, 국가유공자의 경우 할인된 금액으로 서비스를 이용하실 수 있습니다.

장애인 주차 요금 할인

주차장 출구의 유인부스를 이용하는 장애인 차량은 장애인증을 확인 후 일반주차요금의 50%를 할인하여 드리고 있습니다.

휠체어 리프트 서비스

- 장기주차장에서 여객터미널까지의 이동이 불편한 장애인, 노약자 등 교통약자의 이용 편의 증진을 위해 무료 이동 서비스를 제공하여 드리고 있습니다.
- 여객터미널↔장기주차장, 여객터미널↔화물터미널행의 모든 셔틀버스에 휠체어 탑승리프트를 설치, 편안하고 안전하게 모시고 있습니다.

34 다음 교통약자를 위한 서비스 중 무료로 이용할 수 있는 서비스만으로 묶인 것은?

① 주차대행 서비스, 장애인 전용 화장실 이용
② 장애인 차량 주차, 휠체어 및 유모차 대여
③ 휠체어 및 유모차 대여, 휠체어 리프트 서비스
④ 휠체어 및 유모차 대여, 주차대행 서비스
⑤ 장애인 차량 주차, 휠체어 리프트 서비스

> ✔해설 ①④ 주차대행 서비스가 유료이다.
> ②⑤ 장애인 차량은 장애인증 확인 후 일반주차요금의 50%가 할인된다.

35 Fast Track 이용 가능한 교통약자가 아닌 사람은?

① 80세 고령자 　　　　　　　② 임산부
③ 보행장애인 　　　　　　　　④ 8세 아동
⑤ 6세 유아

> ✔해설 Fast Track 이용 가능한 교통약자는 보행장애인, 7세 미만 유소아, 80세 이상 고령자, 임산부, 동반여객 2인이다.

출제예상문제

1 어느 야구선수가 시합에 10번 참여하여 시합당 평균 0.6개의 홈런을 기록하였다. 앞으로 5번의 시합에 더 참여하여 총 15번 경기에서의 시합당 평균 홈런을 0.8개 이상으로 높이고자 한다. 남은 5번의 시합에서 최소 몇 개의 홈런을 쳐야하는가?

① 4
② 5
③ 6
④ 7
⑤ 8

> **✔해설** 10번의 경기에서 평균 0.6개의 홈런→6개 홈런
> 15번의 경기에서 평균 0.8개의 홈런→12개 홈런
> 따라서 남은 5경기에서 최소 6개 이상의 홈런을 기록해야 한다.

2 바구니에 4개의 당첨 제비를 포함한 10개의 제비가 들어있다. 이 중에서 갑이 먼저 한 개를 뽑고, 다음에 을이 한 개의 제비를 뽑는다고 할 때, 을이 당첨제비를 뽑을 확률은? (단, 한 번 뽑은 제비는 바구니에 다시 넣지 않는다.)

① 0.2
② 0.3
③ 0.4
④ 0.5
⑤ 0.6

> **✔해설** 갑이 당첨제비를 뽑고, 을도 당첨제비를 뽑을 확률 $\frac{4}{10} \times \frac{3}{9} = \frac{12}{90}$
>
> 갑은 당첨제비를 뽑지 못하고, 을만 당첨제비를 뽑을 확률 $\frac{6}{10} \times \frac{4}{9} = \frac{24}{90}$
>
> 따라서 을이 당첨제비를 뽑을 확률은 $\frac{12}{90} + \frac{24}{90} = \frac{36}{90} = \frac{4}{10} = 0.4$

3 10개의 공 중 빨간 공이 3개 들어 있다. 영희와 철수 두 사람이 차례로 한 개씩 공을 꺼낼 때 두 사람 중 한 사람만이 빨간 공을 꺼낼 확률을 구하면? (단, 꺼낸 공은 다시 넣지 않는다)

① $\dfrac{2}{5}$ ② $\dfrac{7}{15}$

③ $\dfrac{8}{15}$ ④ $\dfrac{3}{5}$

⑤ $\dfrac{4}{5}$

✔ 해설 영희가 빨간 공을 꺼내고 철수가 빨간 공을 꺼내지 않을 확률 : $\dfrac{3}{10} \times \dfrac{7}{9} = \dfrac{21}{90}$

영희가 빨간 공을 꺼내지 않고 철수가 빨간 공을 꺼낼 확률 : $\dfrac{7}{10} \times \dfrac{3}{9} = \dfrac{21}{90}$

두 확률을 더하면 $\dfrac{42}{90} = \dfrac{7}{15}$

4 서로 다른 5종류의 인형을 서로 다른 상자 6개에 담으려 한다. 인형이 하나도 들어있지 않은 상자가 3개 있도록 담는 방법은 몇 가지인가?

① 3,000가지   ② 3,100가지

③ 3,200가지   ④ 3,350가지

⑤ 3,400가지

✔ 해설 상자 3개에 인형을 담아야 하므로 6개의 상자 중 3개를 택하는 방법은 $_6C_3$
담는 개수의 방법은 (1, 1, 3), (1, 2, 2), (1, 3, 1), (2, 1, 2), (2, 2, 1), (3, 1, 1)이므로
방법의 수는
$_5C_1 \times _4C_1 \times _3C_3 + _5C_1 \times _4C_2 \times _2C_2 + _5C_1 \times _4C_3 \times _1C_1 + _5C_2 \times _3C_1 \times _2C_2 + _5C_2 \times _3C_2 \times _1C_1 + _5C_3 \times _2C_1$
$\times _1C_1 = 150$
$\therefore \ _6C_3 \times 150 = 20 \times 150 = 3,000$(가지)

5 2진법의 수 1001과 5진법의 수 221의 실제 수의 차이는?

① 44

② 46

③ 48

④ 50

⑤ 52

> ✔해설 • $1 \times 2^3 + 0 \times 2^2 + 0 \times 2^1 + 1 \times 2^0 = 9$
> • $2 \times 5^2 + 2 \times 5^1 + 1 \times 5^0 = 61$
> 따라서 두 값의 차는 52이다.

6 A조의 인원은 10명, B조의 인원은 9명이다. 두 번의 무작위 추첨으로 대표자를 뽑는다고 할 때, 첫 번째로 A 조에서 한 명, 두 번째로 B조에서 한 명이 뽑힐 확률은? (단, 한번 뽑힌 사람은 다시 뽑힐 수 없다.)

① $\frac{5}{19}$

② $\frac{6}{19}$

③ $\frac{7}{19}$

④ $\frac{8}{19}$

⑤ $\frac{9}{19}$

> ✔해설 • 첫 번째로 A조원이 뽑힐 확률 : $\frac{10}{19}$
> • 두 번째로 B조원이 뽑힐 확률 : $\frac{9}{18}$
> 따라서 $\frac{10}{19} \times \frac{9}{18} = \frac{5}{19}$

7 다음은 5개 도시를 대상으로 화물을 운송하는 회사에서 조사한 도시 간 이동시간에 관한 자료이다. 보기에서 계산한 이동시간이 바르게 짝지어진 것은?

(단위 : 시간)

		도착도시				
		A	B	C	D	E
출발 도시	A	–	1.5	0.5	–	–
	B	–	–	–	1.0	2.5
	C	0.5	1.0		–	–
	D	1.0	–	–	–	0.5
	E	–	–	0.5	0.5	–

※ 화물을 싣고 내리기 위해 각 도시에서 정차하는 시간은 고려하지 않음

※ '–' 표시가 있는 구간은 이동 불가능함

〈보기〉

㉠ E시의 화물을 A시로 운송한 후 B시로 가서 화물을 실어 D시로 운송하는데 걸리는 가장 짧은 이동시간

㉡ B시에서 출발하여 모든 도시를 한 번씩 거쳐 다시 B시로 돌아오는데 걸리는 가장 짧은시간

	㉠	㉡			㉠	㉡
①	3.5	4		②	1.5	3
③	2	3		④	3	4
⑤	4	3				

✔ 해설 ㉠ E→C→A : 1시간, A→B→D : 2.5시간
∴ 소요시간은 총 3.5시간
㉡ B→D→E→C→A→B : 4시간

8 각 부서에 표준 업무시간이 100시간인 업무를 할당하였다. 다음 중 업무효율이 가장 낮은 부서와 가장 높은 부서를 바르게 연결한 것은?

〈부서별 업무시간 분석결과〉

부서명	투입인원(명)	개인별 업무시간(시간)	회의	
			횟수(회)	소요시간(시간/회)
A	2	41	3	1
B	3	30	2	2
C	4	22	1	4
D	3	27	2	1

가. 업무효율 $= \dfrac{\text{표준업무시간}}{\text{총투입시간}}$

나. 총 투입시간은 개인별 투입시간의 합

　※ 개인별 투입시간 = 개인별 업무시간 + 회의 소요시간

다. 부서원은 업무를 분담하여 동시에 수행할 수 있음

라. 투입된 인원의 개인별 업무능력과 인원당 소요시간이 동일하다고 가정함

① A부서 – C부서　　　　　　　② A부서 – D부서

③ B부서 – D부서　　　　　　　④ C부서 – B부서

⑤ C부서 – D부서

✔해설　㉠ **A부서의 업무효율**: A부서의 총 투입시간은 88시간(개인별 업무시간 82, 회의 소요시간 6)이므로 업무효율은 1.136이다.

㉡ **B부서의 업무효율**: B부서의 총 투입시간은 102시간(개인별 업무시간 90, 회의 소요시간 12)이므로 업무효율은 0.98이다.

㉢ **C부서의 업무효율**: C부서의 총 투입시간은 104시간(개인별 업무시간 88, 회의 소요시간 16)이므로 업무효율은 0.96이다.

㉣ **D부서의 업무효율**: D부서의 총 투입시간은 87시간(개인별 업무시간 81, 회의 소요시간 6)이므로 업무효율은 1.15이다.

다음은 성별 독서 실태와 평균 독서량을 조사한 자료이다. 각 물음에 답하여라.

응답자의 연간 성별 독서 실태

(단위 : %)

구분	전체	성별	
		남성	여성
0권	23.3	23.2	23.4
1~2권	9.3	9.5	9.1
3~5권	19.6	19.6	19.6
6~10권	18.7	19.4	18.0
11~15권	8.9	8.3	9.5
16권 이상	20.2	20.0	20.4
계	100.0	100.0	100.0

응답자의 성별 구성 및 평균 독서량

(단위 : 명, 권)

구분	남성	여성
응답자 수	500	500
평균 독서량	8.0	10.0

※ 1) 평균 독서량은 도서를 1권도 읽지 않은 사람까지 포함한 1인당 연간 독서량을 의미함.
2) 독서자는 1년 동안 도서를 1권 이상 읽은 사람임.

9 도서를 연간 1권도 읽지 않은 사람을 제외한 남성 독서자의 연간 독서량은? (단, 결과는 소수점 첫째자리에서 반올림 함)

① 8권　　　　　　　　　　　　　　② 9권

③ 10권　　　　　　　　　　　　　　④ 11권

⑤ 12권

✔해설 남성 응답자 500명의 평균 독서량이 8.0권이므로 총 독서량은 500 × 8 = 4,000권이다. 응답자 중 연간 1권도 읽지 않은 사람을 제외한 남성 독서자의 수는 500 × (100 - 23.2)% = 384명으로 남성 독서자의 연간 독서량은 $\frac{4,000}{384} = 10.416\cdots$, 따라서 10권이다.

Answer 8.⑤ 9.③

10 도서를 연간 1권도 읽지 않은 사람을 제외한 여성 독서자의 연간 독서량은? (단, 결과는 소수점 첫째자리에서 반올림 함)

① 10권

② 11권

③ 12권

④ 13권

⑤ 14권

✅ 해설 여성 응답자 500명의 평균 독서량이 10.0권이므로 총 독서량은 500 × 10 = 5,000권이다. 응답자 중 연간 1권도 읽지 않은 사람을 제외한 여성 독서자의 수는 500 × (100 − 23.4)% = 383명으로 여성 독서자의 연간 독서량은 $\frac{5,000}{383}=13.054\cdots$, 따라서 13권이다.

11 다음은 어느 회사 전체 사원의 SNS 이용 실태를 조사한 자료이다. 이에 대한 설명 중 옳은 것은?

사용기기	성명	SNS 종류	SNS 활용형태	SNS 가입날짜	기기 구입비	앱 구입비
스마트폰	김하나	페이스북	소통	2019.08.01	440,000원	6,500원
스마트폰	김준영	트위터	소통	2020.02.02	420,000원	12,000원
태블릿PC	정민지	페이스북	교육	2020.01.15	400,000원	10,500원
컴퓨터	윤동진	블로그	교육	2021.02.19	550,000원	14,500원
스마트폰	이정미	트위터	소통	2019.10.10	380,000원	6,500원
태블릿PC	박진숙	페이스북	취미	2020.02.28	440,000원	14,500원
컴퓨터	김영지	트위터	교육	2020.01.10	480,000원	18,000원
컴퓨터	한아름	블로그	취미	2019.09.11	580,000원	10,500원

※ 각 사원은 SNS를 한 종류만 사용하고 SNS 활용형태도 하나임

① 페이스북을 이용하거나 태블릿PC를 사용하는 사원은 4명이다.

② SNS를 2020년에 가입한 사원은 트위터를 이용하거나 페이스북을 이용한다.

③ 취미로 SNS를 활용하는 사원의 기기구입비 합계는 100만원을 넘지 않는다.

④ 2019년에 SNS를 가입하거나 블로그를 이용하는 사원은 5명이다.

⑤ 태블릿PC를 사용하는 사원의 평균 앱 구입비는 13,000원이다.

✅ 해설 ① 페이스북을 이용하거나 태블릿PC를 사용하는 사원은 김하나, 정민지, 박진숙 3명이다.
③ 취미로 SNS를 활용하는 사원인 박진숙, 한아름의 기기구입비는 440,000+580,000=1,020,000원이다.
④ 2019년에 SNS를 가입하거나 블로그를 이용하는 사원은 김하나, 윤동진, 이정미, 한아름 4명이다.
⑤ 태블릿PC를 사용하는 사원의 평균 앱 구입비는 (10,500+14,500)/2=12,500원이다.

12 다음 〈표〉는 2016년부터 2021년까지의 연도별 평균 가계직접부담의료비에 대한 자료이다. 이에 대한 설명으로 옳지 않은 것은?

(단위 : 만 원)

구분		2016년	2017년	2018년	2019년	2020년	2021년
전체		135.9	132.6	147.9	168.4	177.4	176.4
가구원 수	1인	66.6	70.8	78.3	103.7	105.2	99.4
	2인	138.7	146.5	169.2	188.8	194.1	197.3
	3인	154.8	145.3	156.4	187.7	203.2	201.4
	4인	153.4	145.8	165.1	178.4	191.7	198.9
	5인	194.9	180.4	197.6	210.8	233.7	226.6
	6인 이상	221.3	203.2	250.4	251.8	280.7	259.3
소득 분위	1분위	93.7	93.6	104.0	122.3	130.8	134.2
	2분위	126.4	119.9	139.5	169.5	157.3	161.1
	3분위	131.9	122.6	141.0	166.8	183.2	178.4
	4분위	145.7	143.5	170.3	170.5	190.0	188.5
	5분위	180.5	179.7	185.4	214.7	226.1	219.3
지역	서울	139.5	143.6	152.2	180.5	189.0	192.4
	광역시	139.2	128.7	147.7	159.3	164.1	168.2
	도	132.9	130.2	146.3	168.2	179.4	174.4

① 매년 저소득층에서 고소득층으로 갈수록 가계직접부담의료비가 증가하고 있다.

② 지역만 놓고 볼 때, 서울은 도보다 매년 가계직접부담의료비가 많다.

③ 2021년 전체 가계직접부담의료비는 2016년보다 약 30% 증가했다.

④ 2016년 6인 이상 가구 가계직접부담의료비는 1인 가구의 3배를 넘는다.

⑤ 1인 가구와 2인 가구의 가계직접부담의료비 차이가 가장 큰 해는 2021년이었다.

✔해설 2019년에는 2분위가 3분위보다 가계직접부담의료비가 많다.

|13~14| 다음 표는 2020년과 2021년 친환경인증 농산물의 생산 현황에 관한 자료이다. 이를 보고 물음에 답하시오.

〈표〉 종류별, 지역별 친환경인증 농산물 생산 현황

(단위 : 톤)

구분		2021년				2020년
		합	인증형태			
			유기농산물	무농약농산물	저농약농산물	
종류	곡류	343,380	54,025	269,280	20,075	371,055
	과실류	341,054	9,116	26,850	305,088	457,794
	채소류	585,004	74,750	351,340	158,914	753,524
	서류	41,782	9,023	30,157	2,602	59,407
	특용작물	163,762	6,782	155,434	1,546	190,069
	기타	23,253	14,560	8,452	241	20,392
	계	1,498,235	168,256	841,513	488,466	1,852,241
지역	서울	1,746	106	1,544	96	1,938
	부산	4,040	48	1,501	2,491	6,913
	대구	13,835	749	3,285	9,801	13,852
	인천	7,663	1,093	6,488	82	7,282
	광주	5,946	144	3,947	1,855	7,474
	대전	1,521	195	855	471	1,550
	울산	10,859	408	5,142	5,309	13,792
	세종	1,377	198	826	353	0
	경기도	109,294	13,891	71,521	23,882	126,209
	강원도	83,584	17,097	52,810	13,677	68,300
	충청도	159,495	29,506	64,327	65,662	207,753
	전라도	611,468	43,330	443,921	124,217	922,641
	경상도	467,259	52,567	176,491	238,201	457,598
	제주도	20,148	8,924	8,855	2,369	16,939
	계	1,498,235	168,256	841,513	488,466	1,852,241

13 위의 표에 대한 설명으로 옳지 않은 것은?

① 2021년 친환경인증 농산물 중 가장 많은 비중을 차지하는 종류는 채소류이다.

② 2021년 친환경인증 농산물 중 두 번째로 높은 비중을 차지하는 지역은 경상도이다.

③ 2021년 친환경인증 농산물은 기타를 제외하고 모든 종류에서 생산량이 전년에 비해 감소하였다.

④ 2021년 친환경인증 농산물 중 무농약 농산물은 55% 이상을 차지한다.

⑤ 2021년 친환경인증 농산물 생산량이 전년 대비 가장 많이 증가한 지역은 세종이다.

 해설 2021년 친환경인증 농산물 생산량이 전년 대비 가장 많이 증가한 지역은 강원도이다.

14 서울, 부산, 울산, 충청도, 전라도 중 2015년 친환경인증 농산물 생산량의 전년 대비 감소율이 가장 큰 지역은?

① 서울　　　　　　　　　　② 부산

③ 울산　　　　　　　　　　④ 충청도

⑤ 전라도

 해설
① 서울 : $\dfrac{1,746-1,938}{1,938}\times100 = -9.9\%$

② 부산 : $\dfrac{4,040-6,913}{6,913}\times100 = -41.5\%$

③ 울산 : $\dfrac{10,859-13,792}{13,792}\times100 = -21.3\%$

④ 충청도 : $\dfrac{159,495-207,753}{207,753}\times100 = -23.2\%$

⑤ 전라도 : $\dfrac{611,468-922,641}{922,641}\times100 = -33.7\%$

15 다음은 S은행의 각 지점별 2년간의 직급자 변동 현황을 나타낸 자료이다. 다음 자료를 보고 판단한 S은행의 인사 정책에 대한 올바른 설명이 아닌 것은?

〈2020년〉

(단위 : 명)

구분	A지점	B지점	C지점	D지점	E지점
부장	1	1	0	1	0
차장	1	0	0	1	1
과장	3	3	2	0	3
대리	7	4	5	11	6
사원	14	12	11	5	13

〈2021년〉

(단위 : 명)

구분	A지점	B지점	C지점	D지점	E지점
부장	2	0	1	0	1
차장	1	0	1	1	0
과장	5	5	4	4	3
대리	10	2	8	3	4
사원	12	10	15	7	10

※ 단, 계산 값은 소수점 둘째 자리에서 반올림한다.

① 5개 지점 전체 인원을 5% 이내에서 증원하였다.

② 인원이 더 늘어난 지점은 모두 2개 지점이다.

③ 사원의 비중이 전년보다 증가한 지점은 D지점뿐이다.

④ S은행은 과장급 직원의 인력을 가장 많이 증원하였다.

⑤ C지점의 대리 수가 전체 대리 수에서 차지하는 비중은 2020년 대비 2021년에 2배 이상 증가하였다.

✔ **해설** 연도별 인원의 합계를 추가하여 정리하면 다음 표와 같다.

〈2020년, 단위 : 명〉

구분	A지점	B지점	C지점	D지점	E지점	계
부장	1	1	0	1	0	3
차장	1	0	0	1	1	3
과장	3	3	2	0	3	11
대리	7	4	5	11	6	33
사원	14	12	11	5	13	55
계	26	20	18	18	23	105

〈2021년, 단위 : 명〉

구분	A지점	B지점	C지점	D지점	E지점	계
부장	2	0	1	0	1	4
차장	1	0	1	1	0	3
과장	5	5	4	4	3	21
대리	10	2	8	3	4	27
사원	12	10	15	7	10	54
계	30	17	29	15	18	109

C지점의 대리 수가 전체 대리 수에서 차지하는 비중은 2020년 $5 \div 33 \times 100 = 15.2\%$이며, 2021년에는 $8 \div 27 \times 100 = 29.6\%$가 되어 2배에 조금 못 미친다.

① $(109-105) \div 105 \times 100 = 3.8\%$이므로 5% 이내에서 증원한 것이 된다.

② A지점(26→30명), C지점(18→29명)만 인원이 증가하였다.

③ $5 \div 18 \times 100 = 27.8\% \rightarrow 7 \div 15 \times 100 = 46.7\%$로 변동한 D지점만 사원의 비중이 증가하였다.

④ E지점은 과장급 인원이 전년과 동일하지만 나머지 지점의 인원 증감 현황을 볼 때, 전체적으로 과장급 인원을 가장 많이 증원한 것으로 판단할 수 있다.

Answer 15.⑤

16 다음은 어느 보험회사의 보험계약 현황에 관한 표이다. 이에 대한 설명으로 옳지 않은 것은?

(단위 : 건, 억 원)

구분		2021년		2020년	
		건수	금액	건수	금액
개인보험		5,852,844	1,288,847	5,868,027	1,225,968
	생존보험	1,485,908	392,222	1,428,422	368,731
	사망보험	3,204,140	604,558	3,241,308	561,046
	생사혼합	1,162,792	292,068	1,198,297	296,191
단체보험		0	0	0	0
	단체보장	0	0	0	0
	단체저축	0	0	0	0
소계		5,852,844	1,288,847	5,868,027	1,225,968

※ 건수는 보유계약의 건수임
※ 금액은 주계약 및 특약의 보험가입금액임

① 2020년과 2021년에 단체보험 보유계약의 건수는 0건이다.

② 2021년은 2020년에 비해 개인보험 보유계약 건수가 감소하였다.

③ 2021년은 2020년에 비해 개인보험 보험가입금액은 증가하였다.

④ 2021년 개인보험 보험가입금액에서 생존보험 금액이 차지하는 구성비는 30% 미만이다.

⑤ 2020년과 2021년 모두 개인보험에서 사망보험이 가장 큰 비중을 차지한다.

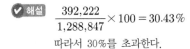 해설 $\dfrac{392,222}{1,288,847} \times 100 = 30.43\%$

따라서 30%를 초과한다.

▌17~18▐ 다음 표는 2017년부터 2021년까지 5년간 손해보험과 생명보험의 전체 수지실적에 관한 자료이다. 이를 보고 물음에 답하시오.

〈표1〉 5년간 손해보험의 수지실적

(단위 : 십억 원)

연도	경과보험료	발생손해액	순사업비
2017년	23,712	18,671	5,351
2018년	27,413	21,705	6,377
2019년	32,253	24,867	7,402
2020년	36,682	28,300	8,967
2021년	42,475	33,312	9,614

〈표2〉 5년간 생명보험의 수지실적

(단위 : 십억 원)

연도	경과보험료	발생손해액	순사업비
2017년	61,472	35,584	10,989
2018년	66,455	35,146	12,084
2019년	75,096	44,877	13,881
2020년	73,561	47,544	13,715
2021년	76,957	47,379	12,796

※ 손해율(%) = (총지출액/경과보험료)×100

※ 손해율은 보험사의 수지실적을 나타내는 대표적인 지표이다.

※ 총지출액 = 발생손해액 + 순사업비

Answer 16.④

17 위의 자료에 대한 설명으로 옳은 것은?

① 5년간 손해보험과 생명보험 모두 경과보험료는 매년 증가하고 있다.

② 2017년 손해보험의 손해율은 105%가 넘는다.

③ 2020년 생명보험의 경과보험료는 손해보험 경과보험료의 2배 이상이다.

④ 2018년 경과보험료 대비 순사업비의 비중은 손해보험이 생명보험보다 낮다.

⑤ 5년간 손해보험과 생명보험 모두 총지출액은 매년 증가하고 있다.

> ✔해설 ① 2020년 생명보험의 경과보험료는 전년 대비 감소하였다.
> ② 2017년 손해보험의 손해율은 101.3%이다.
> ④ 손해보험이 생명보험보다 높다.
> ⑤ 2021년 생명보험의 총지출액은 전년 대비 감소하였다.

18 다음 중 생명보험의 손해율이 가장 컸던 해는? (단, 소수점 둘째짜리에서 반올림한다)

① 2017년   ② 2018년

③ 2019년   ④ 2020년

⑤ 2021년

> ✔해설 ① 2017년 : $\dfrac{35,584+10,989}{61,472} \times 100 = 75.8\%$
>
> ② 2018년 : $\dfrac{35,146+12,084}{66,455} \times 100 = 71.1\%$
>
> ③ 2019년 : $\dfrac{44,877+13,881}{75,096} \times 100 = 78.2\%$
>
> ④ 2020년 : $\dfrac{47,544+13,715}{73,561} \times 100 = 83.3\%$
>
> ⑤ 2021년 : $\dfrac{47,379+12,796}{76,957} \times 100 = 78.2\%$

19 다음 표는 A지역 전체 가구를 대상으로 일본원자력발전소 사고 전후의 식수조달원 변경에 대해 설문조사한 결과이다. 사고 전에 비해 사고 후에 이용 가구 수가 감소한 식수조달원의 수는 몇 개인가?

사고 후 조달원 / 사고 전 조달원	수돗물	정수	약수	생수
수돗물	40	30	20	30
정수	10	50	10	30
약수	20	10	10	40
생수	10	10	10	40

① 0개   ② 1개

③ 2개   ④ 3개

⑤ 4개

 해설

사고 후 조달원 / 사고 전 조달원	수돗물	정수	약수	생수	합계
수돗물	40	30	20	30	120
정수	10	50	10	30	100
약수	20	10	10	40	80
생수	10	10	10	40	70
합계	80	100	50	140	

수돗물 : 120 → 80
정수 : 100 → 100
약수 : 80 → 50
생수 : 70 → 140
따라서 사고 전에 비해 사고 후에 이용 가구 수가 감소한 식수조달원은 수돗물과 약수 2개이다.

20 다음 표는 어느 회사의 공장별 제품 생산 및 판매 실적에 대한 자료이다. 이에 대한 설명으로 옳지 않은 것은?

(단위 : 대)

공장	2020년 12월	2020년 전체	
	생산 대수	생산 대수	판매 대수
A	25	586	475
B	21	780	738
C	32	1,046	996
D	19	1,105	1,081
E	38	1,022	956
F	39	1,350	1,238
G	15	969	947
H	18	1,014	962
I	26	794	702

※ 2021년 1월 1일 기준 재고 수＝2020년 전체 생산 대수－2020년 전체 판매 대수

※ 판매율(%)＝$\frac{판매 대수}{생산 대수} \times 100$

※ 2020년 1월 1일부터 제품을 생산·판매하였음

① 2021년 1월 1일 기준 재고 수가 가장 적은 공장은 G공장이다.

② 2021년 1월 1일 기준 재고 수가 가장 많은 공장의 2020년 전체 판매율은 90% 이상이다.

③ 2020년 12월 생산 대수가 가장 많은 공장과 2021년 1월 1일 기준 재고 수가 가장 많은 공장은 동일하다.

④ I공장의 2020년 전체 판매율은 90% 이상이다.

⑤ 2020년에 A~I 공장은 전체 8,666대를 생산하였다.

✔해설 I공장의 2020년 전체 판매율 : $\frac{702}{794} \times 100 = 88.4\%$

21 다음 표는 A카페의 커피 판매정보에 대한 자료이다. 한 잔만을 더 판매하고 영업을 종료한다고 할 때, 총이익이 정확히 64,000원이 되기 위해서 판매해야 하는 메뉴는?

〈표〉 A카페의 커피 판매정보

(단위 : 원, 잔)

구분\n메뉴	한 잔 판매가격	현재까지의 판매량	한 잔당 재료(재료비)				
			원두 (200)	우유 (300)	바닐라시럽 (100)	초코시럽 (150)	카라멜시럽 (250)
아메리카노	3,000	5	O	×	×	×	×
카페라떼	3,500	3	O	O	×	×	×
바닐라라떼	4,000	3	O	O	O	×	×
카페모카	4,000	2	O	O	×	O	×
카라멜마끼아또	4,300	6	O	O	O	×	O

※ 1) 메뉴별 이익＝(메뉴별 판매가격－메뉴별 재료비)×메뉴별 판매량
　 2) 총이익은 메뉴별 이익의 합이며, 다른 비용은 고려하지 않음
　 3) A카페는 5가지 메뉴만을 판매하며, 메뉴별 한 잔 판매가격과 재료비는 변동 없음
　 4) O : 해당 재료 한 번 사용
　　　 × : 해당 재료 사용하지 않음

① 아메리카노
② 카페라떼
③ 바닐라라떼
④ 카페모카
⑤ 카라멜마끼아또

✔ **해설** 현재까지의 판매 이익은 다음과 같다.
- 아메리카노 : $(3,000-200)\times 5 = 14,000$
- 카페라떼 : $(3,500-500)\times 3 = 9,000$
- 바닐라라떼 : $(4,000-600)\times 3 = 10,200$
- 카페모카 : $(4,000-650)\times 2 = 6,700$
- 카라멜마끼아또 : $(4,300-850)\times 6 = 20,700$

현재까지 60,600원의 판매 이익을 얻었으므로, 3,400원이 더 필요하다. 따라서 바닐라라떼 한 잔을 더 팔면 이익을 채울 수 있다.

(단위 : 톤, 백만 원)

구분		2017년	2018년	2019년	2020년	2021년
가다랑어	생산량	216,720	173,334	211,891	200,866	229,588
	생산금액	321,838	334,770	563,027	427,513	329,163
황다랑어	생산량	67,138	45,736	60,436	44,013	63,971
	생산금액	201,596	168,034	170,733	133,170	163,068
명태	생산량	46,794	48,793	39,025	24,341	31,624
	생산금액	64,359	67,307	45,972	36,662	49,479
새꼬리 민태	생산량	10,852	12,447	10,100	8,261	8,681
	생산금액	19,030	25,922	21,540	14,960	18,209
민대구	생산량	4,139	4,763	4,007	3,819	3,162
	생산금액	10,072	13,136	11,090	10,912	8,689

※ 생산금액＝생산량×톤당 생산가격

22 위의 표에 대한 설명으로 옳지 않은 것은?

① 5개의 어종 가운데 매년 생산량이 가장 많은 어종은 가다랑어이다.

② 2019년 민대구의 생산량이 전년대비 감소한 이후로 2021년까지 계속 감소하고 있다.

③ 가다랑어와 황다랑어는 생산량의 전년대비 증감방향이 일치한다.

④ 2018년 새꼬리 민태 생산량의 전년대비 증가율은 10% 이하이다.

⑤ 2018년 가다랑어의 생산량은 전년대비 감소하였지만 생산금액은 증가하였다.

 2018년 새꼬리 민태 생산량의 전년대비 증가율 : $\dfrac{12,447-10,852}{10,852} \times 100 = 14.7\%$

따라서 10%를 초과한다.

23 2021년 톤당 생산가격이 가장 높은 어종은 무엇인가?

① 가다랑어

② 황다랑어

③ 명태

④ 새꼬리 민태

⑤ 민대구

✔해설 톤당 생산가격 = $\dfrac{생산금액}{생산량}$ 으로 구한다(단위는 생략).

① 가다랑어 : $\dfrac{329,163}{229,588} = 1.43$

② 황다랑어 : $\dfrac{163,068}{63,971} = 2.55$

③ 명태 : $\dfrac{49,479}{31,624} = 1.56$

④ 새꼬리 민태 : $\dfrac{18,209}{8,681} = 2.10$

⑤ 민대구 : $\dfrac{8,689}{3,162} = 2.75$

|24~25| 다음은 시도별 우유생산 현황에 대한 자료이다. 이를 보고 물음에 답하시오.

(단위 : 톤)

	2018년	2019년	2020년	2021년
서울특별시	573	592	621	644
부산광역시	1,092	933	1,225	1,783
인천광역시	14,376	18,230	13,287	10,932
광주광역시	2,989	2,344	3,201	3,553
대구광역시	12,094	13,928	10,838	9,846
대전광역시	393	109	98	12
경기도	932,391	848,002	843,118	883,565
강원도	84,024	91,121	100,920	103,827
충청북도	114,215	110,938	125,993	123,412
전라남도	139,310	124,097	126,075	132,222
경상남도	127,656	122,302	121,294	119,383
제주도	18,021	14,355	15,437	19,313

24 다음 중 위의 자료를 잘못 이해한 사람은?

① 소리 : 조사 지역 중 대전광역시는 매년 우유생산량이 가장 적어.

② 현수 : 광주광역시는 매년 2,000톤 이상의 우유를 생산하지만 부산광역시는 그렇지 않군.

③ 정진 : 위의 자료를 통해 경기도의 우유 수요가 가장 많고 그 다음으로 전라남도임을 알 수 있어.

④ 구현 : 2019년 시도별 우유생산량과 2021년 시도별 우유생산량을 비교했을 때 우유생산량이 감소한 지역은 네 군데 있어.

⑤ 수현 : 2021년 경기도의 우유생산량은 강원도의 8배 이상이야.

> ✔ **해설** 주어진 자료는 우유생산 현황에 대한 자료이므로 우유 수요가 많은지는 알 수 없다.

25 다음 중 조사 기간 동안 우유생산량 변동 추이가 동일하지 않은 지역끼리 짝지은 것은?

① 경기도 – 경상남도   ② 서울특별시 – 강원도

③ 광주광역시 – 전라남도   ④ 인천광역시 – 대구광역시

⑤ 부산광역시 – 제주도

> ✔해설
> ① 경기도 : 감소 – 감소 – 증가   경상남도 : 감소 – 감소 – 감소
> ② 서울특별시 : 증가 – 증가 – 증가   강원도 : 증가 – 증가 – 증가
> ③ 광주광역시 : 감소 – 증가 – 증가   전라남도 : 감소 – 증가 – 증가
> ④ 인천광역시 : 증가 – 감소 – 감소   대구광역시 : 증가 – 감소 – 감소
> ⑤ 부산광역시 : 감소 – 증가 – 증가   제주도 : 감소 – 증가 – 증가

26 A기업에서는 매년 3월에 정기 승진 시험이 있다. 시험을 응시한 사람이 남자사원, 여자사원을 합하여 총 100명이고 시험의 평균이 남자사원은 72점, 여자사원은 76점이며 남녀 전체평균은 73점일 때 시험을 응시한 여자사원의 수는?

① 25명   ② 30명

③ 35명   ④ 40명

⑤ 45명

> ✔해설   시험을 응시한 여자사원의 수를 x라 하고, 여자사원의 총점 + 남자사원의 총점 = 전체 사원의 총점이므로
> $76x + 72(100 - x) = 73 \times 100$
> 식을 간단히 하면 $4x = 100$, $x = 25$
> ∴ 여자사원은 25명이다.

27 농도가 각각 12%, 4%인 소금물을 섞어서 400g의 소금물을 만들었다. 여기에 소금 30g을 더 넣었더니 농도가 16%인 소금물이 되었다. 이때, 농도가 12%인 소금물의 양을 구하면?

① 275g

② 280g

③ 285g

④ 290g

⑤ 295g

> ✔해설 소금의 양 = 소금물의 양 × 농도, x = 농도가 12%인 소금물의 양, $(400-x)$ = 농도가 4%인 소금물의 양
> 농도가 각각 12%, 4%인 소금물을 섞었을 때 400g의 소금물이 되었는데 소금 30g을 더 넣었으므로 농도가 16%인 소금물의 양은 430g이라는 것을 알 수 있다. 따라서 다음과 같은 식이 성립된다.
> $$\frac{0.12x + 0.04(400-x) + 30}{430} \times 100 = 16$$
> $$\therefore 12x + 4(400-x) + 30 \times 100 = 16 \times 430$$
> $$12x + 1600 - 4x + 3000 = 6880$$
> $$8x = 2280$$
> $$x = 285$$

28 부피가 210cm³, 높이가 7cm, 밑면의 가로의 길이가 세로의 길이보다 13cm 긴 직육면체가 있다. 이 직육면체의 밑면의 세로의 길이는?

① 2cm

② 4cm

③ 6cm

④ 8cm

⑤ 10cm

> ✔해설 세로의 길이를 x라 하면
> $$(x+13) \times x \times 7 = 210$$
> $$x^2 + 13x = 30$$
> $$(x+15)(x-2) = 0$$
> $$\therefore x = 2(\text{cm})$$

29 기은이와 희숙이를 포함한 친구 6명이 식사 값을 내는데 기은이가 17,000원, 희숙이가 19,000원을 내고 나머지 금액을 다른 친구들이 같은 값으로 나누어 냈을 때, 6명이 평균 10,000원을 낸 것이 된다면 나머지 친구 중 한 명이 낸 값은?

① 6,000원   ② 6,500원

③ 7,000원   ④ 7,500원

⑤ 8,000원

> ✔ 해설 6명이 평균 10,000원을 낸 것이 된다면 총 금액은 60,000원이다.
> $60,000 = 17,000 + 19,000 + 4x$ 이므로
> ∴ $x = 6,000$원

30 아버지가 9만 원을 나눠서 세 아들에게 용돈을 주려고 한다. 첫째 아들과 둘째 아들은 2:1, 둘째 아들과 막내아들은 5:3의 비율로 주려고 한다면 막내아들이 받는 용돈은 얼마인가?

① 11,000원   ② 12,000원

③ 13,000원   ④ 14,000원

⑤ 15,000원

> ✔ 해설 아들들이 받는 돈의 비율은 10:5:3이다. 막내아들은 90,000원의 $\frac{3}{18}$ 을 받으므로 15,000원을 받는다.

31 갑, 을, 병은 각각 640원, 760원, 1,100원의 저금을 가지고 있다. 매주 갑이 240원, 을이 300원, 병이 220원씩 더 저축한다고 하면, 갑과 을의 저축액의 합이 병의 저축액의 2배가 되는 것은 몇 주 후인가?

① 6주   ② 7주

③ 8주   ④ 9주

⑤ 10주

 2배가 되는 시점을 x주라고 하면

$(640+240x)+(760+300x)=2(1,100+220x)$

$540x-440x=2,200-1,400$

$100x=800$

$\therefore x=8$

32 어떤 일을 하는데 수빈이는 16일, 혜림이는 12일이 걸린다. 처음에는 수빈이 혼자서 3일 동안 일하고, 그 다음은 수빈이와 혜림이가 같이 일을 하다가 마지막 하루는 혜림이만 일하여 일을 끝냈다. 수빈이와 혜림이가 같이 일한 기간은 며칠인가?

① 3일   ② 4일

③ 5일   ④ 6일

⑤ 7일

 수빈이가 하루 일하는 양 : $\dfrac{1}{16}$

혜림이가 하루 일하는 양 : $\dfrac{1}{12}$

전체 일의 양을 1로 놓고 같이 일을 한 일을 x라 하면

$\dfrac{3}{16}+\left(\dfrac{1}{16}+\dfrac{1}{12}\right)x+\dfrac{1}{12}=1$

$\dfrac{13+7x}{48}=1$

$\therefore x=5일$

33 어떤 강을 따라 36km 떨어진 지점을 배로 왕복하려고 한다. 올라 갈 때에는 6시간이 걸리고 내려올 때는 4시간이 걸린다고 할 때 강물이 흘러가는 속력은 몇인가? (단, 배의 속력은 일정하다)

① 1.3km/h

② 1.5km/h

③ 1.7km/h

④ 1.9km/h

⑤ 2.0km/h

> ✔해설 배의 속력을 x라 하고 강물의 속력을 y라 하면 거리는 36km로 일정하므로
> $$6(x-y)=36 \cdots \bigcirc$$
> $$4(x+y)=36 \cdots \bigcirc\bigcirc$$
> $\bigcirc\bigcirc$식을 변형하여 $x=9-y$를 $\bigcirc$에 대입하면
> $$\therefore y=1.5km/h$$

34 의자에 5명씩 앉으면 의자에 모두 앉은 채로 1명이 남고, 의자에 6명씩 앉으면 의자 11개가 완전히 빈 채로 3명이 서 있었다. 의자의 개수는?

① 61개

② 62개

③ 63개

④ 64개

⑤ 65개

> ✔해설 의자의 개수를 x라 하면
> $$5x+1=(x-11)\times 6+3$$
> $$5x+1=6x-66+3$$
> $$x=64$$

35 갑동이는 올해 10살이다. 엄마의 나이는 갑동이와 누나의 나이를 합한 값의 두 배이고, 3년 후의 엄마의 나이는 누나의 나이의 세 배일 때, 올해 누나의 나이는 얼마인가?

① 12세

② 13세

③ 14세

④ 15세

⑤ 16세

> ✔해설 누나의 나이를 x, 엄마의 나이를 y라 하면,
> $$2(10+x)=y$$
> $$3(x+3)=y+3$$
> 두 식을 연립하여 풀면,
> $$x=14(세)$$

출제예상문제

|1~2| 2층짜리 주택에 부모와 미혼인 자식으로 이루어진 두 가구, ㉠, ㉡, ㉢, ㉣, ㉤, ㉥, ㉦ 총 7명이 살고 있다. 아래의 조건을 보고 물음에 답하시오.

- 1층에는 4명이 산다.
- 혈액형이 O형인 사람은 3명, A형인 사람은 1명, B형인 사람은 1명이다.
- ㉠은 기혼남이며, 혈액형은 A형이다.
- ㉡과 ㉦은 부부이며, 둘 다 O형이다.
- ㉢은 미혼 남성이다.
- ㉣은 1층에 산다.
- ㉤의 혈액형은 B형이다.
- ㉥의 혈액형은 O형이 아니다.

1 ㉢의 혈액형으로 옳은 것은?

① A형   ② B형
③ AB형   ④ O형
⑤ 알 수 없다.

✔**해설** 조건을 그림으로 도식화하면 다음과 같이 나타낼 수 있다.

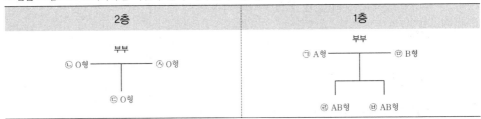

2층	1층

2 다음의 조건을 보고 1층에 사는 사람으로 옳은 것은?

① ㉠㉢㉣㉫
② ㉠㉣㉤㉫
③ ㉡㉣㉤㉫
④ ㉡㉤㉫㉪
⑤ 알 수 없다.

✔해설 2층에 사는 ㉡, ㉪, ㉢를 제외한 ㉠, ㉣, ㉤, ㉫가 1층에 산다.

3 새로운 상사와 다음과 같은 업무 갈등을 느끼고 있다. 이를 해결하기 위한 방안으로 바람직하지 않은 것은?

> 새로운 상사의 지시 스타일은 세부지시를 구체적으로 말하지 않는 편이다. 그래서 어떤 업무의 경우, 자신의 경험적 판단으로 업무를 수행하다 보니 상사의 의도와 다른 결과를 초래하곤 하였다. 이러한 문제 상황이 발생했을 때 상황을 설명하려고 하면 상사의 표정이 좋지 않은 것 같아 마음이 편하지가 않다.

① 새로 부임한 상사의 언어 습관을 관찰하여 이를 수용하고자 한다.
② 지시가 끝난 후에라도 명확하지 않은 경우 다시 한 번 복창하여 커뮤니케이션의 오해를 없앤다.
③ 상사의 비언어적 커뮤니케이션을 관찰하면서 보고할 때는 결론부터 먼저 설명하고 상황설명의 정도를 파악한다.
④ 전임상사와의 다름을 인정하고 상사가 불편해 하지 않도록 최소한의 업무관계를 유지하도록 노력한다.
⑤ 체크리스트를 만들어 불분명한 판단을 해야 할 경우 상사에게 다시 한 번 확인한다.

✔해설 정확한 업무처리를 위해서는 문제를 회피하는 것을 옳지 않다. 새로 부임한 상사의 지시 스타일에 맞춰 가는 것이 필요하다.

4 과장 S는 휴가를 맞아 제주도로 여행을 떠나려고 한다. 가족 여행이라 짐이 많을 것을 예상한 S는 제주도로 운항하는 5개의 항공사별 수하물 규정을 다음과 같이 검토하였다. 다음 규정을 참고할 때, S가 판단한 것으로 올바르지 않은 것은 어느 것인가?

항공사	화물용	기내 반입용
甲 항공사	A + B + C = 158cm 이하 각 23kg, 2개	A + B + C = 115cm 이하 10kg ~ 12kg, 2개
乙 항공사		A + B + C = 115cm 이하 10kg ~ 12kg, 1개
丙 항공사	A + B + C = 158cm 이하 20kg, 1개	A + B + C = 115cm 이하 7kg ~ 12kg, 2개
丁 항공사	A + B + C = 158cm 이하 각 20kg, 2개	A + B + C = 115cm 이하 14kg 이하, 1개
戊 항공사		A + B + C = 120cm 이하 14kg ~ 16kg, 1개

※ A, B, C는 가방의 가로, 세로, 높이의 길이를 의미

① 기내 반입용 가방이 최소한 2개는 되어야 하니 일단 甲, 丙 항공사밖에 안 되겠군.

② 가방 세 개 중 A + B + C의 합이 2개는 155cm, 1개는 118cm이니 戊항공사 예약상황을 알아봐야지.

③ 무게로만 따지면 丙 항공사보다 乙 항공사를 이용하면 더 많은 짐을 가져갈 수 있겠군.

④ 가방의 총 무게가 55kg을 넘어갈 테니 반드시 甲 항공사를 이용해야겠네.

⑤ A + B + C의 합이 115cm인 13kg 가방 2개를 기내에 가지고 탈 수 있는 방법은 없겠군.

✔해설 乙 항공사의 경우 58kg까지 허용되며 戊 항공사의 경우 화물용 가방 2개의 총 무게가 20 × 2 = 40kg, 기내 반입용 가방 1개의 최대 허용 무게가 16kg이므로 총 56kg까지 허용되어 乙 항공사와 戊 항공사도 이용이 가능하다.
① 기내 반입용 가방의 개수를 2개까지 허용하는 항공사는 甲, 丙 항공사밖에 없다.
② 155cm 2개는 화물용으로, 118cm 1개는 기내 반입용으로 운송 가능한 곳은 戊항공사이다.
③ 乙 항공사는 총 허용 무게가 23 + 23 + 12 = 58kg이며, 丙 항공사는 20 + 12 + 12 = 44kg이다.
⑤ 2개를 기내에 반입할 수 있는 항공사는 甲 항공사와 丙 항공사이나 모두 12kg까지로 제한을 두고 있다.

5 다음 점수표를 통해 확인할 수 있는 결과로 옳지 않은 것은?

甲, 乙, 丙이 자유투 대결을 한다. 대결은 총 5회까지 진행하며, 회마다 자유투를 성공할 때까지 자유투 시도 횟수를 합산하여 그 값이 가장 작은 사람이 게임에서 우승한다. 다음은 세 사람의 점수를 회차 별로 기록한 것인데, 4회와 5회의 결과가 실수로 지워졌다. 그 중 한 회차에서 세 사람의 점수가 모두 같았고, 다른 한 라운드에서 한 번에 자유투를 성공한 사람이 있었다.

	1회	2회	3회	4회	5회	합계
甲	2	4	3			16
乙	5	4	2			17
丙	5	2	6			18

① 3회까지 점수를 보면 甲이 1위이다.

② 자유투를 한 번에 성공한 사람이 누군지 알 수 없다.

③ 각 회마다 1위한 사람에게 1점씩 부여하여 최종 점수를 낸다면 丙이 우승한다.

④ 4회와 5회의 점수만 본다면 甲 최하위이다.

⑤ 丙은 매회 다른 점수를 기록하고 있다.

✔해설 주어진 점수표를 통해 甲 ~ 丙이 4, 5회에 받은 점수는 甲은 7, 乙은 6, 丙은 5가 된다. 한 회의 점수가 모두 동점이고 다른 회에서 한 사람이 자유투를 한 번에 성공하여 1점을 받았다. 만약 甲이나 乙이 1점을 받는다면 점수가 동점인 회의 점수가 6점이나 5점이 되므로 丙의 점수표가 완성될 수 없으므로 자유투를 한 번에 성공한 사람은 丙이다. 丙이 자유투를 1회를 성공하면 다음과 같은 점수표가 완성된다.

	1회	2회	3회	4회	5회	합계
甲	2	4	3	3	4	16
乙	5	4	2	2	4	17
丙	5	2	6	1	4	18

6 다음은 N기업의 채용 시험에 응시한 최종 6명의 평가 결과를 나타낸 자료이다. 다음 중 응시자 A와 D의 면접 점수가 동일하며, 6명의 면접 평균 점수가 17.5점일 경우, 최종 채용자 2명 중 어느 한 명이라도 변경될 수 있는 조건으로 올바른 설명은 어느 것인가?

〈평가 결과표〉

응시자＼분야	어학	컴퓨터	실무	NCS	면접	평균
A	( )	14	13	15	( )	( )
B	12	14	( )	10	14	12.0
C	10	12	9	( )	18	11.8
D	14	14	( )	17	( )	( )
E	( )	20	19	17	19	18.6
F	10	( )	16	( )	16	( )
계	80	( )	( )	84	( )	( )
평균	( )	14.5	14.5	( )	( )	( )

※ 평균 점수가 높은 두 명을 최종 채용자로 결정함

① E의 '컴퓨터' 점수가 5점 낮아질 경우
② A의 '실무' 점수가 최고점, D의 '실무' 점수가 13점일 경우
③ F의 '어학' 점수가 최고점일 경우
④ B의 '실무'와 'NCS' 점수가 모두 최고점일 경우
⑤ C의 '실무' 점수가 최고점일 경우

✔해설 A와 D의 면접 점수(x로 치환)가 동일하므로 $14 + 18 + 19 + 16 + 2x = 17.5 \times 6 = 105$가 된다. 따라서 A와 D의 면접 점수는 19점이 된다. 이를 통해 문제의 표를 정리하면 다음과 같다.

응시자＼분야	어학	컴퓨터	실무	NCS	면접	평균
A	16	14	13	15	19	15.4
B	12	14	10	10	14	12.0
C	10	12	9	10	18	11.8
D	14	14	20	17	19	16.8
E	18	20	19	17	19	18.6
F	10	13	16	15	16	14
계	80	87	87	84	105	( )
평균	13.3	14.5	14.5	14	17.5	( )

따라서 2명의 최종 채용자는 D와 E가 된다. 그러므로 ②와 같은 조건의 경우에는 A와 D의 평균 점수가 각각 16.8점과 15.4점이 되어 최종 채용자가 A와 E로 바뀌게 된다.
① E의 평균 점수가 17.6점이 되어 여전히 1위의 성적이므로 채용자는 변경되지 않는다.
③ F의 평균 점수가 16점이 되므로 채용자는 변경되지 않는다.
④ B의 평균 점수가 16점이 되므로 채용자는 변경되지 않는다.
⑤ C의 평균 점수가 14점이 되므로 채용자는 변경되지 않는다.

7 다음 표는 다음 표는 A, B, C, D 4명의 성별, 연차, 취미, 좋아하는 업무를 조사하여 나타낸 표이다. 이를 근거로 아래 〈조건〉에 맞도록 TF팀을 구성하려고 한다. 다음 중 함께 TF팀이 구성될 수 있는 경우는 어느 것인가?

이름	성별	연차	취미	좋아하는 업무
A	남자	10년차	수영	회계
B	남자	2년차	기타(Guitar)	수출
C	여자	7년차	농구	외환
D	여자	3년차	피아노	물류

〈조건〉
㉠ 취미가 운동인 직원은 반드시 수출을 좋아하는 직원과 TF팀을 구성한다.
㉡ 짝수 연차 직원은 홀수 인원으로 TF팀을 구성할 수 없다.
㉢ 남직원만으로는 TF팀을 구성할 수 없다.

① A, B
② B, C
③ C, D
④ A, B, C
⑤ A, C, D

✔해설 ㉠에서 A와 C는 취미가 운동이기 때문에 반드시 수출 업무를 좋아하는 B와 함께 TF팀이 구성되어야 함을 알 수 있다. 그러므로 ④는 정답에서 제외된다. ㉡에서 A, B, D는 짝수 연차이므로 홀수 인원으로 TF팀이 구성될 수 없다. 그러므로 ③은 정답에서 제외된다. ㉢에서 A, B는 남직원이므로 둘만으로 TF팀이 구성될 수 없다. 그러므로 ①은 정답에서 제외된다. 따라서 정답은 ②이다.

Answer 6.② 7.②

8   다음은 무농약농산물과 저농약농산물 인증기준에 대한 자료이다. 자신이 신청한 인증을 받을 수 있는 사람을 모두 고르면?

〈재배방법〉

가. 무농약농산물의 경우 농약을 사용하지 않고, 화학비료는 권장량의 2분의 1 이하로 사용하여 재배한다.

나. 저농약농산물의 경우 화학비료는 권장량의 2분의 1 이하로 사용하고, 농약은 살포시기를 지켜 살포 최대횟수의 2분의 1 이하로 사용하여 재배한다.

〈농산물별 관련 기준〉

종류	재배기간 내 화학비료 권장량(kg/ha)	재배기간 내 농약살포 최대횟수	농약 살포시기
사과	100	4	수확 30일 전까지
감	120	4	수확 14일 전까지
복숭아	50	5	수확 14일 전까지

甲 : 5km²의 면적에서 재배기간 동안 농약을 전혀 사용하지 않고 20t의 화학비료를 사용하여 사과를 재배하였으며, 이 사과를 수확하여 무농약농산물 인증신청을 하였다.

乙 : 3ha의 면적에서 재배기간 동안 농약을 1회 살포하고 50kg의 화학비료를 사용하여 복숭아를 재배하였다. 하지만 수확시기가 다가오면서 병충해 피해가 나타나자 농약을 추가로 1회 살포하였고, 열흘 뒤 수확하여 저농약농산물 인증신청을 하였다.

丙 : 가로와 세로가 각각 100m, 500m인 과수원에서 감을 재배하였다. 재배기간 동안 총 2회(올해 4월 말과 8월 초) 화학비료 100kg씩을 뿌리면서 병충해 방지를 위해 농약도 함께 살포하였다. 추석을 맞아 9월 말에 감을 수확하여 저농약농산물 인증신청을 하였다.

※ 1ha = 10,000m², 1t = 1,000kg

① 甲   ② 甲, 丙
③ 甲, 乙   ④ 乙, 丙
⑤ 甲, 乙, 丙

 해설 甲 : 5km²는 500ha이므로 사과를 수확하여 무농약농산물 인증신청을 하려면 농약을 사용하지 않고, 화학비료는 50,000kg(=50t)의 2분의 1 이하로 사용하여 재배해야 한다.

乙 : 복숭아의 농약 살포시기는 수확 14일 전까지이다. 저농약농산물 인증신청을 위한 살포시기를 지키지 못 하였으므로 인증을 받을 수 없다.

丙 : 5ha(100m × 500m)에서 감을 수확하여 저농약농산물 인증신청을 하려면 화학비료는 600kg의 2분의 1 이하로 사용하고, 농약은 살포시기를 지켜(수확 14일 전까지) 살포 최대횟수인 4회의 2분의 1 이하로 사용하여 재배해야 한다.

9 다음 지문을 읽고 A 연구기관의 〈연구결과〉를 주장하기 위한 직접적 근거가 될 수 있는 것은?

> 한 아동이 다른 사람을 위하여 행동하는 매우 극적인 장면이 담긴 'Lassie'라는 프로그램을 매일 5시간 이상 시청한 초등학교 1, 2학년 아동들은 이와는 전혀 다른 내용이 담긴 프로그램을 시청한 아동들보다 훨씬 더 협조적이고 타인을 배려하는 행동을 보여주었다. 반면에 텔레비전을 통해 매일 3시간 이상 폭력물을 시청한 아동과 청소년들은 텔레비전 속에서 보이는 성인들의 폭력행위를 빠른 속도로 모방하였다.

> 〈연구결과〉
> A 연구기관은 텔레비전 속에서 보이는 폭력이 아동과 청소년의 범죄행위를 유발시킬 가능성이 크다는 결과를 제시하였다.

① 전국의 성인교도소에 폭행죄로 수감되어 있는 재소자들은 6세 이후 폭력물을 매일 적어도 6시간 이상씩 시청했었다.

② 전국의 소년교도소에 폭행죄로 수감되어 있는 재소자들은 6세 이후 폭력물을 매일 적어도 4시간 이상씩 시청했었다.

③ 전국의 소년교도소에 폭행죄로 수감되어 있는 청소년들은 매일 저녁 교도소 내에서 최소한 3시간씩 폭력물을 시청한다.

④ 6세에서 12세 사이에 선행을 많이 하는 아동들이 성인이 되어서도 선행을 많이 한다.

⑤ 6세에서 12세 사이 아동은 타인을 모방하는 능력이 뛰어나다.

✔**해설** 텔레비전 속에서 보이는 폭력이 아동과 청소년의 범죄행위를 유발시킬 가능성이 크다는 연구결과로 보아 ②가 직접적 근거가 될 수 있다.

10 네 명의 볼링 선수 甲, 乙, 丙, 丁이 토너먼트 경기를 하였다. 경기를 관람한 세 사람 A, B, C에게 경기 결과를 물어 보았더니 다음과 같이 대답하였다.

> A : 丁이 1등, 丙이 3등을 했습니다.
> B : 乙이 2등, 丁이 3등을 했습니다.
> C : 甲이 1등, 乙이 4등을 했습니다.

모두 두 사람의 순위를 대답했지만, 두 사람의 순위 중 하나는 옳고 하나는 틀리다고 할 때, 실제 선수들의 순위는?

	1등	2등	3등	4등
①	乙	甲	丁	丙
②	丙	丁	甲	乙
③	丁	丙	乙	甲
④	甲	乙	丙	丁
⑤	甲	丙	丁	乙

✔해설 A에서 丁이 1등을 했다는 게 참이고, 丙이 3등을 했다는 게 거짓이라면, B에서 乙이 2등 했다는 것은 참이고, 丁이 3등 했다는 것은 거짓이 된다. 또한 C에서 甲이 1등이 된다는 것은 참이 되고, 乙이 4등이 된다는 것은 거짓이 된다. 하지만 1등이 丁과 甲이 되므로 모순이 된다. 따라서 A에서 丁이 1등을 했다는 게 거짓이고, 丙이 3등을 했다는 게 참이 된다. B에서 乙이 2등 했다는 게 참이 되고, 丁이 3등이라는 게 거짓, C에서 乙이 4등이라는 게 거짓, 甲이 1등이라는 게 참이 되므로 1등 甲, 2등 乙, 3등 丙, 4등 丁 순이다.

11 다음은 할랄식품 시장 진출 활성화에 대한 문제점과 그 대응방안이다. 각 문제점에 대한 대응방안을 가장 적절히 연결한 것은?

〈문제점〉

㉠ 할랄식품 시장 진출을 노력하고 있지만 아직 부족한 것이 많은 실정이다. 기업들이 국내 유일의 할랄식품 인증기관인 한국이슬람교중앙회(KMF ; Korea Muslim Federation)에서 할랄인증을 받아 시장 진출을 진행하고 있으나 공신력이 있는가에 대한 점이 문제되고 있으며 '할랄인증제'에 대해서 정확한 정보 수집에 어려움이 있다.

㉡ 가공식품 수출에만 관심을 쏟을 것이 아니라 우리나라에 여행하는 관광객들도 신경을 써야 한다. 한국 문화를 좋아해서 한국을 찾아오는 이슬람 문화권 관광객들이 할랄식품에 대한 정보를 얻기가 어려운 실정이다.

〈대응방안〉

A : 할랄식품 산업발전 과제에 무슬림 관광객에 대한 대책을 포함시키도록 하며 국내 식품업체가 생산하는 할랄식품 목록을 이슬람 문화권에서 온 관광객들에게 제공한다.

B : 관계 기관과 협력하여 한국인 인증기관인 KMF가 공신력을 갖춤과 동시에 경쟁력을 높일 수 있도록 하고, 세계 각국에 KMF를 알려 KMF가 많은 국가에서 영향력을 행사할 수 있도록 한다.

C : 영세한 중소기업들이 할랄인증을 받기 위한 비용과 절차에 대한 부담을 줄일 수 있도록 할랄식품 인증비용을 지원하고 인증매뉴얼을 제공한다.

---

① ㉠-A, ㉡-B ② ㉠-A, ㉡-C

③ ㉠-B, ㉡-A ④ ㉠-B, ㉡-C

⑤ ㉠-C, ㉡-B

해설 ㉠ : KMF의 공신력을 문제점으로 지적하고 있으므로 KMF의 경쟁력과 공신력을 높여야 한다는 B가 대안이다.
㉡ : 한국을 찾아오는 이슬람 문화권 관광객들이 할랄식품에 대한 정보를 얻기가 어렵다고 했으므로 할랄식품 목록을 이슬람 문화권에서 온 관광객들에게 제공한다는 A가 대안이다.

12 다음 글을 근거로 판단할 때 〈상황〉에 맞는 대안을 가장 적절히 연결한 것을 고르면?

> ○○공사에서는 수익금의 일부를 기부하는 사랑의 바자회를 여름철에 정기적으로 실시하고 있다. 사랑의 바자회를 준비하고 있는 책임자는 바자회를 옥내에서 개최할 것인지 또는 야외에서 개최할 것인지를 검토하고 있는데, 여름철의 날씨와 장소 사용에 따라서 수익금액이 영향을 받는다. 사랑의 바자회를 담당한 주최측에서는 옥내 또는 야외의 개최장소를 결정하는 판단기준으로 일기상황과 예상수입을 토대로 하여 대안별 일기상황의 확률과 예상수입을 곱한 결과 값의 합계가 큰 대안을 선택한다.

> 〈상황〉
>
> A : 옥내에서 대회를 개최하는 경우 비가 오면 수익금은 150만 원 정도로 예상되고, 비가 오지 않으면 190만 원 정도로 될 것으로 예상된다고 한다. 한편 야외에서 개최하는 경우 비가 오면 수익금은 70만 원 정도로 예상되고, 비가 오지 않으면 300만 원 정도로 예상된다고 한다. 일기예보에 의하면 행사 당일에 비가 오지 않을 확률은 70%라고 한다.
> B : 옥내에서 대회를 개최하는 경우 비가 오면 수익금은 80만 원 정도로 예상되고, 비가 오지 않으면 250만 원 정도로 될 것으로 예상된다고 한다. 한편 야외에서 개최하는 경우 비가 오면 수익금은 60만 원 정도로 예상되고, 비가 오지 않으면 220만 원 정도로 예상된다고 한다. 일기예보에 의하면 행사 당일에 비가 올 확률은 60%라고 한다.
> C : 옥내에서 대회를 개최하는 경우 비가 오면 수익금은 150만 원 정도로 예상되고, 비가 오지 않으면 200만 원 정도로 될 것으로 예상된다고 한다. 한편 야외에서 개최하는 경우 비가 오면 수익금은 100만 원 정도로 예상되고, 비가 오지 않으면 210만 원 정도로 예상된다고 한다. 일기예보에 의하면 행사 당일에 비가 오지 않을 확률은 20%라고 한다.

① A : 옥내, B : 옥내, C : 옥내   ② A : 옥내, B : 야외, C : 옥내

③ A : 야외, B : 옥내, C : 옥내   ④ A : 야외, B : 옥내, C : 야외

⑤ A : 야외, B : 야외, C : 야외

✔ **해설** ㉠ **상황 A : 야외 선택**
- 옥내 : $(150 \times 0.3) + (190 \times 0.7) = 178$(만 원)
- 야외 : $(70 \times 0.3) + (300 \times 0.7) = 231$(만 원)

㉡ **상황 B : 옥내 선택**
- 옥내 : $(80 \times 0.6) + (250 \times 0.4) = 148$(만 원)
- 야외 : $(60 \times 0.6) + (220 \times 0.4) = 124$(만 원)

㉢ **상황 C : 옥내 선택**
- 옥내 : $(150 \times 0.8) + (200 \times 0.2) = 160$(만 원)
- 야외 : $(100 \times 0.8) + (210 \times 0.2) = 122$(만 원)

13 다음은 국제협력의 개념정의와 목표를 설명한 것이다. 각국의 국제협력 정책과 목표를 가장 적절히 연결한 것을 고르면?

> 국제협력은 국가간 및 국가와 국제기관 간의 모든 유·무상 자본협력, 교역협력, 기술·인력협력, 사회문화협력 등 국제사회에서 발생하는 다양한 형태의 교류를 총제적으로 지칭하는 개념이다.
>
> UN은 다음과 같은 8가지 목표들로 구성된 새천년개발목표를 선언하였다. 새천년개발목표의 선언은 개발도상국의 빈곤문제가 개발도상국 자체만의 문제가 아니라 지구촌 전체의 문제라고 규정하면서 지구촌 모든 국가들의 적극적인 참여를 요청하는 계기가 되었다.
> • 목표1 : 극심한 빈곤과 기아의 근절
> • 목표2 : 초등교육 의무화 달성
> • 목표3 : 성 평등 촉진과 여성권의 향상
> • 목표4 : 아동사망률 감소
> • 목표5 : 모자보건 향상
> • 목표6 : 후천성 면역 결핍증(AIDS), 말라리아 등 질병 퇴치
> • 목표7 : 환경의 지속가능성 보장
> • 목표8 : 개발을 위한 글로벌 파트너십 조성

> 〈국가별 국제협력 정책〉
> • A국 : 개발도상국에 도로건설 지원사업을 실시하면서 야생동물들의 서식지 파괴를 최소화 하고자 하였다.
> • B국 : 빈곤국가인 Z국에 메르스 바이러스로 인한 감염 환자가 급증하자 의료진을 파견하고 재정을 지원하였다.
> • C국 : 빈곤국가인 Y국에 대한 발전소 건립 지원사업의 중복문제를 해소하기 위해 국가 간 협력 네트워크에 참여하였다.

① A국 – 목표3 　　　　　　② A국 – 목표5
③ B국 – 목표1 　　　　　　④ C국 – 목표7
⑤ C국 – 목표8

✔ 해설　㉠ A국 : 야생동물의 서식지 파괴를 최소화하였으므로 '환경의 지속가능성 보장'(목표7)에 해당한다.
　㉡ B국 : 메르스 바이러스 감염에 대해 의료진 파견과 재정지원을 하였으므로 '후천성 면역 결핍증(AIDS), 말라리아 등 질병 퇴치'(목표6)에 해당한다.
　㉢ C국 : 국가 간 협력 네트워크에 참여한 것은 '개발을 위한 글로벌 파트너십 조성(목표8)'에 해당한다.

14 다음은 난폭운전에 대한 문제점과 그 해결책이다. 각 문제점에 대한 해결책을 가장 적절히 연결한 것을 고르면?

〈문제점〉

㉠ 난폭운전의 개념자체가 모호한 상태이고 난폭운전에 대한 실질적인 단속과 처벌이 미흡하다. 난폭운전에 대한 명확한 개념정의가 없는 상태에서 포괄적인 규정인 안전운전 의무규정으로 단속을 하기 때문에 단속대상을 명확하게 인지할 수 없는 상황이다.

㉡ 난폭운전은 습관이나 정서불안 등 개인이 통제하기 어려운 요인에 의해 발생하게 되는데 고의적인 난폭운전자들에 대한 심리치료와 재발방지교육 프로그램이 미비하다.

〈해결책〉

A : 난폭운전의 적발가능성을 높여 실질적인 단속이 가능하도록 정책적 보완이 필요하다. 난폭운전이 빈번하게 발생하는 혼잡도로에 CCTV를 설치하여 집중단속을 실시하고 온라인으로 난폭운전을 신고할 수 있는 제도를 시행한다.

B : 난폭운전자들의 일반적인 습관이나 정서적인 요인 등을 분석하여 그들에게 맞는 교육프로그램을 개발하고 이를 의무적으로 수강하게 하는 방안을 마련할 뿐 아니라 난폭운전 예방캠페인 등 다양한 매체를 활용한다.

C : 선진국의 입법례와 난폭운전의 여러 가지 양태들을 고려하여 난폭운전의 구체적 요건을 설정하여 난폭운전에 대한 명확한 정의를 내리고 난폭운전에 대한 직접적인 처벌규정을 마련한다.

---

① ㉠-A, ㉡-B 　　　　　　　　② ㉠-A, ㉡-C

③ ㉠-B, ㉡-A 　　　　　　　　④ ㉠-C, ㉡-A

⑤ ㉠-C, ㉡-B

> ✔해설　㉠ : 난폭운전의 모호한 개념 자체를 지적하고 있으므로 난폭운전의 구체적 요건을 설정한다는 C가 대안이다.
> ㉡ : 난폭운전자들에 대한 심리치료나 교육 프로그램의 미비를 지적하고 있으므로 교육 프로그램을 개발한다는 B가 대안이다.

┃15~16 ┃ 다음은 지방자치단체(지자체) 경전철 사업분석의 결과로서 분야별 문제점을 정리한 것이다. 다음 물음에 답하시오.

분야	문제점
추진주체 및 방식	• 기초지자체 중심(선심성 공약 남발)의 무리한 사업추진으로 인한 비효율 발생 • 지자체의 사업추진 역량부족으로 지방재정 낭비심화 초래 • 종합적 표준지침 부재로 인한 각 지자체마다 개별적으로 추진
타당성 조사 및 계획수립	• 사업주관 지자체의 행정구역만을 고려한 폐쇄적 계획 수립 • 교통수요 예측 및 사업타당성 검토의 신뢰성 · 적정성 부족 • 이해관계자 참여를 통한 사업계획의 정당성 확보 노력 미흡
사업자 선정 및 재원지원	• 토목 및 건설자 위주 지분참여로 인한 고비용 · 저효율 시공 초래 • 민간투자사업 활성화를 위한 한시적 규제유예 효과 미비
노선건설 및 차량시스템 선정	• 건설시공 이익 검토미흡으로 인한 재원낭비 심화 • 국내개발 시스템 도입 활성화를 위한 방안 마련 부족

15 다음 〈보기〉에서 '추진주체 및 방식'의 문제점에 대한 개선방안을 모두 고르면?

〈보기〉
㉠ 이해관계자 의견수렴 활성화를 통한 사업추진 동력 확보
㉡ 지자체 역량 강화를 통한 사업관리의 전문성 · 효율성 증진
㉢ 교통수요 예측 정확도 제고 등 타당성 조사 강화를 위한 여건 조성
㉣ 경전철 사업관련 업무처리 지침 마련 및 법령 보완
㉤ 무분별한 해외시스템 도입 방지 및 국산기술 · 부품의 활성화 전략 수립
㉥ 상위교통계획 및 생활권과의 연계강화를 통한 사업계획의 체계성 확보
㉦ 시공이익에 대한 적극적 검토를 통해 총사업비 절감 효과 도모

① ㉠㉡
② ㉡㉣
③ ㉡㉣㉦
④ ㉣㉤㉥
⑤ ㉥㉦

✅ **해설** ㉡:'지자체의 사업추진 역량부족으로 지방재정 낭비심화 초래'에 대한 개선방안이다.
㉣:'종합적 표준지침 부재로 인한 각 지자체마다 개별적으로 추진'에 대한 개선방안이다.

16 다음 〈보기〉에서 '타당성 조사 및 계획수립'의 문제점에 대한 개선방안을 모두 고르면?

㉠ 이해관계자 의견수렴 활성화를 통한 사업추진 동력 확보
㉡ 지자체 역량 강화를 통한 사업관리의 전문성·효율성 증진
㉢ 교통수요 예측 정확도 제고 등 타당성 조사 강화를 위한 여건 조성
㉣ 경전철 사업관련 업무처리 지침 마련 및 법령 보완
㉤ 무분별한 해외시스템 도입 방지 및 국산기술·부품의 활성화 전략 수립
㉥ 상위교통계획 및 생활권과의 연계강화를 통한 사업계획의 체계성 확보
㉦ 시공이익에 대한 적극적 검토를 통해 총사업비 절감 효과 도모

---

① ㉠㉢㉥

② ㉠㉢㉦

③ ㉡㉢㉤

④ ㉡㉢㉥

⑤ ㉤㉥㉦

> ✔ 해설 ㉠ : '이해관계자 참여를 통한 사업계획의 정당성 확보 노력 미흡'에 대한 개선방안이다.
> ㉢ : '교통수요 예측 및 사업타당성 검토의 신뢰성·적정성 부족'에 대한 개선방안이다.
> ㉥ : '사업주관 지자체의 행정구역만을 고려한 폐쇄적 계획 수립'에 대한 개선방안이다.

17 다음은 건물주 甲이 판단한 입주 희망 상점에 대한 정보이다. 다음에 근거하여 건물주 甲이 입주시킬 두 상점을 고르면?

〈표〉 입주 희망 상점 정보

상점	월세(만 원)	폐업위험도	월세 납부일 미준수비율
중국집	90	중	0.3
한식집	100	상	0.2
분식집	80	중	0.15
편의점	70	하	0.2
영어학원	80	하	0.3
태권도학원	90	상	0.1

※ 음식점 : 중국집, 한식집, 분식집

※ 학원 : 영어학원, 태권도학원

〈정보〉

• 건물주 甲은 자신의 효용을 극대화하는 상점을 입주시킨다.
• 甲의 효용 : 월세(만 원)×입주 기간(개월)−월세 납부일 미준수비율×입주 기간(개월)×100(만 원)
• 입주 기간 : 폐업위험도가 '상'인 경우 입주 기간은 12개월, '중'인 경우 15개월, '하'인 경우 18개월
• 음식점 2개를 입주시킬 경우 20만 원의 효용이 추가로 발생한다.
• 학원 2개를 입주시킬 경우 30만 원의 효용이 추가로 발생한다.

① 중국집, 한식집
② 한식집, 분식집
③ 분식집, 태권도학원
④ 영어학원, 태권도학원
⑤ 분식집, 영어학원

✔ 해설　중국집 : $90×15-0.3×15×100=900$
한식집 : $100×12-0.2×12×100=960$
분식집 : $80×15-0.15×15×100=975$
편의점 : $70×18-0.2×18×100=900$
영어학원 : $80×18-0.3×18×100=900$
태권도학원 : $90×12-0.1×12×100=960$
분식집의 효용이 가장 높고, 한식집과 태권도학원이 960으로 같다. 음식점 2개를 입주시킬 경우 20만 원의 효용이 추가로 발생하므로 분식집과 한식집을 입주시킨다.

18 R공사에서는 신입사원 2명을 채용하기 위하여 서류와 필기 전형을 통과한 갑, 을, 병, 정 네 명의 최종 면접을 실시하려고 한다. 아래 표와 같이 네 개 부서의 팀장이 각각 네 명을 모두 면접하여 최종 선정 우선순위를 결정하였다. 면접 결과에 대한 〈보기〉와 같은 설명 중 적절한 것을 모두 고른 것은?

최종 선정자 (1/2/3/4순위)	A팀장	B팀장	C팀장	D팀장
	을 / 정 / 갑 / 병	갑 / 을 / 정 / 병	을 / 병 / 정 / 갑	병 / 정 / 갑 / 을

* 우선순위가 높은 사람 순으로 2명을 채용하며, 동점자는 A, B, C, D팀장 순으로 부여한 고순위자로 결정함.

* 팀장별 순위에 대한 가중치는 모두 동일하다.

〈보기〉

(가) '을' 또는 '정' 중 한 명이 입사를 포기하면 '갑'이 채용된다.

(나) A팀장이 '을'과 '정'의 순위를 바꿨다면 '갑'이 채용된다.

(다) B팀장이 '갑'과 '병'의 순위를 바꿨다면 '정'은 채용되지 못한다.

① (가)

② (가), (다)

③ (나), (다)

④ (가), (나)

⑤ (가), (나), (다)

> **해설** 팀장별 순위에 대한 가중치는 모두 동일하다고 했으므로 1~4순위까지를 각각 4, 3, 2, 1점씩 부여하여 점수를 산정해 보면 다음과 같다.
> 갑 : 2+4+1+2=9
> 을 : 4+3+4+1=12
> 병 : 1+1+3+4=9
> 정 : 3+2+2+3=10
> 따라서 〈보기〉의 설명을 살펴보면 다음과 같다.
> (가) '을' 또는 '정' 중 한 명이 입사를 포기하면 '갑'과 '병'이 동점자이나 A팀장이 부여한 순위가 높은 '갑'이 채용되게 된다.
> (나) A팀장이 '을'과 '정'의 순위를 바꿨다면, 네 명의 순위에 따른 점수는 다음과 같아지므로 바꾸기 전과 동일하게 '을'과 '정'이 채용된다.
> 갑 : 2+4+1+2=9
> 을 : 3+3+4+1=11
> 병 : 1+1+3+4=9
> 정 : 4+2+2+3=11
> (다) 이 경우 네 명의 순위에 따른 점수는 다음과 같아지므로 '정'은 채용되지 못한다.
> 갑 : 2+1+1+2=6
> 을 : 4+3+4+1=12
> 병 : 1+4+3+4=12
> 정 : 3+2+2+3=10

19 다음은 5가지의 영향력을 행사하는 방법과 순정, 석일이의 발언이다. 순정이와 석일이의 발언은 각각 어떤 방법에 해당하는가?

〈영향력을 행사하는 방법〉

- 합리적 설득 : 논리와 사실을 이용하여 제안이나 요구가 실행 가능하고, 그 제안이나 요구가 과업 목표 달성을 위해 필요하다는 것을 보여주는 방법
- 연합 전술 : 영향을 받는 사람들이 제안을 지지하거나 어떤 행동을 하도록 만들기 위해 다른 사람의 지지를 이용하는 방법
- 영감에 호소 : 이상에 호소하거나 감정을 자극하여 어떤 제안이나 요구사항에 몰입하도록 만드는 방법
- 교환 전술 : 제안에 대한 지지에 상응하는 대가를 제공하는 방법
- 합법화 전술 : 규칙, 공식적 방침, 공식 문서 등을 제시하여 제안의 적법성을 인식시키는 방법

〈발언〉

- 순정 : 이 기획안에 대해서는 이미 개발부와 재정부가 동의했습니다. 여러분들만 지지해준다면 계획을 성공적으로 완수할 수 있을 것입니다.
- 석일 : 이 기획안은 우리 기업의 비전과 핵심가치들을 담고 있습니다. 이 계획이야말로 우리가 그동안 염원했던 가치를 실현함으로써 회사의 발전을 이룩할 수 있는 기회라고 생각합니다. 여러분이 그동안 고생한 만큼 이 계획은 성공적으로 끝마쳐야 합니다.

---

① 순정 : 합리적 설득, 석일 : 영감에 호소
② 순정 : 연합 전술, 석일 : 영감에 호소
③ 순정 : 연합 전술, 석일 : 합법화 전술
④ 순정 : 영감에 호소, 석일 : 합법화 전술
⑤ 순정 : 영감에 호소, 석일 : 교환 전술

✔해설 ㉠ 순정 : 다른 사람들의 지지를 이용하기 때문에 '연합 전술'에 해당한다.
㉡ 석일 : 기업의 비전과 가치를 언급함으로써 이상에 호소하여 제안에 몰입하도록 하기 때문에 '영감에 호소'에 해당한다.

20 G 음료회사는 신제품 출시를 위해 시제품 3개를 만들어 전직원을 대상으로 블라인드 테스트를 진행한 후 기획팀에서 회의를 하기로 했다. 독창성, 대중성, 개인선호도 세 가지 영역에 총 15점 만점으로 진행된 테스트 결과가 다음과 같을 때, 기획팀 직원들의 발언으로 옳지 않은 것은?

	독창성	대중성	개인선호도	총점
시제품 A	5	2	3	10
시제품 B	4	4	4	12
시제품 C	2	5	5	12

① 우리 회사의 핵심가치 중 하나가 창의성 아닙니까? 저는 독창성 점수가 높은 A를 출시해야 한다고 생각합니다.

② 독창성이 높아질수록 총점이 낮아지는 것을 보지 못하십니까? 저는 그 의견에 반대합니다.

③ 무엇보다 현 시점에서 회사의 재정상황을 타계하기 위해서는 대중성을 고려하여 높은 이윤이 날 것으로 보이는 C를 출시해야 하지 않겠습니까?

④ 그럼 독창성과 대중성, 개인선호도를 모두 고려하여 B를 출시하는 것이 어떻겠습니까?

⑤ 요즘 같은 개성시대에는 개인선호도가 높은 C가 적격이라고 생각합니다.

✔ 해설 ② 시제품 B는 C에 비해 독창성 점수가 2점 높지만 총점은 같다. 따라서 옳지 않은 발언이다.

21 다음은 어느 레스토랑의 3C분석 결과이다. 이 결과를 토대로 하여 향후 해결해야 할 전략과제를 선택하고자 할 때 적절하지 않은 것은?

3C	상황 분석
고객 / 시장(Customer)	• 식생활의 서구화 • 유명브랜드와 기술제휴 지향 • 신세대 및 뉴패밀리 층의 출현 • 포장기술의 발달
경쟁 회사(Competitor)	• 자유로운 분위기와 저렴한 가격 • 전문 패밀리 레스토랑으로 차별화 • 많은 점포수 • 외국인 고용으로 인한 외국인 손님 배려
자사(company)	• 높은 가격대 • 안정적 자금 공급 • 업계 최고의 시장점유율 • 고객증가에 따른 즉각적 응대의 한계

① 원가 절감을 통한 가격 조정
② 유명브랜드와의 장기적인 기술제휴
③ 즉각적인 응대를 위한 인력 증대
④ 안정적인 자금 확보를 위한 자본구조 개선
⑤ 포장기술 발달을 통한 레스토랑 TO GO 점포 확대

✔ 해설 '안정적 자금 공급'이 자사의 강점이기 때문에 '안정적인 자금 확보를 위한 자본구조 개선'은 향후 해결해야 할 과제에 속하지 않는다.

22 다음은 특보의 종류 및 기준에 관한 자료이다. ㉠과 ㉡의 상황에 어울리는 특보를 올바르게 짝지은 것은?

〈특보의 종류 및 기준〉

종류	주의보	경보
강풍	육상에서 풍속 14m/s 이상 또는 순간풍속 20m/s 이상이 예상될 때. 다만, 산지는 풍속 17m/s 이상 또는 순간풍속 25m/s 이상이 예상될 때	육상에서 풍속 21m/s 이상 또는 순간풍속 26m/s 이상이 예상될 때. 다만, 산지는 풍속 24m/s 이상 또는 순간풍속 30m/s 이상이 예상될 때
호우	6시간 강우량이 70mm 이상 예상되거나 12시간 강우량이 110mm 이상 예상될 때	6시간 강우량이 110mm 이상 예상되거나 12시간 강우량이 180mm 이상 예상될 때
태풍	태풍으로 인하여 강풍, 풍랑, 호우 현상 등이 주의보 기준에 도달할 것으로 예상될 때	태풍으로 인하여 풍속이 17m/s 이상 또는 강우량이 100mm 이상 예상될 때. 다만, 예상되는 바람과 비의 정도에 따라 아래와 같이 세분한다. <table><tr><td></td><td>3급</td><td>2급</td><td>1급</td></tr><tr><td>바람(m/s)</td><td>17~24</td><td>25~32</td><td>33이상</td></tr><tr><td>비(mm)</td><td>100~249</td><td>250~399</td><td>400이상</td></tr></table>
폭염	6월~9월에 일최고기온이 33℃ 이상이고, 일최고열지수가 32℃ 이상인 상태가 2일 이상 지속될 것으로 예상될 때	6월~9월에 일최고기온이 35℃ 이상이고, 일최고열지수가 41℃ 이상인 상태가 2일 이상 지속될 것으로 예상될 때

> ㉠ 태풍이 남해안에 상륙하여 울산지역에 270mm의 비와 함께 풍속 26m/s의 바람이 예상된다.
> ㉡ 지리산에 오후 3시에서 오후 9시 사이에 약 130mm의 강우와 함께 순간풍속 28m/s가 예상된다.

	㉠	㉡
①	태풍경보 1급	호우주의보
②	태풍경보 2급	호우경보+강풍주의보
③	태풍주의보	강풍주의보
④	태풍경보 2급	호우경보+강풍경보
⑤	태풍경보 1급	강풍주의보

✔해설 ㉠: 태풍경보 표를 보면 알 수 있다. 비가 270mm이고 풍속 26m/s에 해당하는 경우는 태풍경보 2급이다.
㉡: 6시간 강우량이 130mm 이상 예상되므로 호우경보에 해당하며 산지의 경우 순간풍속 28m/s 이상이 예상되므로 강풍주의보에 해당한다.

23 다음 진술이 참이 되기 위해 꼭 필요한 전제를 〈보기〉에서 고르면?

> 반장은 반에서 인기가 많다.

〈보기〉
ㄱ 머리가 좋은 친구 중 몇 명은 반에서 인기가 많다.
ㄴ 얼굴이 예쁜 친구 중 몇 명은 반에서 인기가 많다.
ㄷ 반장은 머리가 좋다.
ㄹ 반장은 얼굴이 예쁘다.
ㅁ 머리가 좋거나 얼굴이 예쁘면 반에서 인기가 많다.
ㅂ 머리가 좋고 얼굴이 예쁘면 반에서 인기가 많다.

① ㄱㄷ   ② ㄴㄹ
③ ㄷㅂ   ④ ㄹㅁ
⑤ ㄹㅂ

✔ 해설 반장은 머리가 좋다. 또는 반장은 얼굴이 예쁘다(ㄷ 또는 ㄹ).
머리가 좋거나 얼굴이 예쁘면 반에서 인기가 많다(ㅁ).
∴ 반장은 반에서 인기가 많다.
※ ㅂ의 경우 머리도 좋고 얼굴도 예뻐야 반에서 인기가 많다는 의미이므로 주어진 진술이 반드시 참이 되
  지 않는다.

어린이집 입소기준
• 어린이집의 장은 당해시설에 결원이 생겼을 때마다 '명부 작성방법' 및 '입소 우선순위'를 기준으로 작성된 명부의 선 순위자를 우선 입소조치 한다.

명부작성방법
• 동일 입소신청자가 1·2순위 항목에 중복 해당되는 경우, 해당 항목별 점수를 합하여 점수가 높은 순으로 명부를 작성함
• 1순위 항목당 100점, 2순위 항목당 50점 산정
– 다만, 2순위 항목만 있는 경우 점수합계가 1순위 항목이 있는 자보다 같거나 높더라도 1순위 항목이 있는 자보다 우선순위가 될 수 없으며, 1순위 항목점수가 동일한 경우에 한하여 2순위 항목에 해당될 경우 추가합산 가능함
• 영유가 2자녀 이상 가구가 동일 순위일 경우 다자녀가구 자녀가 우선입소
• 대기자 명부 조정은 매분기 시작 월 1일을 기준으로 함

입소 우선순위
• 1순위
– 국민기초생활보장법에 따른 수급자
– 국민기초생활보장법 제24조의 규정에 의한 차상위계층의 자녀
– 장애인 중 보건복지부령이 정하는 장애 등급 이상에 해당하는 자의 자녀
– 아동복지시설에서 생활 중인 영유아
– 다문화가족의 영유아
– 자녀가 3명 이상인 가구 또는 영유아가 2자녀 가구의 영유아
– 산업단지 입주기업체 및 지원기관 근로자의 자녀로서 산업 단지에 설치된 어린이집을 이용하는 영유아
• 2순위
– 한부모 가족의 영유아
– 조손 가족의 영유아
– 입양된 영유아

24 어린이집에 근무하는 A씨가 점수 합계를 내보니, 두 영유아가 1순위 항목에서 동일한 점수를 얻었다. 이 경우에는 어떻게 해야 하는가?

① 두 영유아 모두 입소조치 한다.

② 다자녀가구 자녀를 우선 입소조치 한다.

③ 한부모 가족의 영유아를 우선 입소조치 한다.

④ 2순위 항목에 해당될 경우 1순위 항목에 추가합산 한다.

⑤ 두 영유아 모두 입소조치 하지 않는다.

> ✔해설 명부작성방법에서 1순위 항목점수가 동일한 경우에 한하여 2순위 항목에 해당될 경우 추가합산 가능하다고 나와 있다.

25 다음에 주어진 영유아들의 입소순위로 높은 것부터 나열한 것은?

⊙ 혈족으로는 할머니가 유일하나, 현재는 아동복지시설에서 생활 중인 영유아
ⓒ 아버지를 여의고 어머니가 근무하는 산업단지에 설치된 어린이집을 동생과 함께 이용하는 영유아
ⓒ 동남아에서 건너온 어머니와 가장 높은 장애 등급을 가진 한국인 아버지가 국민기초생활보장법에 의한 차상위 계층에 해당되는 영유아
---

① ⊙ - ⓒ - ⓒ   ② ⓒ - ⊙ - ⓒ

③ ⓒ - ⓒ - ⊙   ④ ⓒ - ⊙ - ⓒ

⑤ ⓒ - ⓒ - ⊙

> ✔해설 ⓒ 300점
> ⓒ 250점
> ⊙ 150점

▎26~28 ▎ 다음 조건을 읽고 옳은 설명을 고르시오.

26

• 수학을 못하는 사람은 영어도 못한다.
• 국어를 못하는 사람은 미술도 못한다.
• 영어를 잘하는 사람은 미술도 잘한다.

A : 수학을 잘하는 사람은 영어를 잘한다.
B : 영어를 잘하는 사람은 국어를 잘한다.

① A만 옳다.   ② B만 옳다.
③ A와 B 모두 옳다.   ④ A와 B 모두 그르다.
⑤ A와 B 모두 옳은지 그른지 알 수 없다.

✔해설 각 조건의 대우는 다음과 같다.
• 영어를 잘하는 사람은 수학도 잘한다.
• 미술을 잘하는 사람은 국어도 잘한다.
• 미술을 못하는 사람은 영어도 못한다.
주어진 세 번째 조건과, 두 번째 조건의 대우를 연결하면 '영어를 잘하는 사람은 미술을 잘하고, 미술을 잘하는 사람은 국어도 잘한다'가 되므로 B는 옳다. A는 알 수 없다.

27

• 날씨가 시원하면 기분이 좋다.
• 배고프면 라면이 먹고 싶다.
• 기분이 좋으면 마음이 차분하다.
• '마음이 차분하면 배고프다'는 명제는 참이다.

A : 날씨가 시원하면 라면이 먹고 싶다.
B : 배고프면 마음이 차분하다.

① A만 옳다.   ② B만 옳다.
③ A와 B 모두 옳다.   ④ A와 B 모두 그르다.
⑤ A와 B 모두 옳은지 그른지 알 수 없다.

✔해설 날씨가 시원함→기분이 좋음→마음이 차분함→배고픔→라면이 먹고 싶음
따라서 A만 옳다.

28

- 과일 A에는 씨가 2개, 과일 B에는 씨가 1개 있다.
- 철수와 영수는 각각 과일 4개씩을 먹었다.
- 철수는 영수보다 과일 A를 1개 더 먹었다.
- 철수는 같은 수로 과일 A와 B를 먹었다.

A : 영수는 B과일을 3개 먹었다.
B : 두 사람이 과일을 다 먹고 나온 씨의 개수 차이는 1개이다.

① A만 옳다.
② B만 옳다.
③ A와 B 모두 옳다.
④ A와 B 모두 그르다.
⑤ A와 B 모두 옳은지 그른지 알 수 없다.

✔해설 철수는 같은 수로 과일 A와 B를 먹었으므로 각각 2개씩 먹었다는 것을 알 수 있다. 철수는 영수보다 과일 A를 1개 더 먹었으므로, 영수는 과일 A를 1개 먹었다.

	A과일	B과일	씨의 개수
철수	2개	2개	6개
영수	1개	3개	5개

29 다음 글과 평가 내역을 근거로 한 〈보기〉의 내용 중 적절한 것을 모두 고른 것은?

'갑'시(市)에는 A, B, C, D 네 개의 사회인 야구팀이 있으며 시에서는 야구 활성화를 위해 네 개 야구팀에게 각종 지원을 하고 있다. 매년 네 개 야구팀에 대한 평가를 실시하여 종합 순위를 산정한 후, 1~2위 팀에게는 시에서 건설한 2개의 시립 야구장을 매주 일요일 이용할 수 있도록 허가해 주고 있으며, 3위 팀까지는 다음 해의 전국 대회 출전 자격이 부여된다. 4위를 한 팀은 장비 구입 지원 금액이 30% 삭감되며, 순위가 오르면 다음 해의 지원 금액이 다시 원상 복귀된다.

평가 방법은 다음 표와 같이 네 개 항목을 기준으로 점수를 부여하고 항목별 가중치를 곱한 값을 부여된 점수에 합산하여 총점을 산출한다.

〈올해의 팀별 평가 내역〉

평가 항목(가중치)	A팀	B팀	C팀	D팀
팀 성적(0.3)	65	80	75	85
연간 경기 횟수(0.2)	90	95	85	90
사회공헌활동(0.3)	95	75	85	80
지역 인지도(0.2)	95	85	95	85

〈보기〉

㈎ 내년에는 C팀과 D팀이 매주 일요일 시립 야구장을 사용하게 된다.
㈏ 팀 성적과 연간 경기 횟수에 대한 가중치가 바뀐다면 지원금이 삭감되는 팀도 바뀌게 된다.
㈐ 내년 '갑'시에서 전국 대회에 출전할 팀은 A, C, D팀이다.
㈑ 지역 인지도 점수가 네 팀 모두 동일하다면 네 개 팀의 순위가 모두 달라진다.

① ㈎, ㈏   ② ㈏, ㈐
③ ㈐, ㈑   ④ ㈏, ㈐, ㈑
⑤ ㈎, ㈏, ㈐, ㈑

✔해설 주어진 평가 방법에 의해 각 팀별 총점을 산출해 보면 다음과 같다.

평가 항목(가중치)	A팀	B팀	C팀	D팀
팀 성적(0.3)	65	80	75	85
연간 경기 횟수(0.2)	90	95	85	90
사회공헌활동(0.3)	95	75	85	80
지역 인지도(0.2)	95	85	95	85
총점	84.5+108+123.5+114=430점	104+114+97.5+102=417.5점	97.5+102+110.5+114=424점	110.5+108+104+102=424.5점

따라서 총점은 A-D-C-B 순이다.

㈎ 내년에는 A팀과 D팀이 매주 일요일 시립 야구장을 사용하게 된다.

㈐ 상위 3개 팀에게만 주어지는 자격이므로 올바른 설명이다.

㈏, ㈑ 다음 표에서와 같이 총점이 달라지므로 ㈑만 올바른 설명이 된다.

〈팀 성적과 연간 경기 횟수 가중치 상호 변경〉

평가 항목(가중치)	A팀	B팀	C팀	D팀
팀 성적(0.2)	65	80	75	85
연간 경기 횟수(0.3)	90	95	85	90
사회공헌활동(0.3)	95	75	85	80
지역 인지도(0.2)	95	85	95	85
총점	78+117+123.5+114 =432.5점	96+123.5+97.5+102 =419점	90+110.5+110.5+114 =425점	102+117+104+102 =425점

→ 지원금이 삭감되는 4위는 B팀으로 바뀌지 않는다.

〈지역 인지도 점수가 모두 동일할 경우〉

평가 항목(가중치)	A팀	B팀	C팀	D팀
팀 성적(0.3)	65	80	75	85
연간 경기 횟수(0.2)	90	95	85	90
사회공헌활동(0.3)	95	75	85	80
총점	84.5+108+123.5 =316점	104+114+97.5 =315.5점	97.5+102+110.5 =310점	110.5+108+104 =322.5점

→ 네 개 팀의 총점은 D-A-B-C 순으로 4개 팀의 순위가 모두 바뀌게 된다.

30 다음은 화재손해 발생 시 지급 보험금 산정방법과 피보험물건의 보험금액 및 보험가액에 대한 자료이다. 다음 조건에 따를 때, 지급 보험금이 가장 많은 피보험물건은?

〈표1〉 지급 보험금 산정방법

피보험물건의 유형	조건	지급 보험금
일반물건, 창고물건, 주택	보험금액 ≥ 보험가액의 80%	손해액 전액
	보험금액 < 보험가액의 80%	손해액 × $\dfrac{보험금액}{보험가액의 80\%}$
공장물건, 동산	보험금액 ≥ 보험가액	손해액 전액
	보험금액 < 보험가액	손해액 × $\dfrac{보험금액}{보험가액}$

※ 보험금액은 보험사고가 발생한 때에 보험회사가 피보험자에게 지급해야 하는 금액의 최고한도를 말한다.
※ 보험가액은 보험사고가 발생한 때에 피보험자에게 발생 가능한 손해액의 최고한도를 말한다.

〈표2〉 피보험물건의 보험금액 및 보험가액

피보험물건	피보험물건 유형	보험금액	보험가액	손해액
甲	동산	7천만 원	1억 원	6천만 원
乙	일반물건	8천만 원	1억 원	8천만 원
丙	창고물건	6천만 원	7천만 원	9천만 원
丁	공장물건	9천만 원	1억 원	6천만 원
戊	주택	6천만 원	8천만 원	8천만 원

① 甲
② 乙
③ 丙
④ 丁
⑤ 戊

✔ **해설**

① 甲 : 6천만 원 × $\dfrac{7천만 \ 원}{1억 \ 원}$ = 4,200만 원

② 乙 : 손해액 전액이므로 8,000만 원

③ 丙 : 손해액 전액이므로 9,000만 원

④ 丁 : 6천만 원 × $\dfrac{9천만 \ 원}{1억 \ 원}$ = 5,400만 원

⑤ 戊 : 8천만 원 × $\dfrac{6천만 \ 원}{6,400만 \ 원}$ = 7,500만 원

31 G회사에 근무하는 박과장과 김과장은 점심시간을 이용해 과녁 맞추기를 하였다. 다음 〈조건〉에 근거하여 〈점수표〉의 빈칸을 채울 때 박과장과 김과장의 최종점수가 될 수 있는 것은?

〈조건〉

- 과녁에는 0점, 3점, 5점이 그려져 있다.
- 박과장과 김과장은 각각 10개의 화살을 쏘았고, 0점을 맞힌 화살의 개수만 〈점수표〉에 기록이 되어 있다.
- 최종 점수는 각 화살이 맞힌 점수의 합으로 한다.
- 박과장과 김과장이 쏜 화살 중에는 과녁 밖으로 날아간 화살은 없다.
- 박과장과 김과장이 5점을 맞힌 화살의 개수는 동일하다.

〈점수표〉

점수	박과장의 화살 수	김과장의 화살 수
0점	3	2
3점		
5점		

	박과장의 최종점수	김과장의 최종점수
①	25	29
②	26	29
③	27	30
④	28	30
⑤	29	30

✔ 해설 5점을 맞힌 화살의 개수가 동일하다고 했으므로 5점의 개수에 따라 점수를 정리하면 다음과 같다.

	1개	2개	3개	4개	5개	6개	7개
박과장	5+18=23	10+15=25	15+12=27	20+9=29	25+6=31	30+3=33	35+0=35
김과장	5+21=26	10+18=28	15+15=30	20+12=32	25+9=34	30+6=36	35+3=38

Answer 30.③ 31.③

32 다음 〈조건〉에 따를 때 바나나우유를 구매한 사람을 바르게 짝지은 것은?

〈조건〉
- 남은 우유는 10개이며, 흰우유, 초코우유, 바나나우유, 딸기우유, 커피우유 각각 두 개 씩 남아 있다.
- 독미, 민희, 영진, 호섭 네 사람이 남은 열 개의 우유를 모두 구매하였으며, 이들이 구매한 우유의 수는 모두 다르다.
- 우유를 전혀 구매하지 않은 사람은 없으며, 같은 종류의 우유를 두 개 구매한 사람도 없다.
- 독미와 영진이가 구매한 우유 중에 같은 종류가 하나 있다.
- 영진이와 민희가 구매한 우유 중에 같은 종류가 하나 있다.
- 독미와 민희가 동시에 구매한 우유의 종류는 두 가지이다.
- 독미는 딸기우유와 바나나우유는 구매하지 않았다.
- 영진이는 흰우유와 커피우유는 구매하지 않았다.
- 호섭이는 딸기우유를 구매했다.
- 민희는 총 네 종류의 우유를 구매했다.

---

① 민희, 호섭
② 독미, 영진
③ 민희, 영진
④ 영진, 호섭
⑤ 독미, 민희

✅**해설** 독미는 민희와 같은 종류의 우유를 2개 구매하였고, 영진이와도 같은 종류의 우유를 하나 구매하였다. 따라서 독미는 우유를 3개 이상을 구매하게 되는데 딸기우유와 바나나우유를 구매하지 않았다고 했으므로 흰우유, 초코우유, 커피우유를 구매했다. 독미와 영진이가 구매한 우유 중에 같은 종류가 하나 있다고 하였고 영진이가 흰우유와 커피우유를 구매하지 않았다고 하였으므로 영진이는 초코우유를 구매했다. 이로서 초코우유는 독미와 영진이가 구매하였고, 민희는 4종류의 우유를 구매했다고 했으므로 초코우유를 제외한 흰우유, 바나나우유, 딸기우유, 커피우유를 구매하였다. 민희와 영진이가 구매한 우유 중에 같은 종류가 하나 있다고 하였는데 그 우유가 바나나우유이다. 따라서 바나나우유를 구매한 사람은 민희와 영진이다.

33 다음은 공공기관을 구분하는 기준이다. 다음 규정에 따라 각 기관을 구분한 결과가 옳지 않은 것은?

〈공공기관의 구분〉

제00조 제1항

공공기관을 공기업·준정부기관과 기타공공기관으로 구분하여 지정한다. 직원 정원이 50인 이상인 공공기관은 공기업 또는 준정부기관으로, 그 외에는 기타공공기관으로 지정한다.

제00조 제2항

제1항의 규정에 따라 공기업과 준정부기관을 지정하는 경우 자체수입액이 총수입액의 2분의 1 이상인 기관은 공기업으로, 그 외에는 준정부기관으로 지정한다.

제00조 제3항

제1항 및 제2항의 규정에 따른 공기업을 다음의 구분에 따라 세분하여 지정한다.
• 시장형 공기업 : 자산규모가 2조 원 이상이고, 총 수입액 중 자체수입액이 100분의 85 이상인 공기업
• 준시장형 공기업 : 시장형 공기업이 아닌 공기업

〈공공기관의 현황〉

공공기관	직원 정원	자산규모	자체수입비율
A	70명	4조 원	90%
B	45명	2조 원	50%
C	65명	1조 원	55%
D	60명	1.5조 원	45%
E	40명	2조 원	60%

※ 자체수입비율 : 총 수입액 대비 자체수입액 비율

---

① A - 시장형 공기업　　　　　　② B - 기타공공기관
③ C - 준정부기관　　　　　　　④ D - 준정부기관
⑤ E - 기타공공기관

✔ **해설** C는 정원이 50명이 넘으므로 기타공공기관이 아니며, 자체수입비율이 55%이므로 자체수입액이 총수입액의 2분의 1 이상이기 때문에 공기업이다. 시장형 공기업 조건에 해당하지 않으므로 C는 준시장형 공기업이다.

34 다음 내용을 바탕으로 예측한 내용으로 옳은 것은?

사회통합프로그램이란 국내 이민자가 법무부장관이 정하는 소정의 교육과정을 이수하도록 하여 건전한 사회구성원으로 적응·자립할 수 있도록 지원하고 국적취득, 체류허가 등에 있어서 편의를 주는 제도이다. 프로그램의 참여대상은 대한민국에 체류하고 있는 결혼이민자 및 일반이민자(동포, 외국인근로자, 유학생, 난민 등)이다. 사회통합프로그램의 교육과정은 '한국어과정'과 '한국사회이해과정'으로 구성된다. 신청자는 우선 한국어능력에 대한 사전평가를 받고, 그 평가점수에 따라 한국어과정 또는 한국사회이해과정에 배정된다.

일반이민자로서 참여를 신청한 자는 사전평가 점수에 의해 배정된 단계로부터 6단계까지 순차적으로 교육과정을 이수하여야 한다. 한편 결혼이민자로서 참여를 신청한 자는 4~5단계를 면제받는다. 예를 들어 한국어과정 2단계를 배정받은 결혼이민자는 3단계까지 완료한 후 바로 6단계로 진입한다. 다만 결혼이민자의 한국어능력 강화를 위하여 2021년 1월 1일부터 신청한 결혼이민자에 대해서는 한국어과정 면제제도를 폐지하여 일반이민자와 동일하게 프로그램을 운영한다.

〈과정 및 이수시간(2020년 12월 기준)〉

구분		1단계	2단계	3단계	4단계	5단계	6단계
과정		한국어					한국사회이해
		기초	초급 1	초급 2	중급 1	중급 2	
이수시간		15시간	100시간	100시간	100시간	100시간	50시간
사전평가 점수	일반 이민자	0~10점	11~29점	30~49점	50~69점	70~89점	90~100점
	결혼 이민자	0~10점	11~29점	30~49점	면제		50~100점

① 2020년 12월에 사회통합프로그램을 신청한 결혼이민자 A는 한국어과정을 최소 100시간 이수하여야 한다.

② 2021년 1월에 사회통합프로그램을 신청하여 사전평가에서 95점을 받은 외국인근로자 B는 한국어과정을 이수하여야 한다.

③ 난민 인정을 받은 후 2020년 11월에 사회통합프로그램을 신청한 C는 한국어과정과 한국사회이해과정을 동시에 이수할 수 있다.

④ 2021년 2월에 사회통합프로그램 참여를 신청한 결혼이민자 D는 한국어과정 3단계를 완료한 직후 한국사회이해과정을 이수하면 된다.

⑤ 2020년 12월에 사회통합프로그램을 신청하여 사전평가에서 77점을 받은 유학생 E는 사회통합프로그램 교육과정을 총 150시간 이수하여야 한다.

✅해설 ① 2020년 12월에 사회통합프로그램을 신청한 결혼이민자 A는 사전평가 점수에 따라 한국어과정이 면제될 수 있다.
② 2021년 1월에 사회통합프로그램을 신청하여 사전평가에서 95점을 받은 외국인근로자 B는 한국사회이해과정을 이수하여야 한다.

③ 일반이민자로서 참여를 신청한 자는 사전평가 점수에 의해 배정된 단계로부터 6단계까지 순차적으로 교육과정을 이수하여야 한다고 언급하고 있다.

④ 2021년 1월 1일부터 신청한 결혼이민자에 대해서는 한국어과정 면제제도를 폐지하여 일반이민자와 동일하게 프로그램을 운영한다고 하였으므로 D는 한국어과정 3단계 완료 후 4, 5단계를 완료해야 6단계를 이수할 수 있다.

35 다음 〈쓰레기 분리배출 규정〉을 준수한 것은?

〈쓰레기 분리배출 규정〉

• 배출 시간 : 수거 전날 저녁 7시~수거 당일 새벽 3시까지(월요일~토요일에만 수거함)
• 배출 장소 : 내 집 앞, 내 점포 앞
• 쓰레기별 분리배출 방법
  - 일반 쓰레기 : 쓰레기 종량제 봉투에 담아 배출
  - 음식물 쓰레기 : 단독주택의 경우 수분 제거 후 음식물 쓰레기 종량제 봉투에 담아서, 공동주택의 경우 음식물 전용용기에 담아서 배출
  - 재활용 쓰레기 : 종류별로 분리하여 투명 비닐봉투에 담아 묶어서 배출
    ① 1종(병류)
    ② 2종(캔, 플라스틱, 페트병 등)
    ③ 3종(폐비닐류, 과자 봉지, 1회용 봉투 등)
      ※ 1종과 2종의 경우 뚜껑을 제거하고 내용물을 비운 후 배출
      ※ 종이류 / 박스 / 스티로폼은 각각 별도로 묶어서 배출
  - 폐가전 · 폐가구 : 폐기물 스티커를 부착하여 배출
• 종량제 봉투 및 폐기물 스티커 구입 : 봉투판매소

① 甲은 토요일 저녁 8시에 일반 쓰레기를 쓰레기 종량제 봉투에 담아 자신의 집 앞에 배출하였다.
② 공동주택에 사는 乙은 먹다 남은 찌개를 그대로 음식물 쓰레기 종량제 봉투에 담아 주택 앞에 배출하였다.
③ 丙은 투명 비닐봉투에 캔과 스티로폼을 함께 담아 자신의 집 앞에 배출하였다.
④ 戊는 집에서 쓰던 냉장고를 버리기 위해 폐기물 스티커를 구입 후 부착하여 월요일 저녁 9시에 자신의 집 앞에 배출하였다.
⑤ 丁은 금요일 낮 3시에 병과 플라스틱을 분리하여 투명 비닐봉투에 담아 묶어서 배출하였다.

✔**해설** ① 배출 시간은 수거 전날 저녁 7시부터 수거 당일 새벽 3시까지인데 일요일은 수거하지 않으므로 토요일 저녁 8시에 쓰레기를 내놓은 甲은 규정을 준수했다고 볼 수 없다.
② 공동주택에서 음식물 쓰레기를 배출할 경우 음식물 전용용기에 담아서 배출해야 한다.
③ 스티로폼은 별도로 묶어서 배출해야 하는 품목이다.
⑤ 저녁 7시부터 새벽 3시까지 배출해야 한다.

출제예상문제

1   다음 C프로그램의 실행결과로 화면에 출력되는 숫자가 아닌 것은?

```
#include 〈stdio.h〉

int my(int I, int j) {
    if (i〈3) I=j=1;
    else {
      i=i-1
      j=j-i;
      printf("%d, %d,", i, j)
      return my(i, j);
    )
}

int main(void)
{
    my(5, 14);
    return 0;
}
```

① 1

② 2

③ 3

④ 4

⑤ 5

✔해설 ① i=5, j=14인 my(5, 14)실행

I가 3 이상이므로 else문 실행

i=5-1=4   j=14-4=10

printf문을 통해 4와 10 출력

② return문 실행

my(4, 10) 함수가 실행

i=4, j=10으로 i가 3 이상이므로 else문 실행

i=4-1=3   j=10-3=7

printf문을 통해 3과 7 출력

③ my(3, 7) 함수가 실행

i가 3 이상이므로 else문 실행

i=3-1=2   j=7-2=5

printf문을 통해 2와 5 출력

④ my(2, 5) 함수가 실행

i<3의 조건을 만족하므로 if문이 실행

i와 j가 모두 1이 들어가고 함수 실행

결과… 출력되는 값은 2, 3, 4, 5, 7, 10이므로 출력되지 않는 값은 1이다.

2 해싱(hashing)에 대한 설명으로 옳지 않은 것은?

① 검색 속도가 빠르며 삽입, 삭제의 빈도가 높을 때 유리한 방식이다.

② 해싱기법에는 숫자분석법(dight analysis) 제산법(division), 제곱법(mid-square), 접지법(folding) 등이 있다.

③ 충돌 시 오버플로(overflow) 해결의 부담이 과중되나, 충돌해결에 필요한 기억공간이 필요하지는 않다.

④ 오버플로(overflow)가 발생했을 때 해결기법으로 개방 주소법(open addressing)과 폐쇄 주소법 (close addressing)이 있다.

⑤ 산술적인 연산으로 키의 위치를 계산하여 바로 찾아가는 계산 검색 방식이다.

✔해설 해싱(hashing) … 주어진 속성값을 기초로 하여 원하는 목표 레코드를 직접 접근할 수 있게 하는 기법이다. 데이터의 신속한 탐색을 위해 데이터를 해싱 테이블이라는 배열에 저장하고 데이터의 키 값을 주면 이를 적절한 해싱 함수를 통해서 테이블의 주소로 변환하여 원하는 데이터를 찾아내는 방법이다. 해싱함수란 레코드의 키 값을 이용해서 레코드를 저장할 주소를 산출해 내는 어떠한 수학식이다.

Answer   1.① 2.③

3 다음 C 프로그램의 출력 값은?

```c
#include <stdio.h>

void funCount();

int main(void) {
    int num;
    for(num=0; num<2; num++)
    funCount();
    return 0;
}

void funCount() {
    int num=0;
    static int count;

printf("num = %d, count = %d\n",
        ++num, count++);
}
```

① num = 0, count = 0
  num = 0, count = 1
② num = 0, count = 0
  num = 1, count = 1
③ num = 1, count = 0
  num = 1, count = 0
④ num = 1, count = 0
  num = 1, count = 1
⑤ num = 1, count = 1
  num = 1, count = 1

void funCount() → Count는 정적변수로 프로그램이 종료할 때까지 값을 유지한다.

int num; → num은 funCount에서 선언한 지역변수로 호출될 때마다 0으로 초기화된다.

for(num=0; num<2; num++) → num이 0부터 1씩 증가하여 2가 될 때 종료하므로 num이 0, 1 두 번만 반복한다.

int num=0; → 자동변수, 매번 실행되나 함수가 종료되면 소멸된다.

static int count; → 정적변수, 번역시 기억장소 확보 실행시 건너뛰나 함수가 종료되어도 정적변수는 소멸되지 않는다.

printf("num = %d, count = %d₩n", ++num, count++); → num은 전치연산에 따라 1을 두 번 출력하게 되고 count는 후치연산에 따라 출력 후 1이 증가하기 때문에 0과 1일 출력된다.

4 다음은 2진 입력 A, B, C와 2진 출력 X, Y, Z 사이의 관계를 나타낸 것이다. X, Y, Z에 대한 출력 함수를 옳게 짝지은 것은?

> • 입력 C=0일 때, 출력 X=0, Y=0, Z=0
> • 입력 B=0이고 C=1일 때, 출력 X=0, Y=0, Z=1
> • 입력 B=1이고 C=1일 때, 출력 X=A, Y=B, Z=C

① X=AC, Y=BC, Z=C

② X=A'C, Y=B'C, Z=C'

③ X=ABC, Y=BC, Z=C

④ X=A'B'C, Y=B'C, Z=C'

⑤ X=ABC, Y=B'C, Z=C'

불대수 … 하나의 명제가 참 또는 거짓인가를 판단하는 데 이용하는 방법

X	Y	Z
X가 1이 나오는 경우는 A와 B와 C가 모두 1	Y가 1이 나오는 경우는 B와 C가 동시에 1	B가 0이든 1이든 C가 1이면 Z는 1
X=ABC	Y=BC	Z=C

Answer 3.④ 4.③

5 다음 C프로그램의 실행 결과는?

```
#include <stdio.h>
void change(int *px, int *py, int pc, int pd);
void main(void)
{
 int a=10, b=20, c=30, d=40;
 change(&a, &b, c, d);
 printf(*a=%d b=%d c=%d d=%d*, a, b, c, d);
}
void change(int *px, int *py, int pc, int pd)
{
 *px = *py + pd; *py = pc + pd;
  pc = *px + pd; pd = *px + *py;
}
```

① a=60   b=70   c=50   d=30

② a=60   b=70   c=30   d=40

③ a=10   b=20   c=50   d=30

④ a=10   b=20   c=30   d=40

⑤ a=10   b=70   c=50   d=30

 해설

```
 int a=10, b=20, c=30, d=40;
 change(&a, &b, c, d)
→ &a, &b,는 참조전달,c, d는 값 전달.
 printf(*a=%d b=%d c=%d d=%d*, a, b, c, d)
 }
 void change(int *px, int *py, int pc, int pd)
 {
 *px = *py + pd *py = pc + pd
  pc = *px + pd pd = *px + *py
                                        }
```

• 포인터 : 메모리 주솟값을 저장하고 있는 변수이다.
• void포인터는 어떠한 형태의 주솟값이든 참조할 수 있는 포인터다. 어떠한 형태여도 상관은 없으나 포인터 연산과 변수값의 변경은 불가능하다.
• change 함수 : 메인함수에서 전달되는 int형 변수의 포인터를 저장해야 하므로 포인터 변수 두 개를 매개 변수로 선언하면 된다.
• 값 전달(Call by Value)은 주어진 값을 복사하여 처리하는 방식이다.
• 참조 전달(Call by Reference)은 매개 변수의 원래 주소에 값을 저장하는 방식이다.

▌6~7▌ 다음은 시스템 모니터링 코드 입력 방법을 설명하고 있다. 시스템을 보고 이어지는 〈보기〉에 알맞은 입력코드를 고르시오.

〈시스템 상태〉

System is processing requests...
System Code is S.
Run...

Error found!
Indes AXNGR of File WOANMR.

Final code? |_____

〈입력 방법〉

항목	세부사항
Index XX of File YY	• 오류 문자: 'Index' 뒤에 오는 문자 'XX' • 오류 발생 위치: File 뒤에 오는 문자 'YY'
Error Value	• 오류 문자와 오류 발생 위치를 의미하는 문자에 사용된 알파벳을 비교하여 일치하는 알파벳의 개수를 확인
Final Code	• Error Value를 통하여 시스템 상태 판단

〈시스템 상태 판단 기준〉

판단 기준	Final Code
일치하는 알파벳의 개수 = 0	Maple
0 < 일치하는 알파벳의 개수 ≤ 1	Walnut
1 < 일치하는 알파벳의 개수 ≤ 2	Cherry
2 < 일치하는 알파벳의 개수 ≤ 3	Aceraceae
3 < 일치하는 알파벳의 개수 ≤ 4	Hockey

6

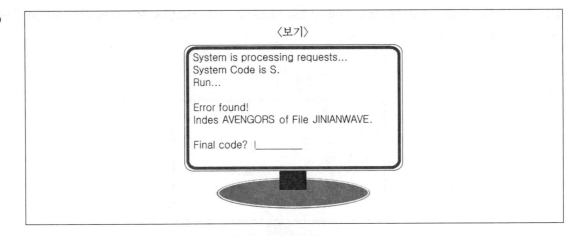

〈보기〉

System is processing requests...
System Code is S.
Run...

Error found!
Indes AVENGORS of File JINIANWAVE.

Final code? |_____

① Maple   ② Walnut

③ Cherry   ④ Aceraceae

⑤ Hockey

> **✔해설** 오류 문자는 'AVENGORS'이며, 오류 발생 위치는 'JINIANWAVE'이다.
> 두 값에서 일치하는 알파벳의 개수는 A, V, E, N 4개이다.
> 따라서 시스템 상태 판단 기준 '3 < 일치하는 알파벳의 개수 ≤ 4'에 의해 Final code는 'Hockey'가 된다.

7

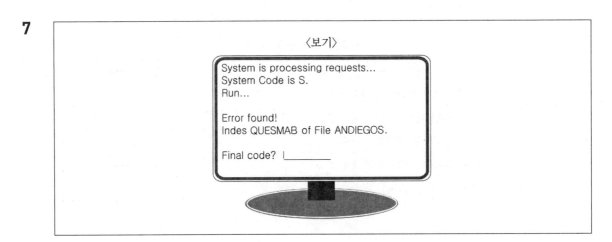

〈보기〉

System is processing requests...
System Code is S.
Run...

Error found!
Indes QUESMAB of File ANDIEGOS.

Final code? |_____

① Maple   ② Walnut

③ Cherry   ④ Aceraceae

⑤ Hockey

오류 문자는 'QUESMAB'이며, 오류 발생 위치는 'ANDIEGOS'이다.

두 값에서 일치하는 알파벳의 개수는 E, S, A 3개이다.

따라서 시스템 상태 판단 기준 '2 < 일치하는 알파벳의 개수 ≤ 3'에 의해 Final code는 'Aceraceae'가 된다.

8 다음 워크시트에서 수식 '=POWER(A3, A2)'의 결과 값은 얼마인가?

	A
1	1
2	3
3	5
4	7
5	9
6	11

① 5

② 81

③ 49

④ 125

⑤ 256

POWER(number, power) 함수는 number 인수를 power 인수로 제곱한 결과를 반환한다. 따라서 5의 3제곱은 125이다.

9 엑셀에서 새 시트를 열고자 할 때 사용하는 단축키는?

① ⟨Shift⟩+⟨F11⟩

② ⟨Ctrl⟩+⟨W⟩

③ ⟨Ctrl⟩+⟨F4⟩

④ ⟨Ctrl⟩+⟨N⟩

⑤ ⟨Ctrl⟩+⟨P⟩

②③ 현재 통합문서를 닫는 기능이다.
④ 새 통합문서를 만드는 기능이다.
⑤ 작성한 문서를 인쇄하는 기능이다.

Answer   6.⑤   7.④   8.④   9.①

10 다음 워크시트에서처럼 주민등록번호가 입력되어 있을 때, 이 셀의 값을 이용하여 [C1] 셀에 성별을 '남' 또는 '여'로 표시하고자 한다. [C1] 셀에 입력해야 하는 수식은? (단, 주민등록번호의 8번째 글자가 1이면 남자, 2이면 여자이다)

	A	B	C
1	임나라	870808-2235672	
2	정현수	850909-1358527	
3	김동하	841010-1010101	
4	노승진	900202-1369752	
5	은봉미	890303-2251547	

① =CHOOSE(MID(B1,8,1), "여", "남")

② =CHOOSE(MID(B1,8,2), "남", "여")

③ =CHOOSE(MID(B1,8,1), "남", "여")

④ =IF(RIGHT(B1,8)="1", "남", "여")

⑤ =IF(RIGHT(B1,8)="2", "남", "여")

✔ 해설 MID(text, start_num, num_chars)는 텍스트에서 원하는 문자를 추출하는 함수이다. 주민등록번호가 입력된 [B1] 셀에서 8번째부터 1개의 문자를 추출하여 1이면 남자, 2면 여자라고 하였으므로 답이 ③이 된다.

책임자	제품코드번호	책임자	제품코드번호
권두완	21015N0301200013	노완희	21028S0100500023
공덕영	21051C0100200015	박근동	20123G0401800008
심근동	21012F0200900011	양균호	21026P0301100004
정용준	20113G0100100001	박동신	21051A0200700017
김영재	21033H0301300010	권현종	21071A0401500021

ex) 제품코드번호

2021년 3월에 성남 3공장에서 29번째로 생산된 주방용품 앞치마 코드

2103	-	1C	-	01005	-	00029
(생산연월)		(생산공장)		(제품종류)		(생산순서)

생산연월	생산공장			제품종류			생산순서
	지역코드		고유번호	분류코드		고유번호	
• 2011 - 2020년 11월 • 2106 - 2021년 6월	1	성남	A 1공장	01	주방용품	001 주걱	• 00001부터 시작하여 생산 순서대로 5자리의 번호가 매겨짐
			B 2공장			002 밥상	
			C 3공장			003 쟁반	
	2	구리	D 1공장			004 접시	
			E 2공장			005 앞치마	
			F 3공장			006 냄비	
	3	창원	G 1공장	02	청소도구	007 빗자루	
			H 2공장			008 쓰레받기	
			I 3공장			009 봉투	
	4	서산	J 1공장			010 대걸레	
			K 2공장	03	가전제품	011 TV	
			L 3공장			012 전자레인지	
	5	원주	M 1공장			013 가스레인지	
			N 2공장			014 컴퓨터	
	6	강릉	O 1공장	04	세면도구	015 치약	
			P 2공장			016 칫솔	
	7	진주	Q 1공장			017 샴푸	
			R 2공장			018 비누	
	8	합천	S 1공장			019 타월	
			T 2공장			020 린스	

11 완소그룹의 제품 중 2021년 5월에 합천 1공장에서 36번째로 생산된 세면도구 비누의 코드로 알맞은 것은?

① 21058S0401800036

② 21058S0401600036

③ 21058T0402000036

④ 21058T0401800036

⑤ 21058S0401500036

> ✔ 해설 · 2021년 5월 : 2105
> · 합천 1공장 : 8S
> · 세면도구 비누 : 04018
> · 36번째로 생산 : 00036

12 2공장에서 생산된 제품들 중 현재 물류창고에 보관하고 있는 가전제품은 모두 몇 개인가?

① 1개

② 2개

③ 3개

④ 4개

⑤ 5개

> ✔ 해설 '21015N0301200013', '21033H0301300010', '21026P0301100004' 총 3개이다.

13 다음 중 창원 1공장에서 생산된 제품을 보관하고 있는 물류창고의 책임자들끼리 바르게 연결된 것은?

① 김영재 – 박동신

② 정용준 – 박근동

③ 권두완 – 양균호

④ 공덕영 – 권현종

⑤ 양균호 – 노완희

> ✔ 해설 정용준(20113G0100100001) – 박근동(20123G0401800008)

14 제품코드 21071A0401500021에 대한 설명으로 옳지 않은 것은?

① 권현종이 책임자이다.

② 2021년 7월에 생산되었다.

③ 성남 1공장에서 생산되었다.

④ 세면도구 칫솔이다.

⑤ 21번째로 생산된 제품이다.

✔해설 세면도구 치약이다.

15 창고 내에 있는 제품 중 성남 1공장에서 생산된 제품들이 모두 부품결함으로 인한 불량품이었다. 반품을 해야 하는 제품은 몇 개인가?

① 1개   ② 2개

③ 3개   ④ 4개

⑤ 5개

✔해설 '21051A0200700017', '21071A0401500021' 2개이다.

16 다음은 H회사의 승진후보들의 1차 고과 점수 및 승진시험 점수이다. "생산부 사원"의 승진시험 점수의 평균을 알기 위해 사용해야 하는 함수는 무엇인가?

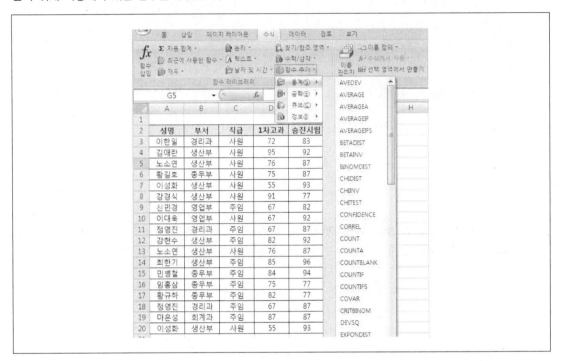

① AVERAGE

② AVERAGEA

③ AVERAGEIF

④ AVERAGEIFS

⑤ COUNTIF

> **해설** 구하고자 하는 값은 "생산부 사원"의 승진시험 점수의 평균이다. 주어진 조건에 따른 평균값을 구하는 함수는 AVERAGEIF와 AVERAGEIFS인데 조건이 1개인 경우에는 AVERAGEIF, 조건이 2개 이상인 경우에는 AVERAGEIFS를 사용한다.
> [=AVERAGEIFS(E3:E20,B3:B20,"생산부",C3:C20,"사원")]

다음 자료는 J회사 창고에 있는 가전제품 코드 목록이다. 다음을 보고 물음에 답하시오.

SE-11-KOR-3A-2112	CH-08-CHA-2C-1908	SE-07-KOR-2C-2103
CO-14-IND-2A-2111	JE-28-KOR-1C-2108	TE-11-IND-2A-2011
CH-19-IND-1C-1901	SE-01-KOR-3B-2011	CH-26-KOR-1C-1907
NA-17-PHI-2B-2005	AI-12-PHI-1A-2102	NA-16-IND-1B-1911
JE-24-PHI-2C-2001	TE-02-PHI-2C-2103	SE-08-KOR-2B-2107
CO-14-PHI-3C-2108	CO-31-PHI-1A-2101	AI-22-IND-2A-2103
TE-17-CHA-1B-2101	JE-17-KOR-1C-2106	JE-18-IND-1C-2104
NA-05-CHA-3A-2011	SE-18-KOR-1A-2103	CO-20-KOR-1C-2102
AI-07-KOR-2A-2101	TE-12-IND-1A-2111	AI-19-IND-1A-2103
SE-17-KOR-1B-2102	CO-09-CHA-3C-2104	CH-28-KOR-1C-1908
TE-18-IND-1C-2110	JE-19-PHI-2B-2007	SE-16-KOR-2C-2105
CO-19-CHA-3A-2109	NA-06-KOR-2A-2001	AI-10-KOR-1A-2109

〈코드 부여 방식〉
[제품 종류]-[모델 번호]-[생산 국가]-[공장과 라인]-[제조연월]

〈예시〉
TE-13-CHA-2C-2101
2021년 1월에 중국 2공장 C라인에서 생산된 텔레비전 13번 모델

제품 종류 코드	제품 종류	생산 국가 코드	생산 국가
SE	세탁기	CHA	중국
TE	텔레비전	KOR	한국
CO	컴퓨터	IND	인도네시아
NA	냉장고	PHI	필리핀
AI	에어컨		
JE	전자레인지		
GA	가습기		
CH	청소기		

17 위의 코드 부여 방식을 참고할 때 옳지 않은 내용은?

① 창고에 있는 기기 중 세탁기는 모두 한국에서 제조된 것들이다.

② 창고에 있는 기기 중 컴퓨터는 모두 2021년에 제조된 것들이다.

③ 창고에 있는 기기 중 청소기는 있지만 가습기는 없다.

④ 창고에 있는 기기 중 2019년에 제조된 것은 청소기 뿐이다.

⑤ 창고에 텔레비전은 5대가 있다.

> ✔해설 NA−16−IND−1B−1911가 있으므로 2019년에 제조된 냉장고도 창고에 있다.

18 J회사에 다니는 Y씨는 가전제품 코드 목록을 파일로 불러와 검색을 하고자 한다. 검색의 결과로 옳지 않은 것은?

① 창고에 있는 세탁기가 몇 개인지 알기 위해 'SE'를 검색한 결과 7개임을 알았다.

② 창고에 있는 기기 중 인도네시아에서 제조된 제품이 몇 개인지 알기 위해 'IND'를 검색한 결과 10개 임을 알았다.

③ 모델 번호가 19번인 제품을 알기 위해 '19'를 검색한 결과 4개임을 알았다.

④ 1공장 A라인에서 제조된 제품을 알기 위해 '1A'를 검색한 결과 6개임을 알았다.

⑤ 2021년 1월에 제조된 제품을 알기 위해 '2101'를 검색한 결과 3개임을 알았다.

> ✔해설 인도네시아에서 제조된 제품은 9개이다.

19 2022년 4월에 한국 1공장 A라인에서 생산된 에어컨 12번 모델의 코드로 옳은 것은?

① AI − 12 − KOR − 2A − 2204

② AI − 12 − KOR − 1A −2204

③ AI − 11 − PHI − 1A − 2204

④ CH − 12 − KOR − 1A − 2204

⑤ CH − 11 − KOR − 3A − 2205

> ✔해설 [제품 종류] − [모델 번호] − [생산 국가] − [공장과 라인] − [제조연월]
> AI(에어컨) − 12 − KOR − 1A −2204

20 다음의 알고리즘에서 인쇄되는 S는?

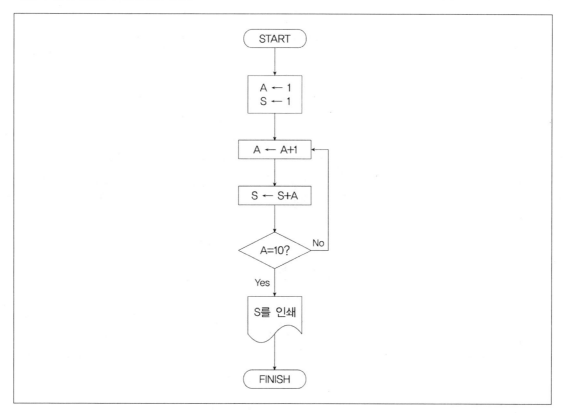

① 36
② 45
③ 55
④ 66
⑤ 77

✔해설   A=1, S=1
A=2, S=1+2
A=3, S=1+2+3
…
A=10, S=1+2+3+…+10
∴ 출력되는 S의 값은 55이다.

Answer   17.④   18.②   19.②   20.③

21 다음의 알고리즘에서 인쇄되는 A는?

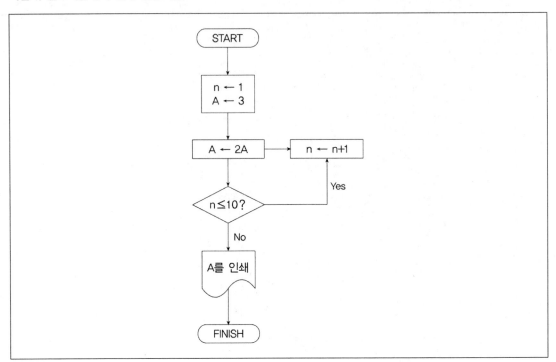

① $2^8 \cdot 3$

② $2^9 \cdot 3$

③ $2^{10} \cdot 3$

④ $2^{11} \cdot 3$

⑤ $2^{12} \cdot 3$

✔ 해설 $n=1$, $A=3$
$n=1$, $A=2 \cdot 3$
$n=2$, $A=2^2 \cdot 3$
$n=3$, $A=2^3 \cdot 3$
...
$n=11$, $A=2^{11} \cdot 3$
∴ 출력되는 A의 값은 $2^{11} \cdot 3$이다.

22 T회사에서 근무하고 있는 N씨는 엑셀을 이용하여 작업을 하고자 한다. 엑셀에서 바로 가기 키에 대한 설명이 다음과 같을 때 괄호 안에 들어갈 내용으로 알맞은 것은?

> 통합 문서 내에서 (㉠) 키는 다음 워크시트로 이동하고 (㉡) 키는 이전 워크시트로 이동한다.

	㉠	㉡
①	〈Ctrl〉+〈Page Down〉	〈Ctrl〉+〈Page Up〉
②	〈Shift〉+〈Page Down〉	〈Shift〉+〈Page Up〉
③	〈Tab〉+←	〈Tab〉+→
④	〈Alt〉+〈Shift〉+↑	〈Alt〉+〈Shift〉+↓
⑤	〈Ctrl〉+〈Shift〉+〈Page Down〉	〈Ctrl〉+〈Shift〉+〈Page Up〉

✔해설 엑셀 통합 문서 내에서 다음 워크시트로 이동하려면 〈Ctrl〉+〈Page Down〉을 눌러야 하며, 이전 워크시트로 이동하려면 〈Ctrl〉+〈Page Up〉을 눌러야 한다.

23 다음 워크시트에서 영업2부의 보험실적 합계를 구하고자 할 때, [G2] 셀에 입력할 수식으로 옳은 것은?

	A	B	C	D	E	F	G
1	성명	부서	성별	보험실적		부서	보험실적 합계
2	윤진주	영업1부	여	13		영업2부	
3	임성민	영업2부	남	12			
4	김옥순	영업1부	여	15			
5	김은지	영업3부	여	20			
6	최준오	영업2부	남	8			
7	윤한성	영업3부	남	9			
8	하은영	영업2부	여	11			
9	남영호	영업1부	남	17			

① =DSUM(A1:D9,3,F1:F2)

② =DSUM(A1:D9,"보험실적",F1:F2)

③ =DSUM(A1:D9,"보험실적",F1:F3)

④ =SUM(A1:D9,"보험실적",F1:F2)

⑤ =SUM(A1:D9,4,F1:F2)

✔해설 DSUM(데이터베이스, 필드, 조건 범위) 함수는 조건에 부합하는 데이터를 합하는 수식이다. 데이터베이스는 전체 범위를 설정하며, 필드는 보험실적 합계를 구하는 것이므로 "보험실적"으로 입력하거나 열 번호 4를 써야 한다. 조건 범위는 영업2부에 한정하므로 F1:F2를 써준다.

Answer 21.④ 22.① 23.②

24 다음 중 아래 시트에서 야근일수를 구하기 위해 [B9] 셀에 입력할 수식으로 옳은 것은?

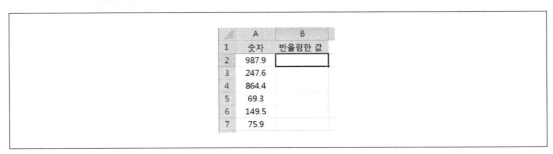

	A	B	C	D	E
1			4월 야근 현황		
2	날짜	도준영	전아롱	이진주	강석현
3	4월15일		V		V
4	4월16일	V		V	
5	4월17일	V	V	V	
6	4월18일		V	V	V
7	4월19일	V		V	
8	4월20일	V			
9	야근일수				
10					

① =COUNTBLANK(B3:B8) ② =COUNT(B3:B8)

③ =COUNTA(B3:B8) ④ =SUM(B3:B8)

⑤ =AVERAGEA(B3:B8)

> **해설** COUNTBLANK 함수는 비어있는 셀의 개수를 세어준다. COUNT 함수는 숫자가 입력된 셀의 개수를 세어주는 반면 COUNTA 함수는 숫자는 물론 문자가 입력된 셀의 개수를 세어준다. 즉, 비어있지 않은 셀의 개수를 세어주기 때문에 이 문제에서는 COUNTA 함수를 사용해야 한다.

25 다음 워크시트에서 [A2] 셀 값을 소수점 첫째자리에서 반올림하여 [B2] 셀에 나타내도록 하고자 한다. [B2] 셀에 알맞은 함수식은?

	A	B
1	숫자	반올림한 값
2	987.9	
3	247.6	
4	864.4	
5	69.3	
6	149.5	
7	75.9	

① ROUND(A2, −1) ② ROUND(A2, 0)

③ ROUNDDOWN(A2, 0) ④ ROUNDUP(A2, −1)

⑤ ROUND(A3, 0)

> **해설** ROUND(number, num_digits)는 반올림하는 함수이며, ROUNDUP은 올림, ROUNDDOWN은 내림하는 함수이다. ROUND(number, num_digits)에서 number는 반올림하려는 숫자를 나타내며, num_digits는 반올림할 때 자릿수를 지정한다. 이 값이 0이면 소수점 첫째자리에서 반올림하고 −1이면 일의자리 수에서 반올림한다. 따라서 주어진 문제는 소수점 첫째자리에서 반올림하는 것이므로 ②가 답이 된다.

▌26~27▌ 다음은 선택정렬에 관한 설명과 예시이다. 이를 보고 물음에 답하시오.

선택정렬(Selection sort)는 주어진 데이터 중 최솟값을 찾고 최솟값을 정렬되지 않은 데이터 중 맨 앞에 위치한 값과 교환한다. 교환은 두 개의 숫자가 서로 자리를 맞바꾸는 것을 말한다. 정렬된 데이터를 제외한 나머지 데이터를 같은 방법으로 교환하여 반복하면 정렬이 완료된다.

〈예시〉

68, 11, 3, 82, 7을 정렬하려고 한다.

• 1회전 (최솟값 3을 찾아 맨 앞에 위치한 68과 교환)

68	11	3	82	7

3	11	68	82	7

• 2회전 (정렬이 된 3을 제외한 데이터 중 최솟값 7을 찾아 11과 교환)

3	11	68	82	7

3	7	68	82	11

• 3회전 (정렬이 된 3, 7을 제외한 데이터 중 최솟값 11을 찾아 68과 교환)

3	7	68	82	11

3	7	11	82	68

• 4회전 (정렬이 된 3, 7, 11을 제외한 데이터 중 최솟값 68을 찾아 82와 교환)

3	7	11	82	68

3	7	11	68	82

26 다음 수를 선택정렬을 이용하여 오름차순으로 정렬하려고 한다. 2회전의 결과는?

5, 3, 8, 1, 2				

① 1, 2, 8, 5, 3
② 1, 2, 5, 3, 8
③ 1, 2, 3, 5, 8
④ 1, 2, 3, 8, 5
⑤ 1, 2, 8, 3, 5

✔해설 ㉠ 1회전

5	3	8	1	2

1	3	8	5	2

㉡ 2회전

1	3	8	5	2

1	2	8	5	3

27 다음 수를 선택정렬을 이용하여 오름차순으로 정렬하려고 한다. 3회전의 결과는?

55, 11, 66, 77, 22				

① 11, 22, 66, 55, 77
② 11, 55, 66, 77, 22
③ 11, 22, 66, 77, 55
④ 11, 22, 55, 77, 66
⑤ 11, 22, 55, 66, 77

✔ 해설 ㉠ 1회전

55	11	66	77	22

11	55	66	77	22

㉡ 2회전

11	55	66	77	22

11	22	66	77	55

㉢ 3회전

11	22	66	77	55

11	22	55	77	66

28 다음 시트처럼 한 셀에 두 줄 이상 입력하려는 경우 줄을 바꿀 때 사용하는 키는?

	A	B
1	서원각 출판사	실전 모의고사
2		
3		

① 〈Shift〉+〈Ctrl〉+〈Enter〉

② 〈Alt〉+〈Enter〉

③ 〈Alt〉+〈Shift〉+〈Enter〉

④ 〈Shift〉+〈Enter〉

⑤ 〈Ctrl〉+〈Enter〉

✔ 해설 한 셀에 두 줄 이상 입력하려고 하는 경우 줄을 바꿀 때는 〈Alt〉+〈Enter〉를 눌러야 한다.

Answer   26.① 27.④ 28.②

29 다음 워크시트에서 과일의 금액 합계를 나타내는 '=SUM(B2:B7)' 수식에서 '=SUM(B2B7)'와 같이 범위 참조의 콜론(:)이 빠졌을 경우 나타나는 오류 메시지는?

	A	B
1	**과일**	**금액**
2	딸기	4000
3	사과	5000
4	포도	10000
5	자두	3000
6	복숭아	5000
7	수박	17000
8		

① #NAME?

② #REF!

③ #VALUE!

④ #DIV/0

⑤ #NUM!

✔해설 ① #NAME? : 지정하지 않은 이름을 사용한 때나 함수 이름을 잘못 사용한 때, 인식할 수 없는 텍스트를 수식에 사용했을 때
② #REF! : 수식이 있는 셀에 셀 참조가 유효하지 않을 때
③ #VALUE! : 잘못된 인수나 피연산자를 사용하거나 수식 자동고침 기능으로 수식을 고칠 수 없을 때
④ #DIV/0 : 나누는 수가 빈 셀이나 0이 있는 셀을 참조하였을 때
⑤ #NUM! : 표현할 수 있는 숫자의 범위를 벗어났을 때

30 다음 워크시트는 학생들의 수리영역 성적을 토대로 순위를 매긴 것이다. 다음 중 [C2] 셀의 수식으로 옳은 것은?

	A	B	C
1		수리영역	순위
2	이순자	80	3
3	이준영	95	2
4	정소이	50	7
5	금나라	65	6
6	윤민준	70	5
7	도성민	75	4
8	최지애	100	1

① =RANK(B2,$B$2:$B$8)

② =RANK(B2,$B$2:$B$8,1)

③ =RANK(C2,$B$2:$B$8)

④ =RANK(C2,$B$2:$B$8,0)

⑤ =RANK(C2,$B$2:$B$8,1)

> ✔해설 RANK(number,ref,[order]) : number는 순위를 지정하는 수이므로 B2, ref는 범위를 지정하는 것이므로 $B$2:$B$8이다. oder는 0이나 생략하면 내림차순으로 순위가 매겨지고 0이 아닌 값을 지정하면 오름차순으로 순위가 매겨진다.

31 인천교통공사의 미션과 비전이 바르게 연결된 것은?

① 안전한 도시철도 – 편리한 교통서비스

② 사람과 도시를 연결하는 교통서비스 – 최고 수준의 안전운행

③ 최고의 교통서비스 제공으로 시민행복 추구 – 행복하고 안전한 세상

④ 사람 · 세상 · 미래를 잇는 교통서비스 – 고객만족, 직원행복

⑤ 미래 선도 국가 대표 종합교통공기업 – 최고의 교통서비스 제공

> ✔해설 인천교통공사의 미션과 비전
> 미션 : 최고의 교통서비스 제공으로 시민행복 추구
> 비전 : 행복하고 안전한 세상, 함께하는 인천교통공사

Answer 29.① 30.① 31.③

32 인천교통공사의 4대 경영전략으로 틀린 것은?

① 고객 행복 경영
② 지속 성장 경영
③ 안전 우선 경영
④ 소통 공감 경영
⑤ 동반 상생 경영

> ✔해설 인천교통공사의 4대 경영전략은 안전 우선 경영, 고객 행복 경영, 지속 성장 경영, 동반 생생 경영이다.

33 인천교통공사의 경영목표로 맞는 것은?

① 소통과 공감의 신뢰경영
② 미래 선도 국가 대표 종합교통공기업 도약
③ 시스템 기반 최고 수준의 안전 운행
④ 지속가능한 혁신 경영관리 체계 구축
⑤ 쾌적하고 편리한 교통환경 구축

> ✔해설 인천교통공사의 2025중장기 경영목표는 '미래 선도 국가 대표 종합교통공기업 도약'이다.

34 인천교통공사의 경영전략과 전략과제가 틀리게 연결된 것은?

① 동반 상생 경영 – 참여와 협력의 노사관계 발전
② 안전 우선 경영 – 쾌적하고 편리한 이용환경 조성
③ 지속 성장 경영 – 조직역량 강화
④ 고객 행복 경영 – 고객만족 열린 환경 조성
⑤ 안전 우선 경영 – 스마트 안전인프라 확충

인천교통공사의 4대 경영전략과 12대 전략과제

경영전략	안전 우선 경영	고객 행복 경영	지속 성장 경영	동반 상생 경영
전략과제	• 안전경영시스템 고도화 • 노후 전동차 및 시설·설비 개선 • 스마트 안전인프라 확충	• 고객서비스 품질 향상 • 고객만족 열린 환경 조성 • 쾌적하고 편리한 이용환경 조성	• 영업수익 증대 • 조직역량 강화 • 경영효율 달성	• 소통과 공감의 조직문화 구축 • 참여와 협력의 노사관계 발전 • 지방공기업 사회적 책임 이행

35 인천교통공사를 대표하는 캐릭터의 이름으로 알맞은 것은?

① 아이로
② 레일로
③ 마일로
④ 누리로
⑤ 함께로

인천의 대표 이니셜 아이(I)와 한자 길 로(路)를 조합하여, 인천 제1의 대중교통으로서 고객과 함께 가는 길, 고객과 함께 인천교통공사를 상징하는 아이로는 인천1호선 전동차를 모티브로 인천교통공사의 CI 컬러를 적용한 밝고 친근한 어린아이의 모습을 나타내고 있다.

ORANGE 안전   BLUE 고객지향   GREEN 환경   육상교통

Answer 32.④ 33.② 34.② 35.①

출제예상문제

1 다음에서 언급한 기술혁신의 특징으로 적절하지 않은 것은?

> 이 개념은 동일한 생산 요소의 투입량으로 보다 많은 생산물의 산출을 가능하게 하거나, 신종 재화나 서비스를 생산 가능하게 하는 생산 기술의 개량을 말한다. 슘페터(Schumpeter, J. A.)는 "혁신가들은 미래를 보는 눈을 가지며, 변화에 대한 장애를 극복하는 용기와 능력을 지님으로써 혁신을 성취하여 경제 성장의 원동력을 이룬다."고 하여 기술혁신의 중요성을 강조하였다.
> 기술혁신은 기술의 발전뿐만 아니라 새로운 시장의 개척, 상품 공급방식의 변경 등 경제에 충격을 주어 변동을 야기시키고, 이것에 의해 끊임없는 이윤 동기를 낳게 한다. 일반적으로 기술혁신은 설비 투자의 확대를 수반하여 호황을 가져오고, 노동 생산성을 향상시키며, 새로운 제품이 보다 질 좋고 값싸게 생산되어 새로운 산업의 성립과 기존 산업에 변혁을 일으키게 함으로써 수요 구조와 패턴을 변화시킨다. 그러므로 기술혁신은 자본주의 경제 발전의 원동력이라 할 수 있다.

① 기술혁신은 지식 집약적인 활동이다.
② 기술혁신은 조직의 경계를 넘나드는 특성을 갖고 있다.
③ 기술혁신은 과정 자체가 불확실하고 장기간의 시간을 필요로 한다.
④ 혁신 과정의 불확실성과 모호함은 기업 내에서 많은 논쟁과 갈등을 유발할 수 있다.
⑤ 기술혁신은 그 과정 자체가 매우 불확실해서 단기간의 시간을 필요로 한다.

> ✔ **해설** 기술혁신의 특징
> • 기술혁신은 그 과정 자체가 매우 불확실하고 장기간의 시간을 필요로 한다.
> • 기술혁신은 지식 집약적인 활동이다.
> • 혁신 과정의 불확실성과 모호함은 기업 내에서 많은 논쟁과 갈등을 유발할 수 있다.
> • 기술혁신은 조직의 경계를 넘나드는 특성을 갖고 있다.

2 다음에 나타난 기술을 선택할 때, 그 기준이 될 수 있는 것은?

> 사용자 개인의 생체 정보를 이용하여 사용자의 신원을 인증하기 위한 보안 기술. 지문 인증, 음성 인증, 얼굴 인증, 정맥 인증, 홍채 인증, 손금 인증, 손 모양 인증 등 개인의 고유 정보를 사용하여 개인의 신원을 식별하는 기술이다.

① 광범위하게 활용할 수 있는 기술
② 정보가 쉽게 유출될 수 없는 기술
③ 매출과 이익 창출 잠재력이 큰 기술
④ 제품의 성능이나 원가에 미치는 영향력이 큰 기술
⑤ 미래의 산업투자 가치가 큰 기술

✔해설 제시된 내용은 생체 보안 기술로, 정보가 쉽게 유출될 수 없는 특징을 가지고 있다.

3 다음에 나타난 산업재해의 원인으로 적절한 것은?

> 2017년 건설 업계를 긴장하게 만들었던 키워드는 '타워크레인'이다. 5월 1일 근로자의날에 크레인 전도사고가 발생했고, 22일 남양주에서도 타워크레인 사고가 발생했다. 또한 10월에 영등포 아파트 공사현장에서도 대형 크레인이 부러지면서 근로자 5명이 사망하는 사고도 일어났다. 5명의 사상자를 낸 타워크레인은 제조 된지 27년이 되었지만 타워크레인의 사용 기한에 제한이 없기 때문에 불법은 아닌 것으로 확인되었다. 이는 남양주 타워크레인 사고 때도 크게 논란이 되었음에도 불구하고 별다른 조치가 취해지지 않아 발생한 사고라고 해도 무방하다.

① 안전 수칙의 오해   ② 작업 경험의 불충분
③ 기계 장치의 노후화   ④ 안전 관리 조직의 결함
⑤ 안전 수칙 미제정

✔해설 산업 재해의 기본적 원인
   ㉠ **교육적 원인**: 안전 지식의 불충분, 안전 수칙의 오해, 경험이나 훈련의 불충분과 작업관리자의 작업 방법의 교육 불충분, 유해 위험 작업 교육 불충분 등
   ㉡ **기술적 원인**: 건물·기계 장치의 설계 불량, 노후화, 구조물의 불안정, 재료의 부적합, 생산 공정의 부적당, 점검·정비·보존의 불량 등
   ㉢ **작업 관리상 원인**: 안전 관리 조직의 결함, 안전 수칙 미제정, 작업 준비 불충분, 인원배치 및 작업 지시 부적당 등

Answer   1.⑤   2.②   3.③

|4~5| 다음은 디지털 카메라의 사용설명서이다. 이를 읽고 물음에 답하시오.

오류 메시지가 발생했을 때에는 아래의 방법으로 대처하세요.

오류메시지	대처방법
렌즈가 잠겨 있습니다.	줌 렌즈가 닫혀 있습니다. 줌 링을 반시계 방향으로 딸깍 소리가 날 때까지 돌리세요.
메모리 카드 오류!	• 전원을 껐다가 다시 켜세요. • 메모리 카드를 뺐다가 다시 넣으세요. • 메모리 카드를 포맷하세요.
배터리를 교환하십시오.	충전된 배터리로 교체하거나 배터리를 충전하세요.
사진 파일이 없습니다.	사진을 촬영한 후 또는 촬영한 사진이 있는 메모리 카드를 넣은 후 재생 모드를 실행하세요.
잘못된 파일입니다.	잘못된 파일을 삭제하거나 가까운 서비스센터로 문의하세요.
저장 공간이 없습니다.	필요 없는 파일을 삭제하거나 새 메모리 카드를 넣으세요.
카드가 잠겨 있습니다.	SD, SDHC, SDXC, UHS-1 메모리 카드에는 잠금 스위치가 있습니다. 잠금 상태를 확인한 후 잠금을 해제하세요.
폴더 및 파일 번호가 최댓값입니다. 카드를 교환해주세요.	메모리카드의 파일명이 DCF 규격에 맞지 않습니다. 메모리 카드에 저장된 파일은 컴퓨터에 옮기고 메모리 카드를 포맷한 후 사용하세요.
Error 00	카메라의 전원을 끄고, 렌즈를 분리한 후 재결합하세요. 동일한 메시지가 나오는 경우 가까운 서비스 센터로 문의하세요.
Error 01/02	카메라의 전원을 끄고, 배터리를 뺐다가 다시 넣으세요. 동일한 메시지가 나오는 경우 가까운 서비스 센터로 문의하세요.

4 카메라를 작동하던 중 다음과 같은 메시지가 나타났을 때 대처방법으로 가장 적절한 것은?

> Error 00

① 배터리를 뺐다가 다시 넣는다.
② 카메라의 전원을 끄고 줌 링을 반시계 방향으로 돌린다.
③ 카메라의 전원을 끄고 렌즈를 분리한 후 재결합한다.
④ 메모리카드를 뺐다가 다시 넣는다.
⑤ 카메라의 전원을 끄고 배터리를 충전한다.

> **✓해설** 카메라의 전원을 끄고, 렌즈를 분리한 후 재결합한다. 동일한 메시지가 나오는 경우 가까운 서비스 센터로 문의하도록 한다.

5 카메라를 작동하던 중 '메모리 카드 오류!'라는 메시지가 뜰 경우 적절한 대처방법으로 가장 옳은 것은?

① 충전된 배터리로 교체하거나 배터리를 충전한다.

② 가까운 서비스 센터로 문의한다.

③ 메모리 카드를 뺐다가 다시 넣는다.

④ 카메라의 전원을 끄고 렌즈를 분리했다가 재결합한다.

⑤ 잘못된 파일을 삭제한 후 사용한다.

 메모리 카드 오류시 대처방법

ㄱ 전원을 껐다가 다시 켠다.

ㄴ 메모리 카드를 뺐다가 다시 넣는다.

ㄷ 메모리 카드를 포맷한다.

❙6～7❙ 다음은 그래프 구성 명령어 실행 예시이다. 이를 참고하여 다음 물음에 답하시오.

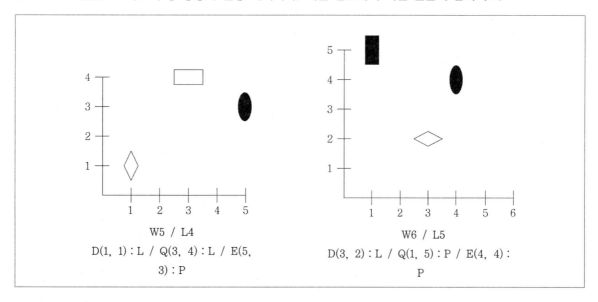

6 다음 그래프에 알맞은 명령어는 무엇인가?

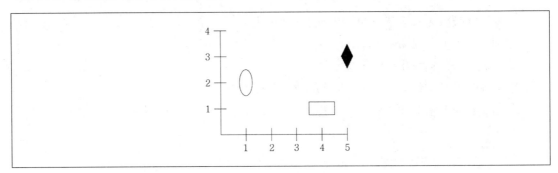

① W4 / L4

D(5, 3) : P / Q(4, 1) : L / E(1, 2) : L

② W4 / L4

D(5, 3) : P / Q(4, 1) : P / E(1, 2) : L

③ W4 / L5

D(5, 3) : P / Q(4, 1) : L / E(1, 2) : L

④ W5 / L4

D(5, 3) : P / Q(4, 1) : P / E(1, 2) : L

⑤ W5 / L4

D(5, 3) : P / Q(4, 1) : L / E(1, 2) : L

✔해설 W5 / L4

D(5, 3) : P / Q(4, 1) : L / E(1, 2) : L

7 W5 / L5 D(3, 2) : P / Q(4, 4) : L / E(1, 3) : P의 그래프를 산출할 때, 오류가 발생하여 다음과 같은 그래프가 산출되었다. 다음 중 오류가 발생한 값은?

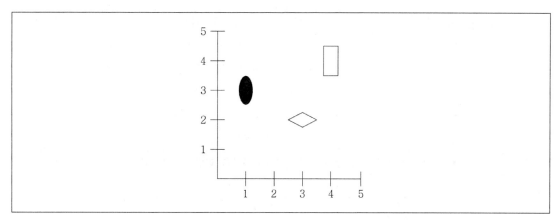

① W5 / L5
② D(3, 2) : P
③ Q(4, 4) : L
④ E(1, 3) : P
⑤ D(3, 2) : L

 W5 / L5
D(3, 2) : L / Q(4, 4) : L / E(1, 3) : P

|8 ~ 10| 다음 표를 참고하여 질문에 답하시오.

스위치	기능
○	1번, 2번 연산을 순방향으로 1회 진행함
●	3번, 4번 연산을 순방향으로 1회 진행함
◇	1번, 4번 연산을 역방향으로 1회 진행함
◆	2번, 3번 연산을 역방향으로 1회 진행함
□	모든 연산을 순방향으로 1회 진행함
■	모든 연산을 역방향으로 1회 진행함

순방향 : + ▶ − ▶ × ▶ ÷ / 역방향 : ÷ ▶ × ▶ − ▶ +

8 처음 상태에서 스위치를 두 번 눌렀더니 다음과 같이 바뀌었다. 어떤 스위치를 눌렀는가?

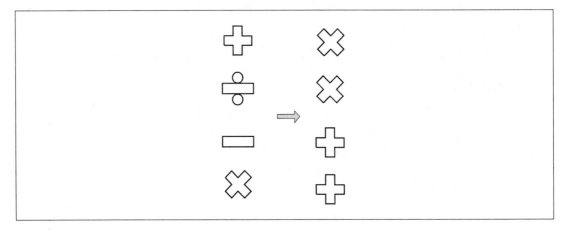

① ○, ■

② ◇, ●

③ □, ●

④ ○, ◆

⑤ ■, ◇

■, ◇을 누르면 다음과 같은 순서로 변화하게 된다.

9 처음 상태에서 스위치를 세 번 눌렀더니 다음과 같이 바뀌었다. 어떤 스위치를 눌렀는가?

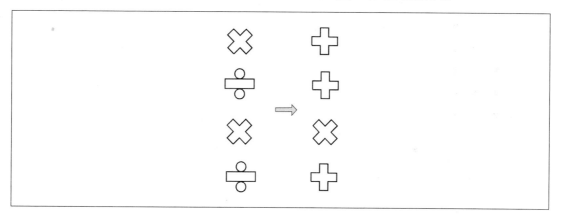

① □, ◆, ○   ② ●, ■, ◇

③ ◇, □, ●   ④ ○, ●, ◆

⑤ ○, □, ◆

□, ◆, ○을 누르면 다음과 같은 순서로 변화하게 된다.

10 처음 상태에서 스위치를 세 번 눌렀더니 다음과 같이 바뀌었다. 어떤 스위치를 눌렀는가?

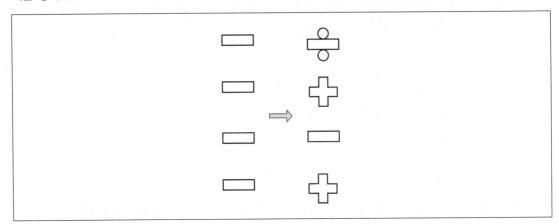

① □, □, ◆

② ○, ◆, ◇

③ ■, ◇, ●

④ ■, ●, ◆

⑤ ■, □, ◆

✔ 해설 ■, ◇, ●을 누르면 다음과 같은 순서로 변화하게 된다.

11 다음은 신문기사의 일부이다. 괄호 안에 들어가야 할 것으로 가장 적절한 것은?

> A시가 현장조치 행동(   )을 재난대응 단계별 행동절차 위주로 전면 개선했다. 행동(   )은 재난현장에서 임무를 수행하는 각 기관들의 행동절차를 담은 것으로, 이전에는 임무와 역할만을 규정할 뿐 재난이 발생했을 때 어떻게 행동해야 하는지 구체적으로 절차가 명시되지 않아 혼란을 초래할 소지가 있었다. 이에 A시는 중앙부처의 표준안을 토대로 자치구와 합동작업을 통해 재난대응 단계별 행동절차 위주로 개선하기에 이르렀다. 또한 A시는 개선된 행동(   )을 관계자가 이해하고 현장에서 잘 활용될 수 있도록 전문교육을 실시한다고 밝혔으며 재난대비 훈련을 통해 문제점도 보완해 나갈 계획이다.
>
> — ○○일보 —

① 보고서
② 약관
③ 정관
④ 매뉴얼
⑤ 작업지시서

✔ 해설 위의 기사에서는 행동지침의 의미를 나타내므로 '매뉴얼'이 들어가야 한다. 매뉴얼에는 제품 매뉴얼, 업무 매뉴얼 등이 있다.

ⓒ 제품 매뉴얼 : 사용자를 위해 제품의 특징이나 기능 설명, 사용방법과 고장 조치방법, 유지 보수 및 A/S, 폐기까지 제품에 관련된 모든 서비스에 대해 소비자가 알아야 할 모든 정보를 제공하는 것이다.
ⓒ 업무 매뉴얼 : 어떤 일의 진행 방식, 지켜야 할 규칙, 관리상의 절차 등을 일관성 있게 여러 사람이 보고 따라할 수 있도록 표준화하여 설명하는 지침서이다.

Answer 10.③ 11.④

12 다음은 신문기사의 일부이다. 이 신문 기사에서 설명하고 있는 '이것'은 무엇인가?

> '이것'은 기업의 성장 수단으로 세계 최고의 경쟁력을 보유하고 있는 그룹들도 이것을 통해 지속 성장을 구가하고 있다. 그러나 실패로 끝나는 경우도 있기 때문에 이것의 성공을 장담하기가 쉽지 않다. 이것이 중요한 경영전략 수단으로 기능하기 위해서는 여러 가지 요인을 고려해야 한다. 이것을 추진할 경우 사전에 목적과 기대 효과, 상호 간의 역할 분담을 명확히 하여야 하며 기회비용, 장기적으로 회사에 미칠 영향, 새로운 경쟁자의 등장 등을 고려하여야 한다.
>
> 먼저 조직의 문화적 차이가 이것의 실패의 원인이 될 수 있다. A와 B가 금융환경 경쟁 심화에 대응하기 위해 이것을 통해 회사를 운영하기로 하였고, 새 회사의 임직원은 기존의 두 회사로부터 각각 반반씩 충원하였으나 두 회사의 문화적 충돌, 최고경영자 간의 리더십 차이 등으로 이것은 실패로 돌아갔다.
>
> 또한 조급함이 이것의 실패 원인이 될 수 있다. 기술 발전 속도가 빠른 IT업계에서 시장 경쟁에 대한 압박감 때문에 이것을 서두르게 되었고, C와 D는 방송·통신 융합이라는 시너지를 기대하며 천문학적 금액으로 이것을 추진하였으나, 이것을 추진한 직후 시장가치가 급감하면서 실패로 돌아가게 되었다.

① M&A   ② 벤치마킹
③ 아웃소싱   ④ 기업승계
⑤ 권한위임

> ✔해설 위의 기사는 M&A(기업인수합병)에 대한 내용이다.
> M&A는 기업의 외적 성장을 위한 발전전략으로, 둘 이상의 기업이 통합하여 법률적으로나 실질적으로 하나의 기업이 되는 합병과 어느 한 기업의 주식 또는 자산을 취득하여 경영권을 획득하는 매수 또는 기업지배권의 취득을 목적으로 하는 모든 형태의 거래 등을 총칭한다.

13 다음 사례에서 나타난 기술경영자의 능력으로 가장 적절한 것은?

> 동영상 업로드 시 거쳐야 하는 긴 영상 포맷 변환 시간을 획기적으로 줄일 수는 없을까?
>
> 영상 스트리밍 사이트에 동영상을 업로드하면 '영상 처리 중입니다' 문구가 나온다. 이는 올린 영상을 트랜스코딩(영상 재압축) 하는 것인데 시간은 보통 영상 재생 길이와 맞먹는다. 즉, 한 시간짜리 동영상을 업로드하려면 한 시간을 영상 포맷하느라 소비해야 하는 것이다. A기업은 이러한 문제점을 해결하고자 동영상 업로드 시 포맷 변환을 생략하고 바로 재생할 수 있는 '노 컷 어댑티브 스트리밍(No Cut Adaptive Streaming)' 기술을 개발했다. 이 기술을 처음 제안한 A기업의 기술최고책임자(CTO) T는 "영상 길이에 맞춰 기다려야 했던 포맷 변환 과정을 건너뛴 것"이라며 "기존 영상 스트리밍 사이트가 갖고 있던 단점을 보완한 기술"이라고 설명했다. 화질을 유동적으로 변환시켜 끊김없이 재생하는 어댑티브 스트리밍 기술은 대부분의 영상 스트리밍 사이트에 적용되고 있다. mp4나 flv 같은 동영상 포맷을 업로드 할 경우 어댑티브 스트리밍 포맷에 맞춰 변환시켜줘야 한다. 바로 이 에어브로드 기술은 자체 개발한 알고리즘으로 변환 과정을 생략한 것이다.

① 기술을 기업의 전반적인 전략 목표에 통합시키는 능력
② 새로운 기술을 습득하고 기존의 기술에서 탈피하는 능력
③ 새로운 제품개발 시간을 단축할 수 있는 능력
④ 기술 전문 인력을 운용할 수 있는 능력
⑤ 기술을 효과적으로 평가할 수 있는 능력

✔해설 주어진 보기는 모두 기술경영자에게 필요한 능력이지만 자료는 A기업 기술최고책임자(CTO) T가 기존의 기술이 갖고 있던 단점을 보완하여 새로운 기술을 개발해 낸 사례이기 때문에 가장 적절한 답은 ②가 된다.
  ※ 기술경영자에게 필요한 능력
  　㉠ 기술을 기업의 전반적인 전략 목표에 통합시키는 능력
  　㉡ 빠르고 효과적으로 새로운 기술을 습득하고 기존의 기술에서 탈피하는 능력
  　㉢ 기술을 효과적으로 평가할 수 있는 능력
  　㉣ 기술 이전을 효과적으로 할 수 있는 능력
  　㉤ 새로운 제품개발 시간을 단축할 수 있는 능력
  　㉥ 크고 복잡하고 서로 다른 분야에 걸쳐 있는 프로젝트를 수행할 수 있는 능력
  　㉦ 조직 내의 기술 이용을 수행할 수 있는 능력
  　㉧ 기술 전문 인력을 운용할 수 있는 능력

14 다음은 매뉴얼의 종류 중 어느 것에 속하는가?

1. 지키지 않았을 경우 사용자가 부상을 당하거나 재산상의 손해를 입을 수 있습니다.
   - 전자 제품을 사용하는 곳에서는 제품을 주의하여 사용하세요. 대부분의 전자 제품은 전자파 신호를 사용하며 제품의 전자파로 인해 다른 전자 제품에 문제를 일으킬 수 있습니다.
   - 심한 매연이나 증기를 피하세요. 제품 외관이 훼손되거나 고장 날 수 있습니다.
   - 폭발 위험지역에서는 제품의 전원을 끄세요.
   - 폭발 위험지역 안에서는 배터리를 분리하지 말고 제품의 전원을 끄세요.
   - 폭발 위험지역 안의 규정, 지시사항, 신호를 지키세요.
   - 주유 중에는 제품 사용을 삼가세요.
2. 올바른 보관과 사용방법
   - 물기나 습기가 없는 건조한 곳에 두세요.
   - 습기 또는 액체 성분은 부품과 회로에 손상을 줄 수 있습니다.
   - 물에 젖은 경우 전원을 켜지 말고(켜져 있다면 끄고, 꺼지지 않는다면 그대로 두고, 배터리가 분리될 경우 배터리를 분리하고) 마른 수건으로 물기를 제거한 후 서비스 센터에 가져가세요.
   - 제품 또는 배터리가 물이나 액체 등에 젖거나 잠기면 제품 내부에 부착된 침수 라벨의 색상이 바뀝니다. 이러한 원인으로 발생한 고장은 무상 수리를 받을 수 없으므로 주의하세요.
   - 제품을 경사진 곳에 두거나 보관하지 마세요. 떨어질 경우 충격으로 인해 파손될 수 있으며 고장의 원인이 됩니다.
   - 제품을 동전, 열쇠, 목걸이 등의 금속 제품과 함께 보관하지 마세요.
   - 제품이 변형되거나 고장날 수 있습니다.
   - 배터리 충전 단자에 금속이 닿을 경우 화재의 위험이 있습니다.
   - 걷거나 이동 중에 제품을 사용할 때 주의하세요. 장애물 등에 부딪혀 다치거나 사고가 날 수 있습니다.
   - 제품을 뒷주머니에 넣거나 허리 등에 차지 마세요. 제품이 파손되거나 넘어졌을 때 다칠 수 있습니다.

① 제품매뉴얼　　　　　　　　　　② 고객매뉴얼
③ 업무매뉴얼　　　　　　　　　　④ 기술매뉴얼
⑤ 교육매뉴얼

> ✔해설 사용자를 위해 제품의 특징이나 기능 설명, 사용방법과 고장 조치방법, 유지보수 및 A/S, 폐기 등 제품과 관련된 모든 서비스에 대해 소비자가 알아야 할 모든 정보를 제공한 매뉴얼이다.

15 개발팀의 팀장 B씨는 요즘 신입사원 D씨 때문에 고민이 많다. 입사 시에 높은 성적으로 입사한 D씨가 실제 업무를 담당하자마자 이곳저곳에서 불평이 들려오기 시작했다. 머리는 좋지만 실무경험이 없고 인간관계가 미숙하여 여러 가지 문제가 생겼던 것이다. 업무에 대한 기본적이고 일반적인 내용만을 교육하는 신입사원 집합교육은 부족하다 판단한 B씨는 D씨에게 추가적으로 기술교육을 시키기로 결심했다. 하지만 현재 개발팀은 고양이 손이라도 빌려야 할 정도로 바빠서 B씨는 고민 끝에 업무숙달도가 뛰어나고 사교성이 좋은 입사 5년차 대리 J씨에게 D씨의 교육을 일임하였다. 다음 중 J씨가 D씨를 교육하기 위해 선택할 방법으로 가장 적절한 것은?

① 전문 연수원을 통한 기술교육

② E-learning을 활용한 기술교육

③ 상급학교 진학을 통한 기술교육

④ OJT를 활용한 기술교육

⑤ 오리엔테이션을 통한 기술교육

✅ **해설** OJT란 조직 안에서 피교육자인 종업원이 직무에 종사하면서 받게 되는 교육 훈련방법으로 집합교육으로는 기본적·일반적 사항 밖에 훈련시킬 수 없어 피교육자인 종업원에게 '업무수행의 중단되는 일이 없이 업무수행에 필요한 지식·기술·능력·태도를 가르치는 것'을 말한다. 다른 말로 직장훈련·직장지도·직무상 지도 등이라고도 한다. OJT는 모든 관리자·감독자가 업무수행상의 지휘감독자이자 업무수행 과정에서 부하직원의 능력향상을 책임지는 교육자이어야 한다는 생각을 기반으로 직장 상사나 선배가 지도·조언을 해주는 형태로 훈련이 행하여지기 때문에, 교육자와 피교육자 사이에 친밀감을 조성하며 시간의 낭비가 적고 조직의 필요에 합치되는 교육훈련을 할 수 있다는 장점이 있다.

16 다음은 어느 해의 산업재해로 인한 사망사고 건수이다. 다음 중 산업재해 사망건수에 가장 큰 영향을 끼치는 산업재해의 기본적 원인은?

〈표〉 20XX년도 산업재해 사망사고 원인별 분석

산업재해 발생원인	건수
작업준비 불충분	162
유해 · 위험작업 교육 불충분	76
건물 · 기계 · 장치의 설계 불량	61
안전 지식의 불충분	46
안전관리 조직의 결함	45
생산 공정의 부적당	43

① 기술적 원인　　　　　　　　　　② 교육적 원인
③ 작업 관리상 원인　　　　　　　　④ 불안전한 상태
⑤ 불안전한 행동

✅ **해설** 주어진 발생원인 중 가장 많은 수를 차지한 기본적 원인은 작업 관리상 원인[안전관리 조직의 결함(45), 작업준비 불충분(162)]이다.

※ 산업재해의 기본적 원인
　㉠ **교육적 원인** : 안전 지식의 불충분, 안전 수칙의 오해, 경험이나 훈련의 불충분, 작업관리자의 작업 방법의 교육 불충분, 유해 · 위험 작업 교육 불충분 등
　㉡ **기술적 원인** : 건물 · 기계 장치의 설계 불량, 구조물의 불안정, 재료의 부적합, 생산 공정의 부적당, 점검 · 정비 · 보존의 불량 등
　㉢ **작업 관리상 원인** : 안전 관리 조직의 결함, 안전 수칙 미제정, 작업준비 불충분, 인원 배치 및 작업 지시 부적당 등

※ 산업재해의 직접적 원인
　㉠ **불안전한 행동** : 위험 장소 접근, 안전장치 기능 제거, 보호 장비의 미착용 및 잘못된 사용, 운전 중인 기계의 속도 조작, 기계 · 기구의 잘못된 사용, 위험물 취급 부주의, 불안전한 상태 방치, 불안전한 자세와 동작, 감독 및 연락 잘못
　㉡ **불안전한 상태** : 시설물 자체 결함, 전기 시설물의 누전, 구조물의 불안정, 소방기구의 미확보, 안전 보호 장치 결함, 복장 · 보호구의 결함, 시설물의 배치 및 장소 불량, 작업 환경 결함, 생산 공정의 결함, 경계 표시 설비의 결함 등

┃17~19┃ 다음은 △△회사의 식기세척기 사용설명서 중〈고장신고 전에 확인해야 할 사항〉의 일부 내용이다. 다음을 보고 물음에 답하시오.

이상증상	확인사항	조치방법
세척이 잘 되지 않을 때	식기가 서로 겹쳐 있진 않나요?	식기의 배열 상태에 따라 세척성능에 차이가 있습니다. 사용설명서의 효율적인 그릇배열 및 주의사항을 참고하세요.
	세척날개가 회전할 때 식기에 부딪치도록 식기를 수납하셨나요?	국자, 젓가락 등 가늘고 긴 식기가 바구니 밑으로 빠지지 않도록 하세요. 세척노즐이 걸려 돌지 않으므로 세척이 되지 않습니다.
	세척날개의 구멍이 막히진 않았나요?	세척날개를 청소해 주세요.
	필터가 찌꺼기나 이물로 인해 막혀 있진 않나요?	필터를 청소 및 필터 주변의 이물을 제거해 주세요.
	필터가 들뜨거나 잘못 조립되진 않았나요?	필터의 조립상태를 확인하여 다시 조립해 주세요.
	세제를 적정량 사용하셨나요?	적정량의 세제를 넣어야 정상적으로 세척이 되므로 적정량의 세제를 사용해 주세요.
	전용세제 이외의 다른 세제를 사용하진 않았나요?	일반 주방세제나 베이킹 파우더를 사용하시면 거품으로 인해 정상적 세척이 되지 않으며, 누수를 비롯한 각종 불량 현상이 발생할 수 있으므로 전용세제를 사용해 주세요.
동작이 되지 않을 때	문을 확실하게 닫았나요?	문 중앙을 딸깍 소리가 날 때까지 눌러 확실하게 닫아야 합니다.
	급수밸브나 수도꼭지가 잠겨 있진 않나요?	급수밸브와 수도꼭지를 열어주세요.
	단수는 아닌가요?	다른 곳의 수도꼭지를 확인하세요.
	물을 받고 있는 중인가요?	설정된 양만큼 급수될 때까지 기다리세요.
	버튼 잠금 표시가 켜져 있진 않나요?	버튼 잠금 설정이 되어 있는 경우 '헹굼/건조'와 '살균' 버튼을 동시에 2초간 눌러서 해제할 수 있습니다.
운전 중 소음이 날 때	내부에서 달그락거리는 소리가 나나요?	가벼운 식기들이 분사압에 의해 서로 부딪혀 나는 소리일 수 있습니다.
	세척날개가 회전할 때 식기에 부딪치도록 식기를 수납하셨나요?	동작을 멈춘 후 문을 열어 선반 아래로 뾰족하게 내려온 것이 있는지 등 식기 배열을 다시 해주세요.
	운전을 시작하면 '웅~' 울림 소음이 나나요?	급수전에 내부에 남은 잔수를 배수하기 위해 배수펌프가 동작하는 소리이므로 안심하고 사용하세요.
	급수시에 소음이 들리나요?	급수압이 높을 경우 소음이 발생할 수 있습니다. 급수밸브를 약간만 잠가 급수압을 약하게 줄이면 소리가 줄어들 수 있습니다.

Answer　16.③

	타는 듯한 냄새가 나나요?	사용 초기에는 제품 운전시 발생하는 열에 의해 세척모터 등의 전기부품에서 특유의 냄새가 날 수 있습니다. 이러한 냄새는 5~10회 정도 사용하면 냄새가 날아가 줄어드니 안심하고 사용하세요.
냄새가 나는 경우	세척이 끝났는데 세제 냄새가 나나요?	문이 닫힌 상태로 운전이 되므로 운전이 끝난 후 문을 열게 되면 제품 내부에 갖혀 있던 세제 특유의 향이 날 수 있습니다. 초기 본 세척 행정이 끝나면 세제가 고여 있던 물은 완전히 배수가 되며, 그 이후에 선택한 코스 및 기능에 따라 1~3회의 냉수헹굼과 고온의 가열헹굼이 1회 진행되기 때문에 세제가 남는 것은 아니므로 안심하고 사용하세요.
	새 제품에서 냄새가 나나요?	제품을 처음 꺼내면 새 제품 특유의 냄새가 날 수 있으나 설치 후 사용을 시작하면 냄새는 없어집니다.

17 △△회사의 서비스센터에서 근무하고 있는 Y씨는 고객으로부터 세척이 잘 되지 않는다는 문의전화를 받았다. Y씨가 확인해보라고 할 사항이 아닌 것은?

① 식기가 서로 겹쳐 있진 않습니까?

② 세척날개의 구멍이 막히진 않았습니까?

③ 타는 듯한 냄새가 나진 않습니까?

④ 전용세제 이외의 다른 세제를 사용하진 않았습니까?

⑤ 필터가 들뜨거나 잘못 조립되진 않았습니까?

✔해설 ③은 냄새가 나는 경우 확인해봐야 하는 사항이다.

18 식기세척기가 동작이 되지 않을 때의 조치방법으로 옳지 않은 것은?

① 문이 안 닫힌 경우에는 문 중앙을 딸깍 소리가 날 때까지 눌러 확실하게 닫는다.

② 급수밸브와 수도꼭지가 잠긴 경우에는 급수밸브와 수도꼭지를 열어준다.

③ 물을 받고 있는 경우에는 설정된 양만큼 급수될 때까지 기다린다.

④ 젓가락 등이 아래로 빠진 경우에는 식기배열을 다시 한다.

⑤ 단수인지 아닌지 다른 수도꼭지를 확인한다.

✔해설 ④는 세척이 잘 되지 않는 경우의 조치방법이다.

19 버튼 잠금 설정이 되어 있는 경우 이를 해제하려면 어떤 버튼을 눌러야 되는가?

① [세척]+[동작/정지]
② [헹굼/건조]+[살균]
③ [헹굼/건조]+[예약]
④ [살균]+[예약]
⑤ [세척]+[살균]

✔️해설 버튼 잠금 설정이 되어 있는 경우 '헹굼/건조'와 '살균' 버튼을 동시에 2초간 눌러서 해제할 수 있다.

20 다음 C그룹의 사례는 무엇에 대한 설명인가?

> 올 하반기에 출시한 C그룹의 스마트폰에 대한 매출 증대는 전 세계 스마트폰 시장에 새로운 계기를 마련할 것으로 기대된다. 앞서 C그룹의 올해 상반기 매출은 전년 대비 약 23% 줄어든 것으로 밝혀진 반면 같은 경쟁사인 B그룹의 올 상반기 매출은 전년 대비 약 35% 늘어 같은 업종에서도 기업별 실적 차이가 뚜렷이 나타난 것을 볼 수 있었다. 이는 C그룹이 최근 치열해진 스마트폰 경쟁에서 새로운 기술을 개발하지 못한 반면 B그룹은 작년 말 인수한 외국의 소프트웨어 회사를 토대로 새로운 기술을 선보인 결과라 할 수 있다. 뒤늦게 이러한 사실을 깨달은 C그룹은 B그룹의 신기술 개발을 응용해 자사만의 독특한 제품을 올 하반기에 선보여 스마트폰 경쟁에서 재도약을 꾀할 목표를 세웠고 이를 위해 기존에 있던 다수의 계열사들 중 실적이 저조한 일부 계열사를 매각하는 대신 외국의 경쟁력을 갖춘 소프트웨어 회사들을 잇달아 인수하여 새로운 신기술 개발에 박차를 가했다. 그 결과 C그룹은 세계 최초로 스마트폰을 이용한 결제시스템인 ○○페이와 더불어 홍채인식 보안프로그램을 탑재한 스마트폰을 출시하게 된 것이다.

① 글로벌 벤치마킹
② 내부 벤치마킹
③ 비경쟁적 벤치마킹
④ 경쟁적 벤치마킹
⑤ 간접적 벤치마킹

✔️해설 ④ 경쟁적 벤치마킹 : 동일 업종에서 고객을 직접적으로 공유하는 경쟁기업을 대상으로 함
① 글로벌 벤치마킹 : 프로세스에 있어 최고로 우수한 성과를 보유한 동일업종의 비경쟁적 기업을 대상으로 함
② 내부 벤치마킹 : 같은 기업 내의 다른 지역, 타 부서, 국가 간의 유사한 활용을 비교 대상으로 함
③ 비경쟁적 벤치마킹 : 제품, 서비스 및 프로세스의 단위 분야에 있어 가장 우수한 실무를 보이는 비경쟁적 기업 내의 유사 분야를 대상으로 하는 방법임
⑤ 간접적 벤치마킹 : 인터넷 및 문서형태의 자료를 통해서 수행하는 방법임

Answer 17.③ 18.④ 19.② 20.④

┃21~23┃ 다음은 어느 회사 로봇청소기의 〈고장신고 전 확인사항〉이다. 이를 보고 물음에 답하시오.

확인사항	조치방법
주행이 이상합니다.	• 센서를 부드러운 천으로 깨끗이 닦아주세요. • 초극세사 걸레를 장착한 경우라면 장착 상태를 확인해 주세요. • 주전원 스위치를 끈 후, 다시 켜주세요.
흡입력이 약해졌습니다.	• 흡입구에 이물질이 있는지 확인하세요. • 먼지통을 비워주세요. • 먼지통 필터를 청소해 주세요.
소음이 심해졌습니다.	• 먼지통이 제대로 장착되었는지 확인하세요. • 먼지통 필터가 제대로 장착되었는지 확인하세요. • 회전솔에 이물질이 끼어있는지 확인하세요. • Wheel에 테이프, 껌 등 이물이 묻었는지 확인하세요.
리모컨으로 작동시킬 수 없습니다.	• 배터리를 교환해 주세요. • 본체와의 거리가 3m 이하인지 확인하세요. • 본체 밑면의 주전원 스위치가 켜져 있는지 확인하세요.
회전솔이 회전하지 않습니다.	• 회전솔을 청소해 주세요. • 회전솔이 제대로 장착이 되었는지 확인하세요.
충전이 되지 않습니다.	• 충전대 주변의 장애물을 치워주세요. • 충전대에 전원이 연결되어 있는지 확인하세요. • 충전 단자를 마른 걸레로 닦아 주세요. • 본체를 충전대에 붙인 상태에서 충전대 뒷면에 있는 리셋버튼을 3초간 눌러 주세요.
자동으로 충전대 탐색을 시작합니다. 자동으로 전원이 꺼집니다.	로봇청소기가 충전 중이지 않은 상태로 아무 동작 없이 10분이 경과되면 자동으로 충전대 탐색을 시작합니다. 충전대 탐색에 성공하면 충전을 시작하고 충전대를 찾지 못하면 처음위치로 복귀하여 10분 후에 자동으로 전원이 꺼집니다.

21 로봇청소기 서비스센터에서 근무하고 있는 L씨는 고객으로부터 소음이 심해졌다는 문의전화를 받았다. 이에 대한 조치방법으로 L씨가 잘못 답변한 것은?

① 먼지통 필터가 제대로 장착되었는지 확인하세요.

② 회전솔에 이물질이 끼어있는지 확인하세요.

③ Wheel에 테이프, 껌 등 이물이 묻었는지 확인하세요.

④ 흡입구에 이물질이 있는지 확인하세요.

⑤ 먼지통이 제대로 장착되었는지 확인하세요.

> ✔해설 ④는 흡입력이 약해졌을 때의 조치방법이다.

22 로봇청소기가 충전 중이지 않은 상태로 아무 동작 없이 10분이 경과되면 자동으로 충전대 탐색을 시작하는데 충전대를 찾지 못하면 어떻게 되는가?

① 아무 동작 없이 그 자리에 멈춰 선다.

② 처음위치로 복귀하여 10분 후에 자동으로 전원이 꺼진다.

③ 계속 청소를 한다.

④ 계속 충전대를 찾아 돌아다닌다.

⑤ 그 자리에서 바로 전원이 꺼진다.

> ✔해설 로봇청소기가 충전 중이지 않은 상태로 아무 동작 없이 10분이 경과되면 자동으로 충전대 탐색을 시작한
> 다. 충전대 탐색에 성공하면 충전을 시작하고 충전대를 찾지 못하면 처음위치로 복귀하여 10분 후에 자동
> 으로 전원이 꺼진다.

23 로봇청소기가 갑자기 주행이 이상해졌다. 고객이 시도해보아야 하는 조치방법으로 옳은 것은?

① 충전 단자를 마른 걸레로 닦는다.

② 회전솔을 청소한다.

③ 센서를 부드러운 천으로 깨끗이 닦는다.

④ 먼지통을 비운다.

⑤ 본체 밑면의 주전원 스위치를 켠다.

> ✔해설 ① 충전이 되지 않을 때의 조치방법이다.
> ② 회전솔이 회전하지 않을 때의 조치방법이다.
> ④ 흡입력이 약해졌을 때의 조치방법이다.
> ⑤ 리모컨으로 작동시킬 수 없을 때의 조치방법이다.

Answer 21.④ 22.② 23.③

┃24~26┃ 다음 표를 참고하여 질문에 답하시오.

스위치	기능
○	1번과 2번 기계를 180도 회전시킨다.
●	1번과 3번 기계를 180도 회전시킨다.
♧	2번과 3번 기계를 180도 회전시킨다.
♣	2번과 4번 기계를 180도 회전시킨다.

24 처음 상태에서 스위치를 두 번 눌렀더니 다음과 같이 바뀌었다. 어떤 스위치를 눌렀는가?

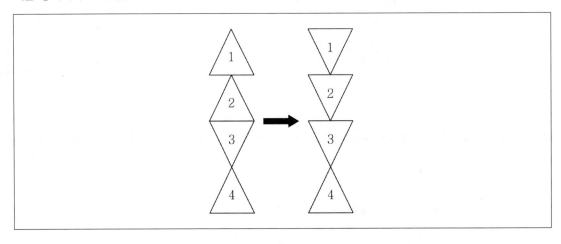

① ●♧

② ○♣

③ ♧♣

④ ○●

⑤ ♣♧

> **✔해설** 첫 번째 상태와 나중 상태를 비교해 보았을 때, 기계의 모양이 바뀐 것은 1번과 2번이다. 스위치를 두 번
> 눌러서 1번과 2번의 모양을 바꾸려면 1번과 3번을 회전시키고(●), 2번과 3번을 다시 회전시키면(♧) 된다.

25 처음 상태에서 스위치를 두 번 눌렀더니 다음과 같이 바뀌었다. 어떤 스위치를 눌렀는가?

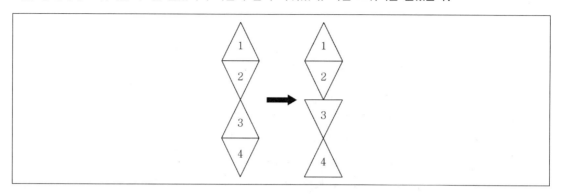

① ●♣

② ○♣

③ ○●

④ ♧♣

⑤ ○○

✔️ 해설 첫 번째 상태와 나중 상태를 비교해 보았을 때, 기계의 모양이 바뀐 것은 3번과 4번이다. 스위치를 두 번 눌러서 3번과 4번의 모양을 바꾸려면 2번과 3번을 회전시키고(♧), 2번과 4번을 다시 회전시키면(♣) 된다.

26 처음 상태에서 스위치를 세 번 눌렀더니 다음과 같이 바뀌었다. 어떤 스위치를 눌렀는가?

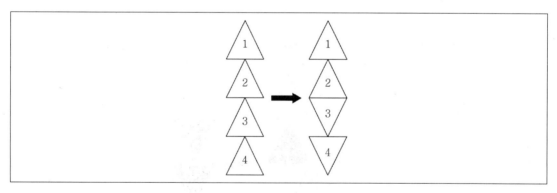

① ○●♧

② ○●♣

③ ○♧♣

④ ●♧♣

⑤ ●♣♣

✔️ 해설 첫 번째 상태와 나중 상태를 비교해 보았을 때, 기계의 모양이 바뀐 것은 3번과 4번이다. 1번과 2번을 회전시키고(○), 1번과 3번을 회전 시키면(●) 1번은 원래 모양으로 돌아간다. 이 상태에서 2번과 4번을 회전시키면(♣) 2번도 원래 모양으로 돌아가고 3번과 4번의 모양만 바뀌게 된다.

Answer   24.① 25.④ 26.②

|27~29| 다음 표를 참고하여 질문에 답하시오.

스위치	기능
○	1번과 2번 기계를 180도 회전시킨다.
●	1번과 3번 기계를 180도 회전시킨다.
♧	2번과 3번 기계를 180도 회전시킨다.
♣	2번과 4번 기계를 180도 회전시킨다.
◗	1번과 2번 기계의 작동상태를 다른 상태로 바꾼다. (운전→정지, 정지→운전)
◐	3번과 4번 기계의 작동상태를 다른 상태로 바꾼다. (운전→정지, 정지→운전)
♥	모든 기계의 작동상태를 다른 상태로 바꾼다. (운전→정지, 정지→운전)

△ 숫자 = 정지   ▲ 숫자 = 운전

27 처음 상태에서 스위치를 두 번 눌렀더니 다음과 같이 바뀌었다. 어떤 스위치를 눌렀는가?

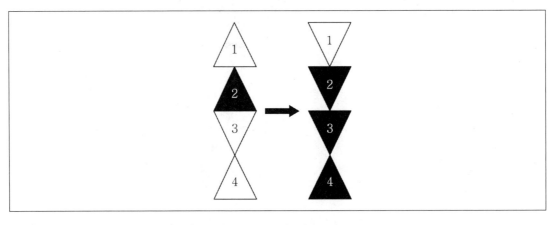

① ○◐

② ♧◐

③ ♣◗

④ ○◗

⑤ ●♥

✔️해설 첫 번째 상태와 나중 상태를 비교해 보았을 때, 기계의 모양이 바뀐 것은 1번과 2번이며, 작동상태가 바뀐 것은 3번과 4번이다. 스위치를 두 번 눌러서 이 상태가 되려면 1번과 2번을 회전시키고(○) 3번과 4번의 작동상태를 바꾸면(◐) 된다.

28 처음 상태에서 스위치를 세 번 눌렀더니 다음과 같이 바뀌었다. 어떤 스위치를 눌렀는가?

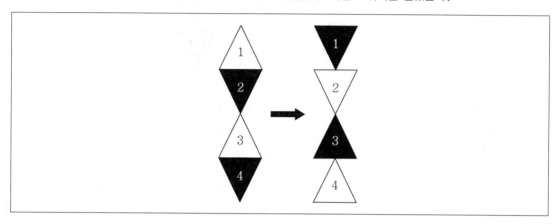

① ○●◐   ② ○♣◐

③ ○♣♥   ④ ○♧♥

⑤ ◐◐♥

✔️해설 첫 번째 상태와 나중 상태를 비교해 보았을 때, 기계의 모양이 바뀐 것은 1번과 4번이며, 모든 기계의 작동 상태가 바뀌어 있다. 1번과 2번 기계를 회전시키고(○), 2번과 4번을 회전시키면(♣) 2번은 원래의 모양으로 돌아온다. 이 상태에서 모든 기계의 작동 상태를 바꾸면(♥) 된다.

29 처음 상태에서 스위치를 세 번 눌렀더니 다음과 같이 바뀌었다. 어떤 스위치를 눌렀는가?

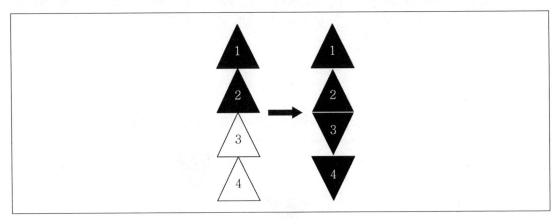

① ●♣◐
② ○●◑
③ ●◐◑
④ ♧♣◐
⑤ ♧♣♥

✔ 해설 첫 번째 상태와 나중 상태를 비교해 보았을 때, 기계의 모양이 바뀐 것은 3번과 4번이며 작동 상태가 바뀌어 있는 것도 3번과 4번이다. 2번과 3번을 회전시키고(♧) 2번 4번을 회전시키면(♣) 2번은 원래의 모양으로 돌아온다. 이 상태에서 3번과 4번의 작동 상태를 바꾸면(◐) 된다.

▌30~32▐ 다음은 그래프 구성 명령어 실행 예시이다. 다음을 보고 물음에 답하시오.

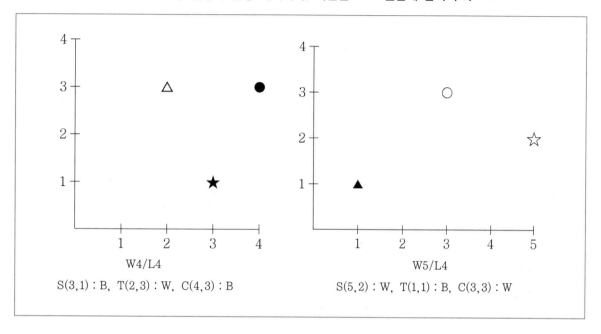

W4/L4

S(3,1) : B, T(2,3) : W, C(4,3) : B

W5/L4

S(5,2) : W, T(1,1) : B, C(3,3) : W

30 다음 그래프에 알맞은 명령어는 무엇인가?

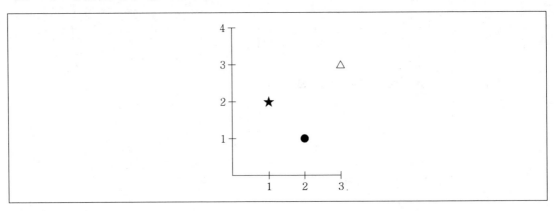

① W3/L4

   S(1,2) : B, T(3,3) : W, C(2,1) : B

② W3/L4

   S(1,2) : W, T(3,3) : B C(2,1) : W

③ W3/L4

   S(2,1) : B, T(3,3) : W, C(1,2) : B

④ W4/L3

   S(2,1) : B, T(3,3) : W, C(1,2) : W

⑤ W4/L3

   S(1,2) : B, T(3,3) : W, C(2,1) : B

✔ 해설 예시의 그래프에서 W는 가로축의 눈금 수를 나타내는 것이고, L은 세로축의 눈금수를 나타낸다. S, T, C
는 그래프 내의 도형 S(star)=☆, T(triangle)=△, C(circle)=○을 나타내며, 괄호 안의 수는 도형의 가
로세로 좌표이다. 좌표 뒤의 B, W는 도형의 색깔로 각각 Black(검정색), White(흰색)을 의미한다.
주어진 조건에 따라 좌표를 나타내면 W3 / L4 S(1,2) : B, T(3,3) : W, C(2,1) : B가 된다.

31 다음 그래프에 알맞은 명령어는 무엇인가?

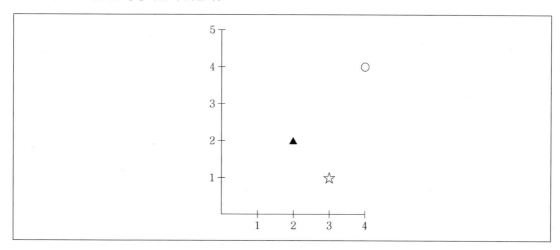

① W4/L5

　S(1,3) : W, T(2,2) : B, C(4,4) : W

② W4/L5

　S(3,1) : B, T(2,2) : W, C(4,4) : B

③ W4/L5

　S(3,1) : W, T(2,2) : B, C(4,4) : W

④ W5/L4

　S(3,1) : B, T(2,2) : B, C(4,4) : W

⑤ W5/L4

　S(1,3) : W, T(2,2) : B, C(4,4) : B

> ✔해설 가로축의 눈금은 4개이고, 세로축의 눈금은 5이므로 W4/L5
> 별모양의 좌표는 (3,1)이며 색깔은 흰색이므로 S(3,1) : W
> 삼각형의 좌표는 (2,2)이며 색깔은 검정색이므로 T(2,2) : B
> 동그라미의 좌표는 (4,4)이며 색깔은 흰색이므로 C(4,4) : W

Answer　30.① 31.③

32 W5/L5 S(5,5) : B, T(3,3) : W, C(2,1) : W의 그래프를 다음과 같이 산출할 때, 오류가 발생한 곳은?

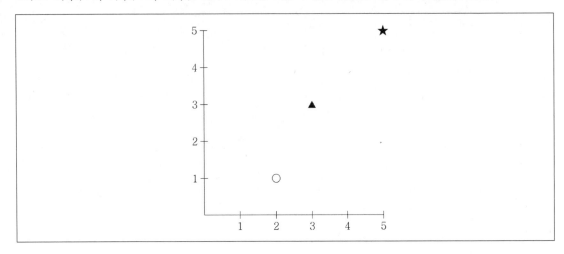

① W5/L5   ② S(5,5) : B

③ T(3,3) : W   ④ C(2,1) : W

⑤ 오류 없다.

> ✔해설 삼각형의 색깔이 W이므로 흰색이 되어야 한다.

▮33~34▮ 다음은 그래프 구성 명령의 실행 예시이다. 이를 참고하여 다음의 물음에 답하시오.

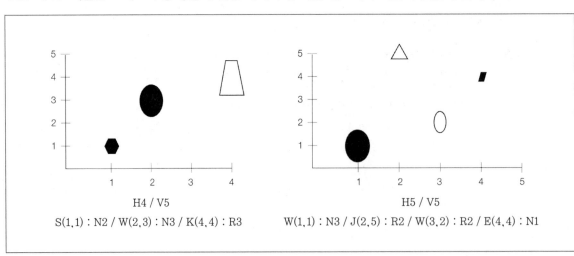

H4 / V5
S(1,1) : N2 / W(2,3) : N3 / K(4,4) : R3

H5 / V5
W(1,1) : N3 / J(2,5) : R2 / W(3,2) : R2 / E(4,4) : N1

33 다음 그래프에 알맞은 명령어는 무엇인가?

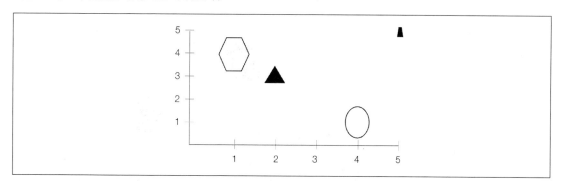

① H5 / V5

　S(1,4) : N2 / J(2,3) : N2 / W(4,1) : N3 / K(5,5) : R1

② H5 / V5

　S(1,4) : R3 / J(2,3) : N2 / W(4,1) : R3 / K(5,5) : N1

③ H5 / V5

　K(1,4) : R1 / J(2,3) : N3 / W(4,1) : R2 / S(5,5) : N2

④ H5 / V5

　W(1,4) : R3 / S(2,3) : N2 / J(4,1) : R3 / K(5,5) : J1

⑤ H5 / V5

　W(1,4) : R3 / J(2,3) : N2 / S(4,1) : R3 / K(5,5) : R1

> **✔해설** 가로축 : H, 세로축 : V
> 육각형 : S, 삼각형 : J, 타원 : W, 사다리꼴 : K, 평행사변형 : E
> 색칠된 경우 : N, 색칠 안 된 경우 : R
> 소 : 1, 중 : 2, 대 : 3
> 따라서 제시된 도형들의 명령어는 H5 / V5, S(1,4) : R3 / J(2,3) : N2 / W(4,1) : R3 / K(5,5) : N1이 된다.

Answer 32.③ 33.②

34 H4 / V5, J(1,2) : R3 / E(2,5) : N3 / K(3,1) : R2 / S(4,3) : N3의 그래프를 산출할 때, 오류가 발생하여 다음과 같은 그래프가 산출되었다. 다음 중 오류가 발생한 값은?

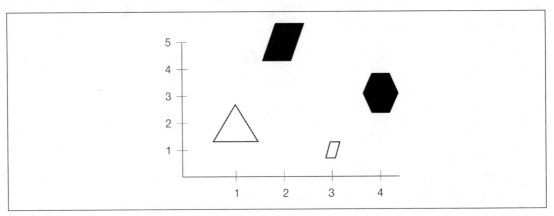

① J(1,2) : R3

② E(2,5) : N3

③ K(3,1) : R2

④ S(4,3) : N3

⑤ 오류 없다.

✔해설 도형의 모양을 의미하는 값이 'K'이므로 평행사변형이 아닌 사다리꼴이 되어야 한다.

출제예상문제

1 다음 글에서 나타난 갈등을 해결한 방법은?

> 갑과 을은 일 처리 방법으로 자주 얼굴을 붉힌다. 갑은 처음부터 끝까지 계획을 따라 일을 진행하려고 하고, 을은 일이 생기면 즉흥적으로 해결하는 성격이다. 같은 회사 동료인 병은 이 둘에게 서로의 성향 차이를 인정할 줄 알아야 한다고 중재를 했고, 이 둘은 어쩔 수 없이 포기하는 것이 아닌 서로간의 차이가 있다는 점을 비로소 인정하게 되었다.

① 사람들과 눈을 자주 마주친다.
② 다른 사람들의 입장을 이해한다.
③ 사람들이 당황하는 모습을 자세하게 살핀다.
④ 자신의 의견을 명확하게 밝히고 지속적으로 강화한다.
⑤ 어려운 문제는 피하지 말고 맞선다.

> ✔ 해설 갈등해결 방법
> ㉠ 다른 사람들의 입장을 이해한다.
> ㉡ 사람들이 당황하는 모습을 자세하게 살핀다.
> ㉢ 어려운 문제는 피하지 말고 맞선다.
> ㉣ 자신의 의견을 명확하게 밝히고 지속적으로 강화한다.
> ㉤ 사람들과 눈을 자주 마주친다.
> ㉥ 마음을 열어놓고 적극적으로 경청한다.
> ㉦ 타협하려 애쓴다.
> ㉧ 어느 한쪽으로 치우치지 않는다.
> ㉨ 논쟁하고 싶은 유혹을 떨쳐낸다.
> ㉩ 존중하는 자세로 사람들을 대한다.

Answer 34.③ / 1.②

2 다음에서 나타난 신교수의 동기부여 방법으로 가장 적절한 것은?

> 신교수는 매 학기마다 새로운 수업을 들어가면 첫 번째로 내주는 과제가 있다. 한국사에 대한 본인의 생각을 A4용지 한 장에 적어오라는 것이다. 이 과제는 정답이 없고 옳고 그름이 기준이 아니라는 것을 명시해준다. 그리고 다음시간에 학생 각자가 적어온 글들을 읽어보도록 하는데, 개개인에게 꼼꼼히 인상깊었던 점을 알려주고 구체적인 부분을 언급하며 칭찬한다.

① 변화를 두려워하지 않는다.
② 지속적으로 교육한다.
③ 책임감으로 철저히 무장한다.
④ 긍정적 강화법을 활용한다.
⑤ 지속적으로 교육한다.

> ✔ 해설 동기부여 방법
> ㉠ 긍정적 강화법을 활용한다.
> ㉡ 새로운 도전의 기회를 부여한다.
> ㉢ 창의적인 문제해결법을 찾는다.
> ㉣ 책임감으로 철저히 무장한다.
> ㉤ 몇 가지 코칭을 한다.
> ㉥ 변화를 두려워하지 않는다.
> ㉦ 지속적으로 교육한다.

3 배우자의 출산을 이유로 휴가 중인 심 사원의 일을 귀하가 임시로 맡게 되었다. 그러나 막상 일을 맡고 보니 심 사원이 급하게 휴가를 가게 된 바람에 인수인계 자료를 전혀 받지 못해 일을 진행하기 어려운 상황이다. 이때 귀하가 취해야 할 행동으로 가장 적절한 것은?

① 일을 미뤄 뒀다가 심 사원이 휴가에서 복귀하면 맡긴다.
② 심 사원에게 인수인계를 받지 못해 업무를 할 수 없다고 솔직하게 상사에게 말한다.
③ 최대한 할 수 있는 일을 대신 처리하고 모르는 업무는 심 사원에게 전화로 물어본다.
④ 아는 일은 우선 처리하고, 모르는 일은 다른 직원에게 확인한 후 처리한다.
⑤ 심 사원의 일을 알고 있는 다른 직원들과 업무를 임의로 나눈다.

> ✔ 해설 본인이 알고 있는 일은 처리하면 되는 것이고 모르는 것이 있다면 알고 있는 직원에게 물어본 후 처리하는 것이 가장 바람직하다. ④의 경우 다른 직원에게 확인한 후 일을 처리하는 것이므로 올바른 행동이다.
> ⑤의 지문은 실제 업무 상황에서 본인 맡은 일을 다른 직원에게 임의로 넘기는 행위는 잘못된 것이다.

4 다음에서 설명하고 있는 개념의 특징으로 옳지 않은 것은?

> 조직성원들을 신뢰하고 그들의 잠재력을 믿으며 그 잠재력의 개발을 통해 High Performance 조직
> 이 되도록 하는 일련의 행위이다.

① 부정적인 인간관계
② 학습과 성장의 기회
③ 성과에 대한 지식
④ 상부로부터의 지원
⑤ 긍정적인 인간관계

✓해설 높은 성과를 내는 임파워먼트 환경의 특징
- 도전적이고 흥미 있는 일
- 학습과 성장의 기회
- 높은 성과와 지속적인 개선을 가져오는 요인들에 대한 통제
- 성과에 대한 지식
- 긍정적인 인간관계
- 개인들이 공헌하며 만족한다는 느낌
- 상부로부터의 지원

5 김 대리는 사내 교육 중 하나인 리더십 교육을 들은 후 관련 내용을 다음과 같이 정리하였다. 다음 제시된 내용을 보고 잘못 정리한 부분을 찾으면?

임파워먼트	
개념	• 리더십의 핵심 개념 중 하나, '권한 위임'이라고 할 수 있음 • ⊙ 조직 구성원들을 신뢰하고 그들의 잠재력을 믿으며, 그 잠재력의 개발을 통해 고성과 조직이 되도록 하는 일련의 행위 • 권한을 위임받았다고 인식하는 순간부터 직원들의 업무효율성은 높아짐
충족기준	• 여건의 조성 : 임파워먼트는 사람들이 자유롭게 참여하고 기여할 수 있는 일련의 여건들을 조성하는 것 • ⓛ 재능과 에너지의 극대화 : 임파워먼트는 사람들의 재능과 욕망을 최대한으로 활용할 뿐만 아니라, 나아가 확대할 수 있도록 하는 것 • 명확하고 의미 있는 목적에 초점 : 임파워먼트는 사람들이 분명하고 의미 있는 목적과 사명을 위해 최대의 노력을 발휘하도록 해주는 것
여건	• 도전적이고 흥미 있는 일 • 학습과 성장의 기회 • ⓒ 높은 성과와 지속적인 개선을 가져오는 요인들에 대한 통제 • 성과에 대한 지식 • 긍정적인 인간관계 • 개인들이 공헌하며 만족한다는 느낌 • 상부로부터의 지원
장애요인	• 개인 차원 : 주어진 일을 해내는 역량의 결여, 동기의 결여, 결의의 부족, 책임감 부족, 의존성 • ⓔ 대인 차원 : 다른 사람과의 성실성 결여, 약속 불이행, 성과를 제한하는 조직의 규범, 갈등처리 능력 부족, 제한된 정책과 절차 • ⓜ 관리 차원 : 통제적 리더십 스타일, 효과적 리더십 발휘 능력 결여, 경험 부족, 정책 및 기획의 실행 능력 결여, 비전의 효과적 전달 능력 결여 • 조직 차원 : 공감대 형성이 없는 구조와 시스템

① ⊙

② ⓛ

③ ⓒ

④ ⓔ

⑤ ⓜ

✅**해설** ⓔ 제한된 정책과 절차는 조직 차원의 장애요인으로 들어가야 하는 부분이다.

6 귀하는 여러 명의 팀원을 관리하고 있는 팀장이다. 입사한 지 3개월 된 신입사원인 최 사원의 업무 내용을 확인하던 중 최 사원이 업무를 효율적으로 진행하지 않아 최 사원의 업무 수행이 팀 전체의 성과로 이어지지 못하고 있다는 사실을 알게 되었다. 이때 귀하가 최 사원에게 해 줄 조언으로 적절하지 않은 것은?

① 업무를 진행하는 과정에서 어려움이 있다면 팀 내에서 역할 모델을 설정한 후에 업무를 진행해 보는 건 어떨까요.

② 업무 내용을 보니 묶어서 처리해도 되는 업무를 모두 구분해서 다른 날 진행했던 데 묶어서 진행할 수 있는 건 같이 처리하도록 하세요.

③ 팀에서 업무를 진행할 때 따르고 있는 업무 지침을 꼼꼼히 확인하고 그에 따라서 처리하다보면 업무를 효율적으로 진행할 수 있을 거예요.

④ 업무 성과가 효과적으로 높아지지 않는 것 같은 땐 최대한 다른 팀원과 같은 방식으로 일하려고 노력하는 게 좋을 것 같아요.

⑤ 일별로 정해진 일정이 조금씩 밀려서 일을 몰아서 처리하는 경향이 있는 것 같아요. 정해진 일정은 최대한 미루지 말고 계획대로 처리하는 습관을 기르는 게 좋겠어요.

> ✔ 해설 업무 수행성과를 높이는 방법으로 일을 미루지 않기, 업무 묶어서 처리하기, 다른 사람과 다른 방식으로 일하기, 회사와 팀 업무 지침 따르기, 역할 모델 설정하기 등이 있다.

7 다음 글에서와 같이 노조와의 갈등에 있어 최 사장이 보여 준 갈등해결방법은 어느 유형에 속하는가?

> 노조위원장은 임금 인상안이 받아들여지지 않자 공장의 중간관리자급들을 동원해 전격 파업을 단행하기로 하였고, 이들은 임금 인상과 더불어 자신들에게 부당한 처우를 강요한 공장장의 교체를 요구하였다. 회사의 창립 멤버로 회사 발전에 기여가 큰 공장장을 교체한다는 것은 최 사장이 단 한 번도 상상해 본 적 없는 일인지라 오히려 최 사장에게는 임금 인상 요구가 하찮게 여겨질 정도로 무거운 문제에 봉착하게 되었다. 1시간 뒤 가진 노조 대표와의 협상 테이블에서 최 사장은 임금과 부당한 처우 관련 모든 문제는 자신에게 있으니 공장장을 볼모로 임금 인상을 요구하지는 말 것을 노조 측에 부탁하였고, 공장장 교체 요구를 철회한다면 임금 인상안을 매우 긍정적으로 검토하겠다는 약속을 하게 되었다. 또한, 노조원들의 처우 관련 개선안이나 불만사항은 자신에게 직접 요청하여 합리적인 사안의 경우 즉시 수용할 것임을 전달하기도 하였다. 결국 이러한 최 사장의 노력을 받아들인 노조는 파업을 중단하고 다시 업무에 복귀하게 되었다.

① 수용형
② 경쟁형
③ 타협형
④ 통합형
⑤ 회피형

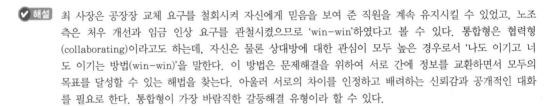 최 사장은 공장장 교체 요구를 철회시켜 자신에게 믿음을 보여 준 직원을 계속 유지시킬 수 있었고, 노조 측은 처우 개선과 임금 인상 요구를 관철시켰으므로 'win-win'하였다고 볼 수 있다. 통합형은 협력형(collaborating)이라고도 하는데, 자신은 물론 상대방에 대한 관심이 모두 높은 경우로서 '나도 이기고 너도 이기는 방법(win-win)'을 말한다. 이 방법은 문제해결을 위하여 서로 간에 정보를 교환하면서 모두의 목표를 달성할 수 있는 해법을 찾는다. 아울러 서로의 차이를 인정하고 배려하는 신뢰감과 공개적인 대화를 필요로 한다. 통합형이 가장 바람직한 갈등해결 유형이라 할 수 있다.

8 다음 중 '팀원들의 강점을 잘 활용하여 팀 목표를 달성하는 효과적인 팀'의 핵심적인 특징으로 적절하지 않은 것을 모두 고르면?

가. 팀의 사명과 목표를 명확하게 기술한다.

나. 창조적으로 운영된다.

다. 결과보다 과정과 방법에 초점을 맞춘다.

라. 역할과 책임을 명료화시킨다.

마. 개인의 강점을 활용하기보다 짜인 시스템을 활용한다.

바. 팀원 간에 멤버십 역할을 공유한다.

사. 의견의 불일치를 건설적으로 해결한다.

아. 의사소통에 있어 보안유지를 철저히 준수한다.

자. 객관적인 결정을 내린다.

---

① 다, 마, 바, 아

② 마, 자

③ 다, 사, 아, 자

④ 마, 바, 아, 자

⑤ 다, 바, 자

✔해설 다. 과정과 방법이 아닌 결과에 초점을 맞추어야 한다.

마. 개인의 강점과 능력을 최대한 활용하여야 한다.

바. 팀원 간에 리더십 역할을 공유하며 리더로서의 능력을 발휘할 기회를 제공하여야 한다.

아. 직접적이고 솔직한 대화, 조언 등을 통해 개방적인 의사소통을 하며 상대방의 아이디어를 적극 활용하여야 한다.

※ 효과적인 팀의 핵심적인 특징으로는 다음과 같은 것들이 있다.

　㉠ 팀의 사명과 목표를 명확하게 기술한다.

　㉡ 창조적으로 운영된다.

　㉢ 결과에 초점을 맞춘다.

　㉣ 역할과 책임을 명료화시킨다.

　㉤ 조직화가 잘 되어 있다.

　㉥ 개인의 강점을 활용한다.

　㉦ 리더십 역량을 공유하며 구성원 상호 간에 지원을 아끼지 않는다.

　㉧ 팀 풍토를 발전시킨다.

　㉨ 의견의 불일치를 건설적으로 해결한다.

　㉩ 개방적으로 의사소통한다.

　㉪ 객관적인 결정을 내린다.

　㉫ 팀 자체의 효과성을 평가한다.

Answer 7.④ 8.①

9 갈등은 다음과 같이 몇 가지 과정을 거치면서 진행되는 것이 일반적인 흐름이라고 볼 때, 빈칸의 (가), (나), (다)에 들어가야 할 말을 순서대로 올바르게 나열한 것은?

---

1. 의견 불일치

인간은 다른 사람들과 함께 부딪치면서 살아가게 되는데, 서로 생각이나 신념, 가치관이 다르고 성격도 다르기 때문에 다른 사람들과 의견의 불일치를 가져온다. 많은 의견 불일치는 상대방의 생각과 동기를 설명하는 기회를 주고 대화를 나누다보면 오해가 사라지고 더 좋은 관계로 발전할 수 있지만, 사소한 오해로 인한 작은 갈등이라도 그냥 내버려두면 심각한 갈등으로 발전하게 된다.

2. 대결 국면

의견 불일치가 해소되지 않으면 대결 국면으로 빠져들게 된다. 이 국면에서는 이제 단순한 해결방안은 없고 제기된 문제들에 대하여 새로운 다른 해결점을 찾아야 한다. 일단 대결국면에 이르게 되면 감정이 개입되어 상대방의 주장에 대한 문제점을 찾기 시작하고, 자신의 입장에 대해서는 그럴듯한 변명으로 옹호하면서 양보를 완강히 거부하는 상태에까지 이르게 된다. 즉, (가)은(는) 부정하면서 자기 주장만 하려고 한다. 서로의 입장을 고수하려는 강도가 높아지면서 서로 간의 긴장은 더욱 높아지고 감정적인 대응이 더욱 격화되어 간다.

3. 격화 국면

격화 국면에 이르게 되면 상대방에 대하여 더욱 적대적인 현상으로 발전해 나간다. 이제 의견일치는 물 건너가고 (나)을(를) 통해 문제를 해결하려고 하기 보다는 강압적, 위협적인 방법을 쓰려고 하며, 극단적인 경우에는 언어폭력이나 신체적인 폭행으로까지 번지기도 한다. 상대방에 대한 불신과 좌절, 부정적인 인식이 확산되면서 다른 요인들에까지 불을 붙이는 상황에 빠지기도 한다. 이 단계에서는 상대방의 생각이나 의견, 제안을 부정하고, 상대방은 그에 대한 반격으로 대응함으로써 자신들의 반격을 정당하게 생각한다.

4. 진정 국면

시간이 지나면서 정점으로 치닫던 갈등은 점차 감소하는 진정 국면에 들어선다. 계속되는 논쟁과 긴장이 귀중한 시간과 에너지만 낭비하고 이러한 상태가 무한정 유지될 수 없다는 것을 느끼고 점차 흥분과 불안이 가라앉고 이성과 이해의 원상태로 돌아가려 한다. 그러면서 (다)이(가) 시작된다. 이 과정을 통해 쟁점이 되는 주제를 논의하고 새로운 제안을 하고 대안을 모색하게 된다. 이 단계에서는 중개자, 조정자 등의 제3자가 개입함으로써 갈등 당사자 간에 신뢰를 쌓고 문제를 해결하는데 도움이 되기도 한다.

5. 갈등의 해소

진정 국면에 들어서면 갈등 당사자들은 문제를 해결하지 않고는 자신들의 목표를 달성하기 어렵다는 것을 알게 된다. 물론 경우에 따라서는 결과에 다 만족할 수 없는 경우도 있지만 어떻게 해서든지 서로 일치하려고 한다.

---

① 상대방의 자존심 – 업무 – 침묵

② 제3자의 존재 – 리더 – 반성

③ 조직 전체의 분위기 – 이성 – 의견의 일치

④ 상대방의 입장 – 설득 – 협상

⑤ 자신의 잘못 – 객관적 사실 – 제3자의 역할

✅해설 대결 국면에서의 핵심 사항은 상대방의 입장에 대한 무비판적인 부정이며, 격화 국면에서는 설득이 전혀 효과를 발휘할 수 없게 된다. 진정 국면으로 접어들어 비로소 협상이라는 대화가 시작되며 험난한 단계를 거쳐 온 갈등은 이때부터 서서히 해결의 실마리가 찾아지게 된다.

10 다음에 제시된 인물의 사례 중 동일한 멤버십 유형으로 구분하기 어려운 한 사람은 누구인가?

① 갑 : 별다른 아이디어가 없으며, 묵묵히 주어진 업무를 수행한다.
② 을 : 조직을 믿고 팀플레이를 하는 데 익숙하다.
③ 병 : 기존의 질서를 따르는 것이 무엇보다 중요하다고 여기며, 리더의 의견을 거스르지 않는다.
④ 정 : 조직의 운영 방침에 민감한 태도를 보이게 된다.
⑤ 무 : 획일적인 태도에 익숙하며, 대체로 기쁘고 즐거운 마음으로 업무에 임한다.

✅해설 멤버십 유형을 마인드를 나타내는 독립적 사고 축과 행동을 나타내는 적극적 실천 축으로 구분해 보면 다음과 같다.

구분	소외형	순응형	실무형	수동형
자아상	• 자립적인 사람 • 일부러 반대의견 제시 • 조직의 양심	• 기쁜 마음으로 과업 수행 • 팀플레이를 함 • 리더나 조직을 믿고 헌신함	• 조직의 운영방침에 민감 • 사건을 균형 잡힌 시각으로 봄 • 규정과 규칙에 따라 행동함	• 판단, 사고를 리더에 의존 • 지시가 있어야 행동
동료/리더의 시각	• 냉소적 • 부정적 • 고집이 셈	• 아이디어가 없음 • 인기 없는 일은 하지 않음 • 조직을 위해 자신과 가족의 요구를 양보함	• 개인의 이익을 극대화하기 위한 흥정에 능함 • 적당한 열의와 평범한 수완으로 업무 수행	• 하는 일이 없음 • 제 몫을 하지 못함 • 업무 수행에는 감독이 반드시 필요
조직에 대한 자신의 느낌	• 자신을 인정 안 해줌 • 적절한 보상이 없음 • 불공정하고 문제가 있음	• 기존 질서를 따르는 것이 중요 • 리더의 의견을 거스르는 것은 어려운 일임 • 획일적인 태도 행동에 익숙함	• 규정준수를 강조 • 명령과 계획의 빈번한 변경 • 리더와 부하 간의 비인간적 풍토	• 조직이 나의 아이디어를 원치 않음 • 노력과 공헌을 해도 아무 소용이 없음 • 리더는 항상 자기 마음대로 함

따라서 '정'을 제외한 나머지 인물들은 순응형의 멤버십을 지녔다고 볼 수 있으며, '정'은 실무형의 멤버십 유형으로 구분할 수 있다.

11 다음 사례에서 민수의 행동 중 잘못된 행동은 무엇인가?

> 민수는 Y기업 판매부서의 부장이다. 그의 부서는 크게 3개의 팀으로 구성되어 있는데 이번에 그의 부서에서 본사의 중요한 프로젝트를 맡게 되었고 그는 세 팀의 팀장들에게 이번 프로젝트를 성공시키면 전원 진급을 시켜주겠다고 약속하였다. 각 팀의 팀장들은 민수의 말을 듣고 한 달 동안 야근을 하면서 마침내 거액의 계약을 따내게 되었다. 이로 인해 각 팀의 팀장들은 회사로부터 약간의 성과급을 받게 되었지만 정작 진급은 애초에 세 팀 중에 한 팀만 가능하다는 사실을 뒤늦게 통보받았다. 각 팀장들은 민수에게 불만을 표시했고 민수는 미안하게 됐다며 성과급 받은 것으로 만족하라는 말만 되풀이하였다.

① 상대방에 대한 이해

② 기대의 명확화

③ 사소한 일에 대한 관심

④ 약속의 불이행

⑤ 주의력 부족

> ✔해설 민수는 각 팀장들에게 프로젝트 성공 시 전원 진급을 약속하였지만 결국 그 약속을 이행하지 못했으므로 정답은 ④이다.

12 대인관계능력을 구성하는 하위능력 중 현재 동신과 명섭의 팀에게 가장 필요한 능력은 무엇인가?

> 올해 E그룹에 입사하여 같은 팀에서 근무하게 된 동신과 명섭은 다른 팀에 있는 입사동기들과 외딴 섬으로 신입사원 워크숍을 가게 되었다. 그 곳에서 각 팀별로 1박 2일 동안 스스로 의·식·주를 해결하며 주어진 과제를 수행하는 임무가 주어졌는데 동신은 부지런히 섬 이 곳 저 곳을 다니며 먹을 것을 구해오고 숙박할 장소를 마련하는 등 솔선수범 하였지만 명섭은 단지 섬을 돌아다니며 경치 구경만 하고 사진 찍기에 여념이 없었다. 그리고 과제수행에 있어서도 동신은 적극적으로 임한 반면 명섭은 소극적인 자세를 취해 그 결과 동신과 명섭의 팀만 과제를 수행하지 못했고 결국 인사상의 불이익을 당하게 되었다.

① 리더십능력   ② 팀워크능력

③ 협상능력   ④ 고객서비스능력

⑤ 소통능력

> ✔해설 현재 동신과 명섭의 팀에게 가장 필요한 능력은 팀워크능력이다.

13 다음 사례에서 유팀장이 부하직원들의 동기부여를 위해 행한 방법으로 옳지 않은 것은?

전자제품을 생산하고 있는 △△기업은 매년 신제품을 출시하는 것으로 유명하다. 그것도 시리즈 별로 하나씩 출시하기 때문에 실제로 출시되는 신제품은 1년에 2~3개가 된다. 이렇다 보니 자연히 직원들은 새로운 제품을 출시하고도 곧바로 또 다른 제품에 대한 아이디어를 내야하고 결국 이것이 스트레스로 이어져 업무에 대한 효율성이 떨어지게 되었다. 유팀장의 부하직원들 또한 이러한 이유로 고민을 하고 있다. 따라서 유팀장은 자신의 팀원들에게 아이디어를 하나씩 낼 때마다 게시판에 적힌 팀원들 이름 아래 스티커를 하나씩 붙이고 스티커가 다 차게 되면 휴가를 보내주기로 하였다. 또한 최근 들어 출시되는 제품들이 모두 비슷하기만 할 뿐 새로운 면을 찾아볼 수 없어 뭔가 혁신적인 기술을 제품에 넣기로 하였다. 특히 △△기업은 전자제품을 주로 취급하다 보니 자연히 보안에 신경을 쓸 수밖에 없었고 유팀장은 이 기회에 새로운 보안시스템을 선보이기로 하였다. 그리하여 부하직원들에게 지금까지 아무도 시도하지 못한 새로운 보안시스템을 개발해 보자고 제안하였고 팀원들도 그 의견에 찬성하였다. 나아가 유팀장은 직원들의 스트레스를 좀 더 줄이고 업무효율성을 극대화시키기 위해 기존에 유지되고 있던 딱딱한 업무환경을 개선할 필요가 있음을 깨닫고 직원들에게 자율적으로 출퇴근을 할 수 있도록 하는 한편 사내에 휴식공간을 만들어 수시로 직원들이 이용할 수 있도록 변화를 주었다. 그 결과 이번에 새로 출시된 제품은 △△기업 사상 최고의 매출을 올리며 큰 성과를 거두었고 팀원들의 사기 또한 하늘을 찌르게 되었다.

① 긍정적 강화법을 활용한다.
② 새로운 도전의 기회를 부여한다.
③ 지속적으로 교육한다.
④ 변화를 두려워하지 않는다.
⑤ 자율적 출·퇴근 시스템을 도입한다.

✅**해설** ① 유팀장은 스티커를 이용한 긍정적 강화법을 활용하였다.
② 유팀장은 지금까지 아무도 시도하지 못한 새로운 보안시스템을 개발해 보자고 제안하며 부하직원들에게 새로운 도전의 기회를 부여하였다.
④ 유팀장은 부하직원들에게 자율적으로 출퇴근할 수 있도록 하였고 사내에도 휴식공간을 만들어 자유롭게 이용토록 하는 등 업무환경의 변화를 두려워하지 않았다.

14 다음 사례에 나타난 리더십 유형의 특징으로 옳은 것은?

> 이번에 새로 팀장이 된 대근은 입사 5년차인 비교적 젊은 팀장이다. 그는 자신의 팀에 있는 팀원들은 모두 나름대로의 능력과 경험을 가지고 있으며 자신은 그들 중 하나에 불과하다고 생각한다. 따라서 다른 팀의 팀장들과 같이 일방적으로 팀원들에게 지시를 내리거나 팀원들의 의견을 듣고 그 중에서 마음에 드는 의견을 선택적으로 추리는 등의 행동을 하지 않고 평등한 입장에서 팀원들을 대한다. 또한 그는 그의 팀원들에게 의사결정 및 팀의 방향을 설정하는데 참여할 수 있는 기회를 줌으로써 팀 내 행동에 따른 결과 및 성과에 대해 책임을 공유해 나가고 있다. 이는 모두 팀원들의 능력에 대한 믿음에서 비롯된 것이다.

① 질문을 금지한다.　　　　　　　　② 모든 정보는 리더의 것이다.
③ 실수를 용납하지 않는다.　　　　　④ 책임을 공유한다.
⑤ 핵심정보를 공유하지 않는다.

> ✔해설　①②③ 전형적인 독재자 유형의 특징이다.
> ※ 파트너십 유형의 특징
> ㉠ 평등
> ㉡ 집단의 비전
> ㉢ 책임 공유

15 다음 사례에서 나오는 마부장의 리더십은 어떤 유형인가?

> ○○그룹의 마부장은 이번에 새로 보직 이동을 하면서 판매부서로 자리를 옮겼다. 그런데 판매부서는 ○○그룹에서도 알아주는 문제가 많은 부서 중에 한 곳으로 모두들 이곳으로 옮기기를 꺼려한다. 그런데 막상 이곳으로 온 마부장은 이곳 판매부서가 비록 직원이 3명밖에 없는 소규모의 부서이지만 세 명 모두가 각자 나름대로의 재능과 경험을 가지고 있고 단지 서로 화합과 협력이 부족하여 성과가 저조하게 나타났음을 깨달았다. 또한 이전 판매부장은 이를 간과한 채 오직 성과내기에 급급하여 직원들을 다그치기만 하자 팀 내 사기마저 떨어지게 된 것이다. 이에 마부장은 부원들의 단합을 위해 매주 등산모임을 만들고 수시로 함께 식사를 하면서 많은 대화를 나눴다. 또한 각자의 능력을 살릴 수 있도록 업무를 분담해 주고 작은 성과라도 그에 맞는 보상을 해 주었다. 이렇게 한 달, 두 달이 지나자 판매부서의 성과는 눈에 띄게 높아졌으며 직원들의 사기 역시 높아졌다.

① 카리스마 리더십　　　　　　　　② 독재자형 리더십
③ 변혁적 리더십　　　　　　　　　④ 거래적 리더십
⑤ 서번트 리더십

> ✔해설　조직구성원들이 신뢰를 가질 수 있는 카리스마와 함께 조직변화의 필요성을 인지하고 그러한 변화를 나타내기 위해 새로운 비전을 제시하는 능력을 갖춘 리더십을 말한다.

16 다음 두 사례를 읽고 하나가 가지고 있는 임파워먼트의 장애요인으로 옳은 것은?

〈사례1〉

▽▽그룹에 다니는 민대리는 이번에 새로 입사한 신입직원 하나에게 최근 3년 동안의 매출 실적을 정리해서 올려달라고 부탁하였다. 더불어 기존 거래처에 대한 DB를 새로 업데이트하고 회계팀으로부터 전달받은 통계자료를 토대로 새로운 마케팅 보고서를 작성하라고 지시하였다. 하지만 하나는 일에 대한 열의는 전혀 없이 그저 맹목적으로 지시받은 업무만 수행하였다. 민대리는 그녀가 왜 업무에 열의를 보이지 않는지, 새로운 마케팅 사업에 대한 아이디어를 내놓지 못하는지 의아해 했다.

〈사례2〉

◆◆기업에 다니는 박대리는 이번에 새로 입사한 신입직원 희진에게 최근 3년 동안의 매출 실적을 정리해서 올려달라고 부탁하였다. 더불어 기존 거래처에 대한 DB를 새로 업데이트하고 회계팀으로부터 전달받은 통계자료를 토대로 새로운 마케팅 보고서를 작성하라고 지시하였다. 희진은 지시받은 업무를 확실하게 수행했지만 일에 대한 열의는 전혀 없었다. 이에 박대리는 그녀와 함께 실적자료와 통계자료들을 살피며 앞으로의 판매 향상에 도움이 될 만한 새로운 아이디어를 생각하여 마케팅 계획을 세우도록 조언하였다. 그제야 희진은 자신에게 주어진 프로젝트에 대해 막중한 책임감을 느끼고 자신의 판단에 따라 효과적인 해결책을 만들었다.

---

① 책임감 부족
② 갈등처리 능력 부족
③ 경험 부족
④ 제한된 정책과 절차
⑤ 집중력 부족

✔ **해설** 〈사례2〉에서 희진은 자신의 업무에 대해 책임감을 가지고 일을 했지만 〈사례1〉에 나오는 하나는 자신의 업무에 대한 책임감이 결여되어 있다.

17 다음 사례에서 직장인으로서 옳지 않은 행동을 한 사람은?

〈사례1〉

K그룹에 다니는 철환이는 어제 저녁 친구들과 횟집에서 회를 먹고 오늘 일어나자 갑자기 배가 아파 병원에 간 결과 식중독에 걸렸다는 판정을 받고 입원을 하게 되었다. 생각지도 못한 일로 갑자기 결근을 하게 된 철환이는 즉시 회사에 연락해 사정을 말한 후 연차를 쓰고 입원하였다.

〈사례2〉

여성 구두를 판매하는 S기업의 영업사원으로 입사한 상빈이는 업무상 여성고객들을 많이 접하고 있다. 어느 날 외부의 한 백화점에서 여성고객을 만나게 된 상빈이는 그 고객과 식사를 하기 위해 식당이 있는 위층으로 에스컬레이터를 타고 가게 되었다. 이때 그는 그 여성고객에게 먼저 타도록 하고 자신은 뒤에 타고 올라갔다.

〈사례3〉

한창 열심히 근무하는 관모에게 한 통의 전화가 걸려 왔다. 얼마 전 집 근처에 있는 공인중개사에 자신의 이름으로 된 집을 월세로 내놓았는데 그 공인중개사에서 연락이 온 것이다. 그는 옆자리에 있는 동료에게 잠시 자리를 비우겠다고 말한 뒤 신속하게 사무실 복도를 지나 야외 휴게실에서 공인중개사 사장과 연락을 하고 내일 저녁 계약 약속을 잡았다.

〈사례4〉

입사한 지 이제 한 달이 된 정호는 어느 날 다른 부서에 급한 볼일이 있어 복도를 지나다가 우연히 앞에 부장님이 걸어가는 걸 보았다. 부장님보다 천천히 가자니 다른 부서에 늦게 도착할 것 같아 어쩔 수 없이 부장님을 지나치게 되었는데 이때 그는 부장님께 "실례하겠습니다."라고 말하는 것을 잊지 않았다.

〈사례5〉

해외 바이어와 만난 지성이는 건네받은 명함을 꾸기거나 계속 만지지 않고 탁자 위에 보이는 채로 대화를 했다. 명함을 꾸기거나 받는 즉시 호주머니에 넣으면 매너가 아닌 것을 알기 때문이다.

---

① 철환
② 상빈
③ 관모
④ 정호
⑤ 지성

✔해설 남성과 여성이 함께 에스컬레이터나 계단을 이용하여 위로 올라갈 때는 남성이 앞에 서고 여성이 뒤에 서도록 한다.

18 다음 사례에서 박부장이 취할 수 있는 행동으로 적절하지 않은 것은?

> ◆◆기업에 다니는 박부장은 최근 경기침체에 따른 회사의 매출부진과 관련하여 근무환경을 크게 변화시키기로 결정하였다. 하지만 그의 부하들은 물론 상사와 동료들조차도 박부장의 결정에 회의적이었고 부정적인 시각을 내보였다. 그들은 변화에 소극적이었으며 갑작스런 변화는 오히려 회사의 존립자체를 무너뜨릴 수 있다고 판단하였다. 하지만 박부장은 갑작스런 변화가 처음에는 회사를 좀 더 어렵게 할 수는 있으나 장기적으로 본다면 틀림없이 회사에 큰 장점으로 작용할 것이라고 확신하고 있었고 여기에는 전 직원의 협력과 노력이 필요하였다.

① 직원들의 감정을 세심하게 살핀다.
② 변화의 긍정적인 면을 강조한다.
③ 주관적인 자세를 유지한다.
④ 변화에 적응할 시간을 준다.
⑤ 개방적인 분위기를 조성한다.

> ✔해설 변화에 소극적인 직원들을 성공적으로 이끌기 위한 방법
> ㉠ 개방적인 분위기를 조성한다.
> ㉡ 객관적인 자세를 유지한다.
> ㉢ 직원들의 감정을 세심하게 살핀다.
> ㉣ 변화의 긍정적인 면을 강조한다.
> ㉤ 변화에 적응할 시간을 준다.

19 다음 사례에서 오부장이 취할 행동으로 가장 적절한 것은?

> 오부장이 다니는 J의류회사는 전국 각지에 매장을 두고 있는 큰 기업 중 하나이다. 따라서 매장별로 하루에도 수많은 손님들이 방문하며 그 중에는 옷에 대해 불만을 품고 찾아오는 손님들도 간혹 있다. 하지만 고지식하며 상부의 지시를 중시 여기는 오부장은 이러한 사소한 일들도 하나하나 보고하여 상사의 지시를 받으라고 부하직원들에게 강조하고 있다. 그러다 보니 매장 직원들은 사소한 문제 하나라도 스스로 처리하지 못하고 일일이 상부에 보고를 하고 상부의 지시가 떨어지면 그때서야 문제를 해결한다. 이로 인해 자연히 불만고객에 대한 대처가 늦어지고 항의도 잇따르게 되었다. 오늘도 한 매장에서 소매에 단추 하나가 없어 이를 수선해 줄 것을 요청하는 고객의 불만을 상부에 보고해 지시를 기다리다가 결국 고객이 기다리지 못하고 환불요청을 한 사례가 있었다.

① 오부장이 직접 그 고객에게 가서 불만사항을 처리한다.
② 사소한 업무처리는 매장 직원들이 스스로 해결할 수 있도록 어느 정도 권한을 부여한다.
③ 매장 직원들에게 고객의 환불요청에 대한 책임을 물어 징계를 내린다.
④ 앞으로 이러한 실수가 일어나지 않도록 옷을 수선하는 직원들의 교육을 다시 시킨다.
⑤ 사소한 일도 상사에게 보고하여 지시를 받도록 한다.

> ✅해설 위의 사례에서 불만고객에 대한 대처가 늦어지고 그로 인해 항의가 잇따르고 있는 이유는 사소한 일조차 상부에 보고해 그 지시를 기다렸다가 해결하는 업무체계에 있다. 따라서 오부장은 어느 정도의 권한과 책임을 매장 직원들에게 위임하여 그들이 현장에서 바로 문제를 해결할 수 있도록 도와주어야 한다.

20 다음 사례에서 장부장이 취할 수 있는 가장 적절한 행동은 무엇인가?

> 서울에 본사를 둔 T그룹은 매년 상반기와 하반기에 한 번씩 전 직원이 워크숍을 떠난다. 이는 평소 직원들 간의 단체생활을 중시 여기는 T그룹 회장의 지침 때문이다. 하지만 워낙 직원이 많은 T그룹이다 보니 전 직원이 한꺼번에 움직이는 것은 불가능하고 각 부서별로 그 부서의 장이 재량껏 계획을 세우고 워크숍을 진행하도록 되어 있다. 이에 따라 생산부서의 장부장은 부원들과 강원도 태백산에 가서 1박 2일로 야영을 하기로 했다. 하지만 워크숍을 가는 날 아침 갑자기 예약한 버스가 고장이 나서 출발을 못한다는 연락을 받았다.

① 워크숍은 장소보다도 이를 통한 부원들의 단합과 화합이 중요하므로 서울 근교의 적당한 장소를 찾아 워크숍을 진행한다.
② 무슨 일이 있어도 계획을 실행하기 위해 새로 예약 가능한 버스를 찾아보고 태백산으로 간다.
③ 어쩔 수 없는 일이므로 상사에게 사정을 얘기하고 이번 워크숍은 그냥 집에서 쉰다.
④ 각 부원들에게 의견을 물어보고 각자 자율적으로 하고 싶은 활동을 하도록 한다.
⑤ 시간이 늦어지더라도 예정된 강원도로 야영을 간다.

✅**해설** T그룹에서 워크숍을 하는 이유는 직원들 간의 단합과 화합을 키우기 위해서이고 또한 각 부서의 장에게 나름 대로의 재량권이 주어졌으므로 위의 사례에서 장부장이 할 수 있는 행동으로 가장 적절한 것은 ①번이다.

21 다음의 대화를 통해 알 수 있는 내용으로 가장 알맞은 것은?

> K팀장 : 좋은 아침입니다. 어제 말씀드린 보고서는 다 완성이 되었나요?
> L사원 : 예, 아직 완성을 하지 못했습니다. 시간이 많이 부족한 것 같습니다.
> K팀장 : 보고서를 작성하는데 어려움이 있나요?
> L사원 : 팀장님의 지시대로 하는데 어려움은 없습니다. 그러나 저에게 주신 자료 중 잘못된 부분이 있는 것 같습니다.
> K팀장 : 아. 저도 몰랐던 부분이네요. 잘못된 점이 무엇인가요?
> L사원 : 직접 보시면 아실 것 아닙니까? 일부러 그러신 겁니까?
> K팀장 : 아 그렇습니까?

① K팀장은 아침부터 L사원을 나무라고 있다.
② L사원은 K팀장과 사이가 좋지 못하다.
③ K팀장은 리더로서의 역할이 부족하다.
④ L사원은 팀원으로서의 팔로워십이 부족하다.
⑤ K팀장은 독재자 유형의 리더십을 보이고 있다.

✅**해설** 대화를 보면 L사원의 팔로워십이 부족함을 알 수 있다. 팔로워십은 팀의 구성원으로서의 역할을 충실하게 잘 수행하는 능력을 말한다. L사원은 헌신, 전문성, 용기, 정직, 현명함을 갖추어야 하고 리더의 결점이 있으면 올바르게 지적하되 덮어주는 아량을 갖추어야 한다.

22 다음 사례를 보고 리츠칼튼 호텔의 고객서비스 특징으로 옳은 것은?

> Robert는 미국 출장길에 샌프란시스코의 리츠칼튼 호텔에서 하루를 묵은 적이 있었다.
>
> 그는 서양식의 푹신한 베개가 싫어서 프런트에 전화를 걸어 좀 딱딱한 베개를 가져다 달라고 요청하였다. 호텔 측은 곧이어 딱딱한 베개를 구해왔고 덕분에 잘 잘 수 있었다.
>
> 다음날 현지 업무를 마치고 다음 목적지인 뉴욕으로 가서 우연히 다시 리츠칼튼 호텔에서 묵게 되었는데 아무 생각 없이 방 안에 들어간 그는 깜짝 놀랐다. 침대 위에 전날 밤 사용하였던 것과 같은 딱딱한 베개가 놓여 있는 게 아닌가.
>
> 어떻게 뉴욕의 호텔이 그것을 알았는지 그저 놀라울 뿐이었다. 그는 호텔 측의 이 감동적인 서비스를 잊지 않고 출장에서 돌아와 주위 사람들에게 침이 마르도록 칭찬했다.
>
> 어떻게 이런 일이 가능했을까? 리츠칼튼 호텔은 모든 체인점이 항시 공유할 수 있는 고객 데이터베이스를 구축하고 있었고, 데이터베이스에 저장된 정보를 활용해서 그 호텔을 다시 찾는 고객에게 완벽한 서비스를 제공하고 있었던 것이다.

① 불만 고객에 대한 사후 서비스가 철저하다.

② 신규 고객 유치를 위해 이벤트가 다양하다.

③ 고객이 물어보기 전에 고객이 원하는 것을 실행한다.

④ 고객이 원하는 것이 이루어질 때까지 노력한다.

⑤ 고객이 있는 곳으로 셔틀을 보내는 서비스를 제공한다.

✔해설 리츠칼튼 호텔은 고객이 무언가를 물어보기 전에 고객이 원하는 것에 먼저 다가가는 것을 서비스 정신으로 삼고 있다. 기존 고객의 데이터베이스를 공유하여 고객이 원하는 서비스를 미리 제공할 수 있는 것이다.

23 무역회사에 근무하는 팀장 S씨는 오전 회의를 통해 신입사원 O가 작성한 견적서를 살펴보았다. 그러던 중 다른 신입사원에게 지시한 주문양식이 어떻게 진행되고 있는지를 묻기 위해 신입사원 M을 불렀다. M은 "K가 제대로 주어진 업무를 하지 못하고 있어서 저는 아직까지 계속 기다리고만 있습니다. 그래서 아직 완성하지 못했습니다."라고 하였다. 그래서 K를 불러 물어보니 "M의 말은 사실이 아닙니다."라고 변명을 하고 있다. 팀장 S씨가 할 수 있는 가장 효율적인 대처방법은?

① 사원들 간의 피드백이 원활하게 이루어지는지 확인한다.
② 팀원들이 업무를 하면서 서로 협력을 하는지 확인한다.
③ 의사결정 과정에 잘못된 부분이 있는지 확인한다.
④ 중재를 하고 문제가 무엇인지 확인한다.
⑤ 팀원들이 어떻게 갈등을 해결하는지 지켜본다.

✔해설 M과 K 사이의 갈등이 있음을 발견하게 되었으므로 즉각적으로 개입하여 중재를 하고 이를 해결하는 것이 리더의 대처방법이다.

24 제약회사 영업부에 근무하는 U씨는 영업부 최고의 성과를 올리는 영업사원으로 명성이 자자하다. 그러나 그런 그에게도 단점이 있었으니 그것은 바로 서류 작업을 정시에 마친 적이 없다는 것이다. U씨가 회사로 복귀하여 서류 작업을 지체하기 때문에 팀 전체의 생산성에 차질이 빚어지고 있다면 영업부 팀장인 K씨의 행동으로 올바른 것은?

① U씨의 영업실적은 뛰어나므로 다른 직원에게 서류 작업을 지시한다.
② U씨에게 퇴근 후 서류 작업을 위한 능력을 개발하라고 지시한다.
③ U씨에게 서류작업만 할 수 있는 아르바이트 직원을 붙여준다.
④ U씨로 인한 팀의 분위기를 설명하고 해결책을 찾아보라고 격려한다.
⑤ U씨의 서류작업을 본인이 처리한다.

✔해설 팀장인 K씨는 U씨에게 팀의 생산성에 영향을 미치는 내용을 상세히 설명하고 이 문제와 관련하여 해결책을 스스로 강구하도록 격려하여야 한다.

25 다음은 엄팀장과 그의 팀원인 문식이의 대화이다. 다음 상황에서 엄팀장이 주의해야 할 점으로 옳지 않은 것은?

엄팀장 : 문식씨, 좋은 아침이군요. 나는 문식씨가 구체적으로 어떤 업무를 하길 원하는지, 그리고 새로운 업무 목표는 어떻게 이룰 것인지 의견을 듣고 싶습니다.

문식 : 솔직히 저는 현재 제가 맡고 있는 업무도 벅찬데 새로운 업무를 받은 것에 대해 달갑지 않습니다. 그저 난감할 뿐이죠.

엄팀장 : 그렇군요. 그 마음 충분히 이해합니다. 하지만 현재 회사 여건상 인력감축은 불가피합니다. 현재의 인원으로 업무를 어떻게 수행할 수 있을지에 대해 우리는 계획을 세워야 합니다. 이에 대해 문식씨가 새로 맡게 될 업무를 검토하고 그것을 어떻게 달성할 수 있을지 집중적으로 얘기해 봅시다.

문식 : 일단 주어진 업무를 모두 처리하기에는 시간이 너무 부족합니다. 좀 더 다른 방법을 세워야 할 것 같아요.

엄팀장 : 그렇다면 혹시 그에 대한 다른 대안이 있나요?

문식 : 기존에 제가 가지고 있던 업무들을 보면 없어도 될 중복된 업무들이 있습니다. 이러한 업무들을 하나로 통합한다면 새로운 업무를 볼 여유가 생길 것 같습니다.

엄팀장 : 좋습니다. 좀 더 구체적으로 말씀해 주시겠습니까?

문식 : 우리는 지금까지 너무 고객의 요구를 만족시키기 위해 필요 없는 절차들을 많이 따르고 있었습니다. 이를 간소화할 필요가 있다고 생각합니다.

엄팀장 : 그렇군요. 어려운 문제에 대해 좋은 해결책을 제시해 줘서 정말 기쁩니다. 그렇다면 지금부터는 새로운 업무를 어떻게 진행시킬지, 그리고 그 업무가 문식씨에게 어떤 이점으로 작용할지에 대해 말씀해 주시겠습니까? 지금까지 문식씨는 맡은 업무를 잘 처리하였지만 너무 같은 업무만을 하다보면 도전정신도 없어지고 자극도 받지 못하죠. 이번에 새로 맡게 될 업무를 완벽하게 처리하기 위해 어떤 방법을 활용할 생각입니까?

문식 : 네. 사실 말씀하신 바와 같이 지금까지 겪어보지 못한 전혀 새로운 업무라 기분이 좋지는 않습니다. 하지만 반면 저는 지금까지 제 업무를 수행하면서 창의적인 능력을 사용해 보지 못했습니다. 이번 업무는 제게 이러한 창의적인 능력을 발휘할 수 있는 기회입니다. 따라서 저는 이번 업무를 통해 좀 더 창의적인 능력을 발휘해 볼 수 있는 경험과 그에 대한 자신감을 얻게 되었다는 점이 가장 큰 이점으로 작용할 것이라 생각됩니다.

엄팀장 : 문식씨 정말 훌륭한 생각을 가지고 있군요. 이미 당신은 새로운 기술과 재능을 가지고 있다는 것을 우리에게 보여주고 있습니다.

① 지나치게 많은 정보와 지시를 내려 직원들을 압도한다.
② 어떤 활동을 다루고, 시간은 얼마나 걸리는지 등에 대해 구체적이고 명확하게 밝힌다.
③ 질문과 피드백에 충분한 시간을 할애한다.
④ 직원들의 반응을 이해하고 인정한다.
⑤ 핵심적인 질문으로 효과를 높인다.

✔ 해설 위의 상황은 엄팀장이 팀원인 문식이에게 코칭을 하고 있는 상황이다. 따라서 코칭을 할 때 주의해야 할

점으로 옳지 않은 것을 고르면 된다.
① 지나치게 많은 정보와 지시로 직원들을 압도해서는 안 된다.
※ **코칭을 할 때 주의해야 할 점**
　㉠ 시간을 명확히 알린다.
　㉡ 목표를 확실히 밝힌다.
　㉢ 핵심적인 질문으로 효과를 높인다.
　㉣ 적극적으로 경청한다.
　㉤ 반응을 이해하고 인정한다.
　㉥ 직원 스스로 해결책을 찾도록 유도한다.
　㉦ 코칭과정을 반복한다.
　㉧ 인정할 만한 일은 확실히 인정한다.
　㉨ 결과에 대한 후속 작업에 집중한다.

26 인간관계에서 신뢰를 구축하는 방법으로 가장 거리가 먼 것은?

① 상대에 대한 이해와 양보

② 사소한 일에 대한 관심

③ 무조건적인 사과

④ 언행일치

⑤ 감사하는 마음

> ✔ 해설 **인간관계에서 신뢰를 구축하는 방법**(감정은행계좌를 정립하기 위한 예입 수단)
> 　㉠ 상대방에 대한 이해와 양보
> 　㉡ 사소한 일에 대한 관심
> 　㉢ 약속의 이행
> 　㉣ 칭찬하고 감사하는 마음
> 　㉤ 언행일치
> 　㉥ 진지한 사과

27 다음 사례에서 팀원들의 긴장을 풀어주기 위해 나팀장이 취할 수 있는 행동으로 가장 적절한 것은?

> 나팀장이 다니는 ▷◁기업은 국내에서 가장 큰 매출을 올리며 국내 경제를 이끌어가고 있다. 그로 인해 임직원들의 연봉은 다른 기업에 비해 몇 배나 높은 편이다. 하지만 그만큼 직원들의 업무는 많고 스트레스 또한 다른 직장인들에 비해 훨씬 많다. 매일 아침 6시까지 출근해서 2시간 동안 회의를 하고 야근도 밥 먹듯이 한다. 이런 생활이 계속되자 갓 입사한 신입직원들은 얼마 못 가 퇴사하기에 이르고 기존에 있던 직원들도 더 이상 신선한 아이디어를 내놓기 어려운 실정이 되었다. 특히 오늘 아침에는 유난히 팀원들이 긴장을 하는 것 같아 나팀장은 새로운 활동을 통해 팀원들의 긴장을 풀어주어야겠다고 생각했다.

① 자신이 신입직원이었을 당시 열정적으로 일해서 성공한 사례들을 들려준다.
② 오늘 아침 발표된 경쟁사의 신제품과 관련된 신문기사를 한 부씩 나눠주며 읽어보도록 한다.
③ 다른 직장인들에 비해 자신들의 연봉이 높음을 강조하면서 조금 더 힘내 줄 것을 당부한다.
④ 회사 근처에 있는 숲길을 천천히 걸으며 잠시 일상에서 벗어날 수 있는 시간을 마련해 준다.
⑤ 현재 맡고 있는 업무의 중요성을 알려준다.

✔해설 나팀장의 팀원들은 매일 과도한 업무로 인해 스트레스가 쌓인 상태이므로 잠시 일상에서 벗어나 새롭게 기분전환을 할 수 있도록 배려해야 한다. 그러기 위해서는 조용한 숲길을 걷는다든지, 약간의 수면을 취한다든지, 사우나를 하면서 몸을 푸는 것도 좋은 방법이 될 수 있다.

28 N사 홍보팀 직원들은 팀워크를 향상시킬 수 있는 방법에 대한 토의를 진행하며 다음과 같은 의견들을 제시하였다. 다음 중 팀워크의 기본요소를 제대로 파악하고 있지 못한 사람은 누구인가?

> A : "팀워크를 향상시키기 위해서는 무엇보다 팀원 간의 상호 신뢰와 존중이 중요하다고 봅니다."
> B : "또 하나 빼놓을 수 없는 것은 스스로에 대한 넘치는 자아의식이 수반되어야 팀워크에 기여할 수 있어요."
> C : "팀워크는 상호 협력과 각자의 역할이나 책임을 다하는 자세가 기본이 되어야 함을 우리 모두 명심해야 합니다."
> D : "저는 팀원들끼리 솔직한 대화를 통해 서로를 이해하는 일이 무엇보다 중요하다고 생각해요."
> E : "다들 좋은 말씀들이지만 팀원들이 서로 상대방의 사기를 북돋아 주는 일도 빼놓을 수 없지 않겠어요?"

① A   ② B
③ C   ④ D
⑤ E

✔ **해설** '내가'라는 자아의식의 과잉은 팀워크를 저해하는 대표적인 요인이 될 수 있다. 팀워크는 팀 구성원이 공동의 목적을 달성하기 위해 상호 관계성을 가지고 서로 협력하여 일을 해나가는 것인 만큼 자아의식이 강하거나 자기중심적인 이기주의는 반드시 지양해야 할 요소가 된다.

29 소규모조직에서 경험, 재능을 소유한 조직원이 있을 때 효과적인 리더십 유형은?

① 독재자 유형   ② 민주주의 근접 유형
③ 파트너십 유형   ④ 변혁적 유형
⑤ 혁신적 유형

✔ **해설** ① 독재자 유형 : 통제 없이 방만한 상태, 가시적 성과물이 안 보일 때
② 민주주의 근접 유형 : 혁신적이고 탁월한 구성원들을 거느리고 있을 때
④ 변혁적 유형 : 조직에 있어 획기적 변화가 필요할 때

Answer   27.④   28.②   29.③

30 갈등이 증폭되는 일반적인 원인이 아닌 것은?

① 승·패의 경기를 시작　　　　　　② 승리보다 문제 해결을 중시하는 태도
③ 의사소통의 단절　　　　　　　　④ 각자의 입장만을 고수하는 자세
⑤ 적대적 행동

✔ 해설 갈등은 문제 해결보다 승리를 중시하는 태도에서 증폭된다.

31 다음에서 설명하는 갈등해결방법은?

> 자신에 대한 관심은 낮고 상대방에 대한 관심은 높은 경우로, '나는 지고 너는 이기는 방법'이다. 주로 상대방이 거친 요구를 해오는 경우 전형적으로 나타난다.

① 회피형　　　　　　　　　　　② 경쟁형
③ 수용형　　　　　　　　　　　④ 타협형
⑤ 통합형

✔ 해설 갈등해결방법의 유형
　㉠ 회피형 : 자신과 상대방에 대한 관심이 모두 낮은 경우(나도 지고 너도 지는 방법)
　㉡ 경쟁형 : 자신에 대한 관심은 높고 상대방에 대한 관심은 낮은 경우(나는 이기고 너는 지는 방법)
　㉢ 수용형 : 자신에 대한 관심은 낮고 상대방에 대한 관심은 높은 경우(나는 지고 너는 이기는 방법)
　㉣ 타협형 : 자신에 대한 관심과 상대방에 대한 관심이 중간정도인 경우(타협적으로 주고받는 방법)
　㉤ 통합형 : 자신은 물론 상대방에 대한 관심이 모두 높은 경우(나도 이기고 너도 이기는 방법)

32 갈등해결방법 모색 시 명심해야 할 사항으로 옳지 않은 것은?

① 다른 사람들의 입장 이해하기　　　② 어려운 문제에 맞서기
③ 어느 한쪽으로 치우치지 않기　　　④ 적극적으로 논쟁하기
⑤ 존중하는 자세로 대하기

✔ 해설 갈등해결방법 모색 시에는 논쟁하고 싶은 유혹을 떨쳐내고 타협하려 애써야 한다.

33 협상과정을 순서대로 바르게 나열한 것은?

① 협상 시작→상호 이해→실질 이해→해결 대안→합의 문서
② 협상 시작→상호 이해→실질 이해→합의 문서→해결 대안
③ 협상 시작→실질 이해→상호 이해→해결 대안→합의 문서
④ 협상 시작→실질 이해→상호 이해→합의 문서→해결 대안
⑤ 협상 시작→실질 이해→해결 대안→상호 이해→합의 문서

> ✔ 해설 협상과정
> 협상 시작→상호 이해→실질 이해→해결 대안→합의 문서

34 다음 중 협상에서 주로 나타나는 실수와 그 대처방안이 잘못된 것은?

① 준비되기도 전에 협상이 시작되는 경우 아직 준비가 덜 되었음을 솔직히 말하고 상대방의 입장을 묻는 기회로 삼는다.
② 협상 상대가 협상에 대하여 타결권한을 가진 최고책임자인지 확인하고 협상을 시작한다.
③ 협상의 통제권을 잃을까 두려워하지 말고 의견 차이를 조정하면서 최선의 해결책을 찾기 위해 노력한다.
④ 설정한 목표와 한계에서 벗어나지 않기 위해 한계와 목표를 기록하고 협상의 길잡이로 삼는다.
⑤ 협상 당사자 간에 기대하는 바에 일관성 있게 헌신적으로 부응한다.

> ✔ 해설 협상 상대가 협상에 대하여 책임을 질 수 있고 타결권한을 가지고 있는 사람인지 확인하고 협상을 시작해야 한다. 최고책임자는 협상의 세부사항을 잘 모르기 때문에 협상의 올바른 상대가 아니다.

35 다음은 고객 불만 처리 프로세스이다. 빈칸에 들어갈 내용을 순서대로 나열한 것은?

경청 → 감사와 공감표시 → (   ) → 해결약속 → (   ) → 신속처리 → 처리확인과 사과 → (   )

① 정보파악, 사과, 피드백   ② 정보파악, 피드백, 사과
③ 사과, 정보파악, 피드백   ④ 사과, 피드백, 정보파악
⑤ 사과, 조사, 계획

> ✔ 해설 고객 불만 처리 프로세스
> 경청 → 감사와 공감표시 → 사과 → 해결약속 → 정보파악 → 신속처리 → 처리확인과 사과 → 피드백

Answer   30.② 31.③ 32.④ 33.① 34.② 35.③

PART

04

인성검사

CHAPTER 01 인성검사의 개요

① 인성(성격)검사의 개념과 목적

인성(성격)이란 개인을 특징짓는 평범하고 일상적인 사회적 이미지, 즉 지속적이고 일관된 공적 성격(Public – personality)이며, 환경에 대응함으로써 선천적·후천적 요소의 상호작용으로 결정화된 심리적·사회적 특성 및 경향을 의미한다.

인성검사는 직업기초능력평가를 실시하는 대부분의 기업에서 병행하여 실시하고 있으며, 인성검사만 독자적으로 실시하는 기업도 있다.

기업에서는 인성검사를 통하여 각 개인이 어떠한 성격 특성이 발달되어 있고, 어떤 특성이 얼마나 부족한지, 그것이 해당 직무의 특성 및 조직문화와 얼마나 맞는지를 알아보고 이에 적합한 인재를 선발하고자 한다. 또한 개인에게 적합한 직무 배분과 부족한 부분을 교육을 통해 보완하도록 할 수 있다.

인성검사의 측정요소는 검사방법에 따라 차이가 있다. 또한 각 기업들이 사용하고 있는 인성검사는 기존에 개발된 인성검사방법에 각 기업의 인재상을 적용하여 자신들에게 적합하게 재개발하여 사용하는 경우가 많다. 그러므로 기업에서 요구하는 인재상을 파악하여 그에 따른 대비책을 준비하는 것이 바람직하다. 본서에서 제시된 인성검사는 크게 '특성'과 '유형'의 측면에서 측정하게 된다.

2 성격의 특성

(1) 정서적 측면

정서적 측면은 평소 마음의 당연시하는 자세나 정신상태가 얼마나 안정하고 있는지 또는 불안정한지를 측정한다.

정서의 상태는 직무수행이나 대인관계와 관련하여 태도나 행동으로 드러난다. 그러므로 정서적 측면을 측정하는 것에 의해, 장래 조직 내의 인간관계에 어느 정도 잘 적응할 수 있을까(또는 적응하지 못할까)를 예측하는 것이 가능하다.

그렇기 때문에, 정서적 측면의 결과는 채용 시에 상당히 중시된다. 아무리 능력이 좋아도 장기적으로 조직 내의 인간관계에 잘 적응할 수 없다고 판단되는 인재는 기본적으로는 채용되지 않는다.

일반적으로 인성(성격)검사는 채용과는 관계없다고 생각하나 정서적으로 조직에 적응하지 못하는 인재는 채용단계에서 가려내지는 것을 유의하여야 한다.

① **민감성(신경도)** … 꼼꼼함, 섬세함, 성실함 등의 요소를 통해 일반적으로 신경질적인지 또는 자신의 존재를 위협받는다는 불안을 갖기 쉬운지를 측정한다.

질문	그렇다	약간 그렇다	그저 그렇다	별로 그렇지 않다	그렇지 않다
• 남을 잘 배려한다고 생각한다.					
• 어질러진 방에 있으면 불안하다.					
• 실패 후에는 불안하다.					
• 세세한 것까지 신경 쓴다.					
• 이유 없이 불안할 때가 있다.					

▶**측정결과**

㉠ '그렇다'가 많은 경우(상처받기 쉬운 유형) : 사소한 일에 신경 쓰고 다른 사람의 사소한 한마디 말에 상처를 받기 쉽다.
  • 면접관의 심리 : '동료들과 잘 지낼 수 있을까?', '실패할 때마다 위축되지 않을까?'
  • 면접대책 : 다소 신경질적이라도 능력을 발휘할 수 있다는 평가를 얻도록 한다. 주변과 충분한 의사소통이 가능하고, 결정한 것을 실행할 수 있다는 것을 보여주어야 한다.
㉡ '그렇지 않다'가 많은 경우(정신적으로 안정적인 유형) : 사소한 일에 신경 쓰지 않고 금방 해결하며, 주위 사람의 말에 과민하게 반응하지 않는다.
  • 면접관의 심리 : '계약할 때 필요한 유형이고, 사고 발생에도 유연하게 대처할 수 있다.'
  • 면접대책 : 일반적으로 '민감성'의 측정치가 낮으면 플러스 평가를 받으므로 더욱 자신감 있는 모습을 보여준다.

② **자책성(과민도)** ··· 자신을 비난하거나 책망하는 정도를 측정한다.

질문	그렇다	약간 그렇다	그저 그렇다	별로 그렇지 않다	그렇지 않다
• 후회하는 일이 많다. • 자신이 하찮은 존재라 생각된다. • 문제가 발생하면 자기의 탓이라고 생각한다. • 무슨 일이든지 끙끙대며 진행하는 경향이 있다. • 온순한 편이다.					

▶**측정결과**

㉠ '그렇다'가 많은 경우(자책하는 유형) : 비관적이고 후회하는 유형이다.
 • 면접관의 심리 : '끙끙대며 괴로워하고, 일을 진행하지 못할 것 같다.'
 • 면접대책 : 기분이 저조해도 항상 의욕을 가지고 생활하는 것과 책임감이 강하다는 것을 보여준다.
㉡ '그렇지 않다'가 많은 경우(낙천적인 유형) : 기분이 항상 밝은 편이다.
 • 면접관의 심리 : '안정된 대인관계를 맺을 수 있고, 외부의 압력에도 흔들리지 않는다.'
 • 면접대책 : 일반적으로 '자책성'의 측정치가 낮아야 좋은 평가를 받는다.

③ **기분성(불안도)** ··· 기분의 굴곡이나 감정적인 면의 미숙함이 어느 정도인지를 측정하는 것이다.

질문	그렇다	약간 그렇다	그저 그렇다	별로 그렇지 않다	그렇지 않다
• 다른 사람의 의견에 자신의 결정이 흔들리는 경우가 많다. • 기분이 쉽게 변한다. • 종종 후회한다. • 다른 사람보다 의지가 약한 편이라고 생각한다. • 금방 싫증을 내는 성격이라는 말을 자주 듣는다.					

▶**측정결과**

㉠ '그렇다'가 많은 경우(감정의 기복이 많은 유형) : 의지력보다 기분에 따라 행동하기 쉽다.
 • 면접관의 심리 : '감정적인 것에 약하며, 상황에 따라 생산성이 떨어지지 않을까?'
 • 면접대책 : 주변 사람들과 항상 협조한다는 것을 강조하고 한결같은 상태로 일할 수 있다는 평가를 받도록 한다.
㉡ '그렇지 않다'가 많은 경우(감정의 기복이 적은 유형) : 감정의 기복이 없고, 안정적이다.
 • 면접관의 심리 : '안정적으로 업무에 임할 수 있다.'
 • 면접대책 : 기분성의 측정치가 낮으면 플러스 평가를 받으므로 자신감을 가지고 면접에 임한다.

④ **독자성(개인도)** … 주변에 대한 견해나 관심, 자신의 견해나 생각에 어느 정도의 속박감을 가지고 있는지를 측정한다.

질문	그렇다	약간 그렇다	그저 그렇다	별로 그렇지 않다	그렇지 않다
• 창의적 사고방식을 가지고 있다.					
• 융통성이 없는 편이다.					
• 혼자 있는 편이 많은 사람과 있는 것보다 편하다.					
• 개성적이라는 말을 듣는다.					
• 교제는 번거로운 것이라고 생각하는 경우가 많다.					

▶**측정결과**

㉠ '그렇다'가 많은 경우 : 자기의 관점을 중요하게 생각하는 유형으로, 주위의 상황보다 자신의 느낌과 생각을 중시한다.

• 면접관의 심리 : '제멋대로 행동하지 않을까?'

• 면접대책 : 주위 사람과 협조하여 일을 진행할 수 있다는 것과 상식에 얽매이지 않는다는 인상을 심어준다.

㉡ '그렇지 않다'가 많은 경우 : 상식적으로 행동하고 주변 사람의 시선에 신경을 쓴다.

• 면접관의 심리 : '다른 직원들과 협조하여 업무를 진행할 수 있겠다.'

• 면접대책 : 협조성이 요구되는 기업체에서는 플러스 평가를 받을 수 있다.

⑤ **자신감**(자존심도) … 자기 자신에 대해 얼마나 긍정적으로 평가하는지를 측정한다.

질문	그렇다	약간 그렇다	그저 그렇다	별로 그렇지 않다	그렇지 않다
• 다른 사람보다 능력이 뛰어나다고 생각한다. • 다소 반대의견이 있어도 나만의 생각으로 행동할 수 있다. • 나는 다른 사람보다 기가 센 편이다. • 동료가 나를 모욕해도 무시할 수 있다. • 대개의 일을 목적한 대로 헤쳐나갈 수 있다고 생각한다.					

▶**측정결과**

㉠ '그렇다'가 많은 경우 : 자기 능력이나 외모 등에 자신감이 있고, 비판당하는 것을 좋아하지 않는다.
 • 면접관의 심리 : '자만하여 지시에 잘 따를 수 있을까?'
 • 면접대책 : 다른 사람의 조언을 잘 받아들이고, 겸허하게 반성하는 면이 있다는 것을 보여주고, 동료들과 잘 지내며 리더의 자질이 있다는 것을 강조한다.

㉡ '그렇지 않다'가 많은 경우 : 자신감이 없고 다른 사람의 비판에 약하다.
 • 면접관의 심리 : '패기가 부족하지 않을까?', '쉽게 좌절하지 않을까?'
 • 면접대책 : 극도의 자신감 부족으로 평가되지는 않는다. 그러나 마음이 약한 면은 있지만 의욕적으로 일을 하겠다는 마음가짐을 보여준다.

⑥ **고양성**(분위기에 들뜨는 정도) … 자유분방함, 명랑함과 같이 감정(기분)의 높고 낮음의 정도를 측정한다.

질문	그렇다	약간 그렇다	그저 그렇다	별로 그렇지 않다	그렇지 않다
• 침착하지 못한 편이다. • 다른 사람보다 쉽게 우쭐해진다. • 모든 사람이 아는 유명인사가 되고 싶다. • 모임이나 집단에서 분위기를 이끄는 편이다. • 취미 등이 오랫동안 지속되지 않는 편이다.					

▶측정결과

㉠ '그렇다'가 많은 경우 : 자극이나 변화가 있는 일상을 원하고 기분을 들뜨게 하는 사람과 친밀하게 지내는 경향이 강하다.

• 면접관의 심리 : '일을 진행하는 데 변덕스럽지 않을까?'

• 면접대책 : 밝은 태도는 플러스 평가를 받을 수 있지만, 착실한 업무능력이 요구되는 직종에서는 마이너스 평가가 될 수 있다. 따라서 자기조절이 가능하다는 것을 보여준다.

㉡ '그렇지 않다'가 많은 경우 : 감정이 항상 일정하고, 속을 드러내 보이지 않는다.

• 면접관의 심리 : '안정적인 업무 태도를 기대할 수 있겠다.'

• 면접대책 : '고양성'의 낮음은 대체로 플러스 평가를 받을 수 있다. 그러나 '무엇을 생각하고 있는지 모르겠다' 등의 평을 듣지 않도록 주의한다.

⑦ **허위성(진위성)** … 필요 이상으로 자기를 좋게 보이려 하거나 기업체가 원하는 '이상형'에 맞춘 대답을 하고 있는지, 없는지를 측정한다.

질문	그렇다	약간 그렇다	그저 그렇다	별로 그렇지 않다	그렇지 않다
• 약속을 깨뜨린 적이 한 번도 없다.					
• 다른 사람을 부럽다고 생각해 본 적이 없다.					
• 꾸지람을 들은 적이 없다.					
• 사람을 미워한 적이 없다.					
• 화를 낸 적이 한 번도 없다.					

▶측정결과

㉠ '그렇다'가 많은 경우 : 실제의 자기와는 다른, 말하자면 원칙으로 해답할 가능성이 있다.

• 면접관의 심리 : '거짓을 말하고 있다.'

• 면접대책 : 조금이라도 좋게 보이려고 하는 '거짓말쟁이'로 평가될 수 있다. '거짓을 말하고 있다.'는 마음 따위가 전혀 없다 해도 결과적으로는 정직하게 답하지 않는다는 것이 되어 버린다. '허위성'의 측정 질문은 구분되지 않고 다른 질문 중에 섞여 있다. 그러므로 모든 질문에 솔직하게 답하여야 한다. 또한 자기 자신과 너무 동떨어진 이미지로 답하면 좋은 결과를 얻지 못한다. 그리고 면접에서 '허위성'을 기본으로 한 질문을 받게 되므로 당황하거나 또 다른 모순된 답변을 하게 된다. 겉치레를 하거나 무리한 욕심을 부리지 말고 '이런 사회인이 되고 싶다.'는 현재의 자신보다, 조금 성장한 자신을 표현하는 정도가 적당하다.

㉡ '그렇지 않다'가 많은 경우 : 냉정하고 정직하며, 외부의 압력과 스트레스에 강한 유형이다. '대쪽 같음'의 이미지가 굳어지지 않도록 주의한다.

(2) 행동적인 측면

행동적 측면은 인격 중에 특히 행동으로 드러나기 쉬운 측면을 측정한다. 사람의 행동 특징 자체에는 선도 악도 없으나, 일반적으로는 일의 내용에 의해 원하는 행동이 있다. 때문에 행동적 측면은 주로 직종과 깊은 관계가 있는데 자신의 행동 특성을 살려 적합한 직종을 선택한다면 플러스가 될 수 있다.

행동 특성에서 보여 지는 특징은 면접 장면에서도 드러나기 쉬우므로 평소 자신의 태도, 행동이 면접관의 시선에 어떻게 비치는지를 점검하도록 해야 한다.

① 사회적 내향성 … 대인관계에서 나타나는 행동경향으로 '낮가림'을 측정한다.

질문	선택
A : 파티에서는 사람을 소개받는 편이다. B : 파티에서는 사람을 소개하는 편이다.	
A : 처음 보는 사람과는 어색하게 시간을 보내는 편이다. B : 처음 보는 사람과는 즐거운 시간을 보내는 편이다.	
A : 친구가 적은 편이다. B : 친구가 많은 편이다.	
A : 자신의 의견을 말하는 경우가 적다. B : 자신의 의견을 말하는 경우가 많다.	
A : 사교적인 모임에 참석하는 것을 좋아하지 않는다. B : 사교적인 모임에 항상 참석한다.	

▶측정결과

㉠ 'A'가 많은 경우 : 내성적이고 사람들과 접하는 것에 소극적이다. 자신의 의견을 말하지 않고 조심스러운 편이다.
- 면접관의 심리 : '소극적인데 동료와 잘 지낼 수 있을까?'
- 면접대책 : 대인관계를 맺는 것을 싫어하지 않고 의욕적으로 일을 할 수 있다는 것을 보여준다.

㉡ 'B'가 많은 경우 : 사교적이고 자기의 생각을 명확하게 전달할 수 있다.
- 면접관의 심리 : '사교적이고 활동적인 것은 좋지만, 자기주장이 너무 강하지 않을까?'
- 면접대책 : 협조성을 보여주고, 자기주장이 너무 강하다는 인상을 주지 않도록 주의한다.

② 내성성(침착도) … 자신의 행동과 일에 대해 침착하게 생각하는 정도를 측정한다.

질문	선택
A : 시간이 걸려도 침착하게 생각하는 경우가 많다. B : 짧은 시간에 결정을 하는 경우가 많다.	
A : 실패의 원인을 찾고 반성하는 편이다. B : 실패를 해도 그다지(별로) 개의치 않는다.	
A : 결론이 도출되어도 몇 번 정도 생각을 바꾼다. B : 결론이 도출되면 신속하게 행동으로 옮긴다.	
A : 여러 가지 생각하는 것이 능숙하다. B : 여러 가지 일을 재빨리 능숙하게 처리하는 데 익숙하다.	
A : 여러 가지 측면에서 사물을 검토한다. B : 행동한 후 생각을 한다.	

▶**측정결과**

㉠ 'A'가 많은 경우 : 행동하기 보다는 생각하는 것을 좋아하고 신중하게 계획을 세워 실행한다.
 • 면접관의 심리 : '행동으로 실천하지 못하고, 대응이 늦은 경향이 있지 않을까?'
 • 면접대책 : 발로 뛰는 것을 좋아하고, 일을 더디게 한다는 인상을 주지 않도록 한다.
㉡ 'B'가 많은 경우 : 차분하게 생각하는 것보다 우선 행동하는 유형이다.
 • 면접관의 심리 : '생각하는 것을 싫어하고 경솔한 행동을 하지 않을까?'
 • 면접대책 : 계획을 세우고 행동할 수 있는 것을 보여주고 '사려 깊다'라는 인상을 남기도록 한다.

③ 신체활동성 … 몸을 움직이는 것을 좋아하는가를 측정한다.

질문	선택
A : 민첩하게 활동하는 편이다. B : 준비행동이 없는 편이다.	
A : 일을 척척 해치우는 편이다. B : 일을 더디게 처리하는 편이다.	
A : 활발하다는 말을 듣는다. B : 얌전하다는 말을 듣는다.	
A : 몸을 움직이는 것을 좋아한다. B : 가만히 있는 것을 좋아한다.	
A : 스포츠를 하는 것을 즐긴다. B : 스포츠를 보는 것을 좋아한다.	

▶측정결과
㉠ 'A'가 많은 경우 : 활동적이고, 몸을 움직이게 하는 것이 컨디션이 좋다.
  • 면접관의 심리 : '활동적으로 활동력이 좋아 보인다.'
  • 면접대책 : 활동하고 얻은 성과 등과 주어진 상황의 대응능력을 보여준다.
㉡ 'B'가 많은 경우 : 침착한 인상으로, 차분하게 있는 타입이다.
  • 면접관의 심리 : '좀처럼 행동하려 하지 않아 보이고, 일을 빠르게 처리할 수 있을까?'

④ 지속성(노력성) … 무슨 일이든 포기하지 않고 끈기 있게 하려는 정도를 측정한다.

질문	선택
A : 일단 시작한 일은 시간이 걸려도 끝까지 마무리한다. B : 일을 하다 어려움에 부딪히면 단념한다.	
A : 끈질긴 편이다. B : 바로 단념하는 편이다.	
A : 인내가 강하다는 말을 듣는다. B : 금방 싫증을 낸다는 말을 듣는다.	
A : 집념이 깊은 편이다. B : 담백한 편이다.	
A : 한 가지 일에 구애되는 것이 좋다고 생각한다. B : 간단하게 체념하는 것이 좋다고 생각한다.	

▶측정결과

㉠ 'A'가 많은 경우 : 시작한 것은 어려움이 있어도 포기하지 않고 인내심이 높다.
- 면접관의 심리 : '한 가지의 일에 너무 구애되고, 업무의 진행이 원활할까?'
- 면접대책 : 인내력이 있는 것은 플러스 평가를 받을 수 있지만 집착이 강해 보이기도 한다.

㉡ 'B'가 많은 경우 : 뒤끝이 없고 조그만 실패로 일을 포기하기 쉽다.
- 면접관의 심리 : '질리는 경향이 있고, 일을 정확히 끝낼 수 있을까?'
- 면접대책 : 지속적인 노력으로 성공했던 사례를 준비하도록 한다.

⑤ 신중성(주의성) … 자신이 처한 주변상황을 즉시 파악하고 자신의 행동이 어떤 영향을 미치는지를 측정한다.

질문	선택
A : 여러 가지로 생각하면서 완벽하게 준비하는 편이다. B : 행동할 때부터 임기응변적인 대응을 하는 편이다.	
A : 신중해서 타이밍을 놓치는 편이다. B : 준비 부족으로 실패하는 편이다.	
A : 자신은 어떤 일에도 신중히 대응하는 편이다. B : 순간적인 충동으로 활동하는 편이다.	
A : 시험을 볼 때 끝날 때까지 재검토하는 편이다. B : 시험을 볼 때 한 번에 모든 것을 마치는 편이다.	
A : 일에 대해 계획표를 만들어 실행한다. B : 일에 대한 계획표 없이 진행한다.	

▶측정결과

㉠ 'A'가 많은 경우 : 주변 상황에 민감하고, 예측하여 계획 있게 일을 진행한다.
- 면접관의 심리 : '너무 신중해서 적절한 판단을 할 수 있을까?', '앞으로의 상황에 불안을 느끼지 않을까?'
- 면접대책 : 예측을 하고 실행을 하는 것은 플러스 평가가 되지만, 너무 신중하면 일의 진행이 정체될 가능성을 보이므로 추진력이 있다는 강한 의욕을 보여준다.

㉡ 'B'가 많은 경우 : 주변 상황을 살펴보지 않고 착실한 계획 없이 일을 진행시킨다.
- 면접관의 심리 : '사려 깊지 않고, 실패하는 일이 많지 않을까?', '판단이 빠르고 유연한 사고를 할 수 있을까?'
- 면접대책 : 사전준비를 중요하게 생각하고 있다는 것 등을 보여주고, 경솔한 인상을 주지 않도록 한다. 또한 판단력이 빠르거나 유연한 사고 덕분에 일 처리를 잘 할 수 있다는 것을 강조한다.

(3) 의욕적인 측면

의욕적인 측면은 의욕의 정도, 활동력의 유무 등을 측정한다. 여기서의 의욕이란 우리들이 보통 말하고 사용하는 '하려는 의지'와는 조금 뉘앙스가 다르다. '하려는 의지'란 그 때의 환경이나 기분에 따라 변화하는 것이지만, 여기에서는 조금 더 변화하기 어려운 특징, 말하자면 정신적 에너지의 양으로 측정하는 것이다.

의욕적 측면은 행동적 측면과는 다르고, 전반적으로 어느 정도 점수가 높은 쪽을 선호한다. 모의검사의 의욕적 측면의 결과가 낮다면, 평소 일에 몰두할 때 조금 의욕 있는 자세를 가지고 서서히 개선하도록 노력해야 한다.

① 달성의욕 … 목적의식을 가지고 높은 이상을 가지고 있는지를 측정한다.

질문	선택
A : 경쟁심이 강한 편이다. B : 경쟁심이 약한 편이다.	
A : 어떤 한 분야에서 제1인자가 되고 싶다고 생각한다. B : 어느 분야에서든 성실하게 임무를 진행하고 싶다고 생각한다.	
A : 규모가 큰일을 해보고 싶다. B : 맡은 일에 충실히 임하고 싶다.	
A : 아무리 노력해도 실패한 것은 아무런 도움이 되지 않는다. B : 가령 실패했을 지라도 나름대로의 노력이 있었으므로 괜찮다.	
A : 높은 목표를 설정하여 수행하는 것이 의욕적이다. B : 실현 가능한 정도의 목표를 설정하는 것이 의욕적이다.	

▶측정결과

㉠ 'A'가 많은 경우 : 큰 목표와 높은 이상을 가지고 승부욕이 강한 편이다.
- 면접관의 심리 : '열심히 일을 해줄 것 같은 유형이다.'
- 면접대책 : 달성의욕이 높다는 것은 어떤 직종이라도 플러스 평가가 된다.

㉡ 'B'가 많은 경우 : 현재의 생활을 소중하게 여기고 비약적인 발전을 위하여 기를 쓰지 않는다.
- 면접관의 심리 : '외부의 압력에 약하고, 기획입안 등을 하기 어려울 것이다.'
- 면접대책 : 일을 통하여 하고 싶은 것들을 구체적으로 어필한다.

② **활동의욕** … 자신에게 잠재된 에너지의 크기로, 정신적인 측면의 활동력이라 할 수 있다.

질문	선택
A : 하고 싶은 일을 실행으로 옮기는 편이다. B : 하고 싶은 일을 좀처럼 실행할 수 없는 편이다.	
A : 어려운 문제를 해결해 가는 것이 좋다. B : 어려운 문제를 해결하는 것을 잘하지 못한다.	
A : 일반적으로 결단이 빠른 편이다. B : 일반적으로 결단이 느린 편이다.	
A : 곤란한 상황에도 도전하는 편이다. B : 사물의 본질을 깊게 관찰하는 편이다.	
A : 시원시원하다는 말을 잘 듣는다. B : 꼼꼼하다는 말을 잘 듣는다.	

▶**측정결과**

㉠ 'A'가 많은 경우 : 꾸물거리는 것을 싫어하고 재빠르게 결단해서 행동하는 타입이다.
• 면접관의 심리 : '일을 처리하는 솜씨가 좋고, 일을 척척 진행할 수 있을 것 같다.'
• 면접대책 : 활동의욕이 높은 것은 플러스 평가가 된다. 사교성이나 활동성이 강하다는 인상을 준다.
㉡ 'B'가 많은 경우 : 안전하고 확실한 방법을 모색하고 차분하게 시간을 아껴서 일에 임하는 타입이다.
• 면접관의 심리 : '재빨리 행동을 못하고, 일의 처리속도가 느린 것이 아닐까?'
• 면접대책 : 활동성이 있는 것을 좋아하고 움직임이 더디다는 인상을 주지 않도록 한다.

3 성격의 유형

(1) 인성검사 유형의 4가지 척도

정서적인 측면, 행동적인 측면, 의욕적인 측면의 요소들은 성격 특성이라는 관점에서 제시된 것들로 각 개인의 장·단점을 파악하는 데 유용하다. 그러나 전체적인 개인의 인성을 이해하는 데는 한계가 있다.

성격의 유형은 개인의 '성격적인 특색'을 가리키는 것으로, 사회인으로서 적합한지, 아닌지를 말하는 관점과는 관계가 없다. 따라서 채용의 합격 여부에는 사용되지 않는 경우가 많으며, 입사후의 적정 부서 배치의 자료가 되는 편이라 생각하면 된다. 그러나 채용과 관계가 없다고 해서 아무런 준비도 필요없는 것은 아니다. 자신을 아는 것은 면접 대책의 밑거름이 되므로 모의검사 결과를 충분히 활용하도록 하여야 한다.

본서에서는 4개의 척도를 사용하여 기본적으로 16개의 패턴으로 성격의 유형을 분류하고 있다. 각 개인의 성격이 어떤 유형인지 재빨리 파악하기 위해 사용되며, '적성'에 맞는지, 맞지 않는지의 관점에 활용된다.

- 흥미 · 관심의 방향 : 내향형 ←————————→ 외향형
- 사물에 대한 견해 : 직관형 ←————————→ 감각형
- 판단하는 방법 : 감정형 ←————————→ 사고형
- 환경에 대한 접근방법 : 지각형 ←————————→ 판단형

(2) 성격유형

① **흥미 · 관심의 방향(내향↔외향)** … 흥미 · 관심의 방향이 자신의 내면에 있는지, 주위환경 등 외면에 향하는 지를 가리키는 척도이다.

질문	선택
A : 내성적인 성격인 편이다. B : 개방적인 성격인 편이다.	
A : 항상 신중하게 생각을 하는 편이다. B : 바로 행동에 착수하는 편이다.	
A : 수수하고 조심스러운 편이다. B : 자기 표현력이 강한 편이다.	
A : 다른 사람과 함께 있으면 침착하지 않다. B : 혼자서 있으면 침착하지 않다.	

▶**측정결과**

㉠ 'A'가 많은 경우(내향) : 관심의 방향이 자기 내면에 있으며, 조용하고 낯을 가리는 유형이다. 행동력은 부족하나 집중력이 뛰어나고 신중하고 꼼꼼하다.

㉡ 'B'가 많은 경우(외향) : 관심의 방향이 외부환경에 있으며, 사교적이고 활동적인 유형이다. 꼼꼼함이 부족하여 대충하는 경향이 있으나 행동력이 있다.

② 일(사물)을 보는 방법(직감 ⇆ 감각) … 일(사물)을 보는 법이 직감적으로 형식에 얽매이는지, 감각적으로 상식적인지를 가리키는 척도이다.

질문	선택
A : 현실주의적인 편이다. B : 상상력이 풍부한 편이다.	
A : 정형적인 방법으로 일을 처리하는 것을 좋아한다. B : 만들어진 방법에 변화가 있는 것을 좋아한다.	
A : 경험에서 가장 적합한 방법으로 선택한다. B : 지금까지 없었던 새로운 방법을 개척하는 것을 좋아한다.	
A : 성실하다는 말을 듣는다. B : 호기심이 강하다는 말을 듣는다.	

▶측정결과

㉠ 'A'가 많은 경우(감각) : 현실적이고 경험주의적이며 보수적인 유형이다.

㉡ 'B'가 많은 경우(직관) : 새로운 주제를 좋아하며, 독자적인 시각을 가진 유형이다.

③ 판단하는 방법(감정 ⇆ 사고) … 일을 감정적으로 판단하는지, 논리적으로 판단하는지를 가리키는 척도이다.

질문	선택
A : 인간관계를 중시하는 편이다. B : 일의 내용을 중시하는 편이다.	
A : 결론을 자기의 신념과 감정에서 이끌어내는 편이다. B : 결론을 논리적 사고에 의거하여 내리는 편이다.	
A : 다른 사람보다 동정적이고 눈물이 많은 편이다. B : 다른 사람보다 이성적이고 냉정하게 대응하는 편이다.	

▶측정결과

㉠ 'A'가 많은 경우(감정) : 일을 판단할 때 마음·감정을 중요하게 여기는 유형이다. 감정이 풍부하고 친절하나 엄격함이 부족하고 우유부단하며, 합리성이 부족하다.

㉡ 'B'가 많은 경우(사고) : 일을 판단할 때 논리성을 중요하게 여기는 유형이다. 이성적이고 합리적이나 타인에 대한 배려가 부족하다.

④ **환경에 대한 접근방법** … 주변상황에 어떻게 접근하는지, 그 판단기준을 어디에 두는지를 측정한다.

질문	선택
A : 사전에 계획을 세우지 않고 행동한다. B : 반드시 계획을 세우고 그것에 의거해서 행동한다.	
A : 자유롭게 행동하는 것을 좋아한다. B : 조직적으로 행동하는 것을 좋아한다.	
A : 조직성이나 관습에 속박당하지 않는다. B : 조직성이나 관습을 중요하게 여긴다.	
A : 계획 없이 낭비가 심한 편이다. B : 예산을 세워 물건을 구입하는 편이다.	

▶**측정결과**

㉠ 'A'가 많은 경우(지각) : 일의 변화에 융통성을 가지고 유연하게 대응하는 유형이다. 낙관적이며 질서보다는 자유를 좋아하나 임기응변식의 대응으로 무계획적인 인상을 줄 수 있다.

㉡ 'B'가 많은 경우(판단) : 일의 진행시 계획을 세워서 실행하는 유형이다. 순차적으로 진행하는 일을 좋아하고 끈기가 있으나 변화에 대해 적절하게 대응하지 못하는 경향이 있다.

4 인성검사의 대책

(1) 미리 알아두어야 할 점

① 출제 문항 수 … 인성검사의 출제 유형 및 문항 수는 특별히 정해진 것이 아니며 각 기업체의 기준에 따라 달라질 수 있으며 보통 100문항 이상에서 600문항까지 출제된다고 예상하면 된다.

② 출제형식

　㉠ '예' 아니면 '아니오'의 형식

다음 문항을 읽고 자신에게 해당되는지 안 되는지를 판단하여 해당될 경우 '예'를, 해당되지 않을 경우 '아니오'를 고르시오.

질문	예	아니오
1. 자신의 생각이나 의견은 좀처럼 변하지 않는다.	○	
2. 구입한 후 끝까지 읽지 않은 책이 많다.		○

다음 문항에 대해서 평소에 자신이 생각하고 있는 것이나 행동하고 있는 것에 ○표를 하시오.

질문	그렇다	약간 그렇다	그저 그렇다	별로 그렇지 않다	그렇지 않다
1. 시간에 쫓기는 것이 싫다.		○			
2. 여행가기 전에 계획을 세운다.			○		

　㉡ A와 B의 선택 형식

A와 B에 주어진 문장을 읽고 자신에게 해당되는 것을 고르시오.

질문	선택
A : 걱정거리가 있어서 잠을 못 잘 때가 있다.	(○)
B : 걱정거리가 있어도 잠을 잘 잔다.	( )

(2) 임하는 자세

① **솔직하게 있는 그대로 표현한다** … 인성검사는 평범한 일상생활 내용들을 다룬 짧은 문장과 어떤 대상이나 일에 대한 선로를 선택하는 문장으로 구성되었으므로 평소에 자신이 생각한 바를 너무 골똘히 생각하지 말고 문제를 보는 순간 떠오른 것을 표현한다.

② **모든 문제를 신속하게 대답한다** … 인성검사는 시간제한이 없는 것이 원칙이지만 기업들은 일정한 시간제한을 두고 있다. 인성검사는 개인의 성격과 자질을 알아보기 위한 검사이기 때문에 정답이 없다. 다만, 기업에서 바람직하게 생각하거나 기대되는 결과가 있을 뿐이다. 따라서 시간에 쫓겨서 대충 대답을 하는 것은 바람직하지 못하다.

③ **일관성 있게 대답한다** … 간혹 반복되는 문제들이 출제되기 때문에 일관성 있게 답하지 않으면 감점될 수 있으므로 유의한다. 실제로 공기업 인사부 직원의 인터뷰에 따르면 일관성이 없게 대답한 응시자들이 감점을 받아 탈락했다고 한다. 거짓된 응답을 하다보면 일관성 없는 결과가 나타날 수 있으므로 신속하고 솔직하게 체크하다 보면 일관성 있는 응답이 될 것이다.

④ **마지막까지 집중해서 검사에 임한다** … 장시간 진행되는 검사에 지칠 수 있으므로 마지막까지 집중해서 정확히 답할 수 있도록 해야 한다.

실전 인성검사

┃1~400┃ 다음 (   ) 안에 당신에게 적합하다면 YES, 그렇지 않다면 NO를 선택하시오(인성검사는 응시자의 인성을 파악하기 위한 자료이므로 정답이 존재하지 않습니다).

	YES	NO
1. 조금이라도 나쁜 소식은 절망의 시작이라고 생각해버린다. ……………………(	)	( )
2. 언제나 실패가 걱정이 되어 어쩔 줄 모른다. …………………………………(	)	( )
3. 다수결의 의견에 따르는 편이다. ……………………………………………(	)	( )
4. 혼자서 식당에 들어가는 것은 전혀 두려운 일이 아니다. ………………………(	)	( )
5. 승부근성이 강하다. ……………………………………………………………(	)	( )
6. 자주 흥분해서 침착하지 못하다. ……………………………………………(	)	( )
7. 지금까지 살면서 타인에게 폐를 끼친 적이 없다. …………………………………(	)	( )
8. 소곤소곤 이야기하는 것을 보면 자기에 대해 험담하고 있는 것으로 생각된다. ………(	)	( )
9. 무엇이든지 자기가 나쁘다고 생각하는 편이다. ……………………………………(	)	( )
10. 자신을 변덕스러운 사람이라고 생각한다. …………………………………………(	)	( )
11. 고독을 즐기는 편이다. ………………………………………………………………(	)	( )
12. 자존심이 강하다고 생각한다. ……………………………………………………(	)	( )
13. 금방 흥분하는 성격이다. …………………………………………………………(	)	( )
14. 거짓말을 한 적이 없다. ……………………………………………………………(	)	( )
15. 신경질적인 편이다. …………………………………………………………………(	)	( )
16. 끙끙대며 고민하는 타입이다. ……………………………………………………(	)	( )
17. 감정적인 사람이라고 생각한다. …………………………………………………(	)	( )
18. 자신만의 신념을 가지고 있다. ……………………………………………………(	)	( )
19. 다른 사람을 바보 같다고 생각한 적이 있다. ………………………………………(	)	( )
20. 금방 말해버리는 편이다. …………………………………………………………(	)	( )

21. 싫어하는 사람이 없다. ···( )( )

22. 대재앙이 오지 않을까 항상 걱정을 한다. ·······················( )( )

23. 쓸데없는 고생을 하는 일이 많다. ····································( )( )

24. 자주 생각이 바뀌는 편이다. ··( )( )

25. 문제점을 해결하기 위해 여러 사람과 상의한다. ··············( )( )

26. 내 방식대로 일을 한다. ···( )( )

27. 영화를 보고 운 적이 많다. ··( )( )

28. 어떤 것에 대해서도 화낸 적이 없다. ······························( )( )

29. 사소한 충고에도 걱정을 한다. ··( )( )

30. 자신은 도움이 안되는 사람이라고 생각한다. ···················( )( )

31. 금방 싫증을 내는 편이다. ···( )( )

32. 개성적인 사람이라고 생각한다. ······································( )( )

33. 자기 주장이 강한 편이다. ···( )( )

34. 뒤숭숭하다는 말을 들은 적이 있다. ································( )( )

35. 학교를 쉬고 싶다고 생각한 적이 한 번도 없다. ··············( )( )

36. 사람들과 관계맺는 것을 보면 잘하지 못한다. ·················( )( )

37. 사려깊은 편이다. ···( )( )

38. 몸을 움직이는 것을 좋아한다. ··( )( )

39. 끈기가 있는 편이다. ··( )( )

40. 신중한 편이라고 생각한다. ··( )( )

41. 인생의 목표는 큰 것이 좋다. ···( )( )

42. 어떤 일이라도 바로 시작하는 타입이다. ·························( )( )

43. 낯가림을 하는 편이다. ···( )( )

44. 생각하고 나서 행동하는 편이다. ·····································( )( )

45. 쉬는 날은 밖으로 나가는 경우가 많다. ··························( )( )

46. 시작한 일은 반드시 완성시킨다. ····································( )( )

47. 면밀한 계획을 세운 여행을 좋아한다. ····························( )( )

48. 야망이 있는 편이라고 생각한다. ···( )( )

49. 활동력이 있는 편이다. ···( )( )

50. 많은 사람들과 왁자지껄하게 식사하는 것을 좋아하지 않는다. ·····( )( )

51. 돈을 허비한 적이 없다. ··( )( )

52. 운동회를 아주 좋아하고 기대했다. ···( )( )

53. 하나의 취미에 열중하는 타입이다. ···( )( )

54. 모임에서 회장에 어울린다고 생각한다. ····································( )( )

55. 입신출세의 성공이야기를 좋아한다. ···( )( )

56. 어떠한 일도 의욕을 가지고 임하는 편이다. ······························( )( )

57. 학급에서는 존재가 희미했다. ···( )( )

58. 항상 무언가를 생각하고 있다. ···( )( )

59. 스포츠는 보는 것보다 하는 게 좋다. ···( )( )

60. '참 잘했네요'라는 말을 듣는다. ···( )( )

61. 흐린 날은 반드시 우산을 가지고 간다. ····································( )( )

62. 주연상을 받을 수 있는 배우를 좋아한다. ·································( )( )

63. 공격하는 타입이라고 생각한다. ···( )( )

64. 리드를 받는 편이다. ···( )( )

65. 너무 신중해서 기회를 놓친 적이 있다. ····································( )( )

66. 시원시원하게 움직이는 타입이다. ···( )( )

67. 야근을 해서라도 업무를 끝낸다. ···( )( )

68. 누군가를 방문할 때는 반드시 사전에 확인한다. ······················( )( )

69. 노력해도 결과가 따르지 않으면 의미가 없다. ·························( )( )

70. 무조건 행동해야 한다. ··( )( )

71. 유행에 둔감하다고 생각한다. ···( )( )

72. 정해진대로 움직이는 것은 시시하다. ··( )( )

73. 꿈을 계속 가지고 있고 싶다. ··( )( )

74. 질서보다 자유를 중요시하는 편이다. ··( )( )

75. 혼자서 취미에 몰두하는 것을 좋아한다. ···( )( )

76. 직관적으로 판단하는 편이다. ··( )( )

77. 영화나 드라마를 보면 등장인물의 감정에 이입된다. ······························( )( )

78. 시대의 흐름에 역행해서라도 자신을 관철하고 싶다. ·····························( )( )

79. 다른 사람의 소문에 관심이 없다. ···( )( )

80. 창조적인 편이다. ···( )( )

81. 비교적 눈물이 많은 편이다. ··( )( )

82. 융통성이 있다고 생각한다. ··( )( )

83. 친구의 휴대전화 번호를 잘 모른다. ··( )( )

84. 스스로 고안하는 것을 좋아한다. ···( )( )

85. 정이 두터운 사람으로 남고 싶다. ··( )( )

86. 조직의 일원으로 별로 안 어울린다. ··( )( )

87. 세상의 일에 별로 관심이 없다. ···( )( )

88. 변화를 추구하는 편이다. ··( )( )

89. 업무는 인간관계로 선택한다. ··( )( )

90. 환경이 변하는 것에 구애되지 않는다. ···( )( )

91. 불안감이 강한 편이다. ···( )( )

92. 인생은 살 가치가 없다고 생각한다. ··( )( )

93. 의지가 약한 편이다. ··( )( )

94. 다른 사람이 하는 일에 별로 관심이 없다. ···( )( )

95. 사람을 설득시키는 것은 어렵지 않다. ···( )( )

96. 심심한 것을 못 참는다. ···( )( )

97. 다른 사람을 욕한 적이 한 번도 없다. ···( )( )

98. 다른 사람에게 어떻게 보일지 신경을 쓴다. ···( )( )

99. 금방 낙심하는 편이다. ···( )( )

100. 다른 사람에게 의존하는 경향이 있다. ··( )( )

101. 그다지 융통성이 있는 편이 아니다. ···( )( )

102. 다른 사람이 내 의견에 간섭하는 것이 싫다. ································( )( )

103. 낙천적인 편이다. ··( )( )

104. 숙제를 잊어버린 적이 한 번도 없다. ·····························( )( )

105. 밤길에는 발소리가 들리기만 해도 불안하다. ···················( )( )

106. 상냥하다는 말을 들은 적이 있다. ································( )( )

107. 자신은 유치한 사람이다. ···( )( )

108. 잡담을 하는 것보다 책을 읽는게 낫다. ·························( )( )

109. 나는 영업에 적합한 타입이라고 생각한다. ·····················( )( )

110. 술자리에서 술을 마시지 않아도 흥을 돋울 수 있다. ············( )( )

111. 한 번도 병원에 간 적이 없다. ····································( )( )

112. 나쁜 일은 걱정이 되어서 어쩔 줄을 모른다. ····················( )( )

113. 쉽게 무기력해지는 편이다. ··( )( )

114. 비교적 고분고분한 편이라고 생각한다. ·························( )( )

115. 독자적으로 행동하는 편이다. ·····································( )( )

116. 적극적으로 행동하는 편이다. ·····································( )( )

117. 금방 감격하는 편이다. ···( )( )

118. 어떤 것에 대해서는 불만을 가진 적이 없다. ····················( )( )

119. 밤에 못 잘 때가 많다. ···( )( )

120. 자주 후회하는 편이다. ···( )( )

121. 뜨거워지기 쉽고 식기 쉽다. ·······································( )( )

122. 자신만의 세계를 가지고 있다. ·····································( )( )

123. 많은 사람 앞에서도 긴장하는 일은 없다. ·······················( )( )

124. 말하는 것을 아주 좋아한다. ·······································( )( )

125. 인생을 포기하는 마음을 가진 적이 한 번도 없다. ···············( )( )

126. 어두운 성격이다. ···( )( )

127. 금방 반성한다. ···( )( )

128. 활동범위가 넓은 편이다. ···( )( )

129. 자신을 끈기있는 사람이라고 생각한다. ·······························(   )(   )

130. 좋다고 생각하더라도 좀 더 검토하고 나서 실행한다. ··········(   )(   )

131. 위대한 인물이 되고 싶다. ··(   )(   )

132. 한 번에 많은 일을 떠맡아도 힘들지 않다. ······················(   )(   )

133. 사람과 만날 약속은 부담스럽다. ··································(   )(   )

134. 질문을 받으면 충분히 생각하고 나서 대답하는 편이다. ······(   )(   )

135. 머리를 쓰는 것보다 땀을 흘리는 일이 좋다. ····················(   )(   )

136. 결정한 것에는 철저히 구속받는다. ································(   )(   )

137. 외출 시 문을 잠그었는지 몇 번을 확인한다. ····················(   )(   )

138. 이왕 할 거라면 일등이 되고 싶다. ································(   )(   )

139. 과감하게 도전하는 타입이다. ··(   )(   )

140. 자신은 사교적이 아니라고 생각한다. ·····························(   )(   )

141. 무심코 도리에 대해서 말하고 싶어진다. ··························(   )(   )

142. '항상 건강하네요'라는 말을 듣는다. ·······························(   )(   )

143. 단념하면 끝이라고 생각한다. ··(   )(   )

144. 예상하지 못한 일은 하고 싶지 않다. ·····························(   )(   )

145. 파란만장하더라도 성공하는 인생을 걷고 싶다. ···············(   )(   )

146. 활기찬 편이라고 생각한다. ··(   )(   )

147. 소극적인 편이라고 생각한다. ··(   )(   )

148. 무심코 평론가가 되어 버린다. ··(   )(   )

149. 자신은 성급하다고 생각한다. ··(   )(   )

150. 꾸준히 노력하는 타입이라고 생각한다. ··························(   )(   )

151. 내일의 계획이라도 메모한다. ··(   )(   )

152. 리더십이 있는 사람이 되고 싶다. ··································(   )(   )

153. 열정적인 사람이라고 생각한다. ····································(   )(   )

154. 다른 사람 앞에서 이야기를 잘 하지 못한다. ····················(   )(   )

155. 통찰력이 있는 편이다. ··(   )(   )

156. 엉덩이가 가벼운 편이다. ···( )( )

157. 여러 가지로 구애됨이 있다. ···( )( )

158. 돌다리도 두들겨 보고 건너는 쪽이 좋다. ···························( )( )

159. 자신에게는 권력욕이 있다. ···( )( )

160. 업무를 할당받으면 기쁘다. ···( )( )

161. 사색적인 사람이라고 생각한다. ···( )( )

162. 비교적 개혁적이다. ···( )( )

163. 좋고 싫음으로 정할 때가 많다. ···( )( )

164. 전통에 구애되는 것은 버리는 것이 적절하다. ·····················( )( )

165. 교제 범위가 좁은 편이다. ···( )( )

166. 발상의 전환을 할 수 있는 타입이라고 생각한다. ·················( )( )

167. 너무 주관적이어서 실패한다. ···( )( )

168. 현실적이고 실용적인 면을 추구한다. ·····································( )( )

169. 내가 어떤 배우의 팬인지 아무도 모른다. ·····························( )( )

170. 현실보다 가능성이다. ···( )( )

171. 마음이 담겨 있으면 선물은 아무 것이나 좋다. ····················( )( )

172. 여행은 마음대로 하는 것이 좋다. ···( )( )

173. 추상적인 일에 관심이 있는 편이다. ·······································( )( )

174. 일은 대담히 하는 편이다. ···( )( )

175. 괴로워하는 사람을 보면 우선 동정한다. ·······························( )( )

176. 가치기준은 자신의 안에 있다고 생각한다. ···························( )( )

177. 조용하고 조심스러운 편이다. ···( )( )

178. 상상력이 풍부한 편이라고 생각한다. ·····································( )( )

179. 의리, 인정이 두터운 상사를 만나고 싶다. ·····························( )( )

180. 인생의 앞날을 알 수 없어 재미있다. ·····································( )( )

181. 밝은 성격이다. ··( )( )

182. 별로 반성하지 않는다. ···( )( )

183. 활동범위가 좁은 편이다. ···( )( )

184. 자신을 시원시원한 사람이라고 생각한다. ·····························( )( )

185. 좋다고 생각하면 바로 행동한다. ································(　)(　)

186. 좋은 사람이 되고 싶다. ·····································(　)(　)

187. 한 번에 많은 일을 떠맡는 것은 골칫거리라고 생각한다. ·······(　)(　)

188. 사람과 만날 약속은 즐겁다. ·································(　)(　)

189. 질문을 받으면 그때의 느낌으로 대답하는 편이다. ············(　)(　)

190. 땀을 흘리는 것보다 머리를 쓰는 일이 좋다. ················(　)(　)

191. 결정한 것이라도 그다지 구속받지 않는다. ··················(　)(　)

192. 외출 시 문을 잠갔는지 별로 확인하지 않는다. ··············(　)(　)

193. 지위에 어울리면 된다. ······································(　)(　)

194. 안전책을 고르는 타입이다. ·································(　)(　)

195. 자신은 사교적이라고 생각한다. ····························(　)(　)

196. 도리는 상관없다. ··(　)(　)

197. 침착하다는 말을 듣는다. ···································(　)(　)

198. 단념이 중요하다고 생각한다. ·······························(　)(　)

199. 예상하지 못한 일도 해보고 싶다. ··························(　)(　)

200. 평범하고 평온하게 행복한 인생을 살고 싶다. ···············(　)(　)

201. 몹시 귀찮아하는 편이라고 생각한다. ······················(　)(　)

202. 특별히 소극적이라고 생각하지 않는다. ····················(　)(　)

203. 이것저것 평하는 것이 싫다. ·······························(　)(　)

204. 자신은 성급하지 않다고 생각한다. ························(　)(　)

205. 꾸준히 노력하는 것을 잘 하지 못한다. ····················(　)(　)

206. 내일의 계획은 머릿속에 기억한다. ························(　)(　)

207. 협동성이 있는 사람이 되고 싶다. ··························(　)(　)

208. 열정적인 사람이라고 생각하지 않는다. ····················(　)(　)

209. 다른 사람 앞에서 이야기를 잘한다. ·······················(　)(　)

210. 행동력이 있는 편이다. ·····································(　)(　)

211. 엉덩이가 무거운 편이다. ···································(　)(　)

212. 특별히 구애받는 것이 없다. ··( )( )

213. 돌다리는 두들겨 보지 않고 건너도 된다. ·······························( )( )

214. 자신에게는 권력욕이 없다. ··( )( )

215. 업무를 할당받으면 부담스럽다. ···( )( )

216. 활동적인 사람이라고 생각한다. ···( )( )

217. 비교적 보수적이다. ···( )( )

218. 손해인지 이익인지를 기준으로 결정할 때가 많다. ·····················( )( )

219. 전통을 견실히 지키는 것이 적절하다. ·······································( )( )

220. 교제 범위가 넓은 편이다. ···( )( )

221. 상식적인 판단을 할 수 있는 타입이라고 생각한다. ···················( )( )

222. 너무 객관적이어서 실패한다. ··( )( )

223. 보수적인 면을 추구한다. ··( )( )

224. 내가 누구의 팬인지 주변의 사람들이 안다. ······························( )( )

225. 가능성보다 현실이다. ···( )( )

226. 그 사람이 필요한 것을 선물하고 싶다. ·····································( )( )

227. 여행은 계획적으로 하는 것이 좋다. ··( )( )

228. 구체적인 일에 관심이 있는 편이다. ··( )( )

229. 일은 착실히 하는 편이다. ···( )( )

230. 괴로워하는 사람을 보면 우선 이유를 생각한다. ·························( )( )

231. 가치기준은 자신의 밖에 있다고 생각한다. ································( )( )

232. 밝고 개방적인 편이다. ···( )( )

233. 현실 인식을 잘하는 편이라고 생각한다. ···································( )( )

234. 공평하고 공적인 상사를 만나고 싶다. ·······································( )( )

235. 시시해도 계획적인 인생이 좋다. ···( )( )

236. 적극적으로 사람들과 관계를 맺는 편이다. ································( )( )

237. 활동적인 편이다. ··( )( )

238. 몸을 움직이는 것을 좋아하지 않는다. ·······································( )( )

YES NO

239. 쉽게 질리는 편이다. ···( )( )

240. 경솔한 편이라고 생각한다. ···( )( )

241. 인생의 목표는 손이 닿을 정도면 된다. ···( )( )

242. 무슨 일도 좀처럼 시작하지 못한다. ···( )( )

243. 초면인 사람과도 바로 친해질 수 있다. ···( )( )

244. 행동하고 나서 생각하는 편이다. ···( )( )

245. 쉬는 날은 집에 있는 경우가 많다. ···( )( )

246. 완성되기 전에 포기하는 경우가 많다. ···( )( )

247. 계획 없는 여행을 좋아한다. ···( )( )

248. 욕심이 없는 편이라고 생각한다. ···( )( )

249. 활동력이 별로 없다. ···( )( )

250. 많은 사람들과 왁자지껄하게 식사하는 것을 좋아한다. ·······················( )( )

251. 이유 없이 불안할 때가 있다. ···( )( )

252. 주위 사람의 의견을 생각해서 발언을 자제할 때가 있다. ·······················( )( )

253. 자존심이 강한 편이다. ···( )( )

254. 생각 없이 함부로 말하는 경우가 많다. ···( )( )

255. 정리가 되지 않은 방에 있으면 불안하다. ···( )( )

256. 거짓말을 한 적이 한 번도 없다. ···( )( )

257. 슬픈 영화나 TV를 보면 자주 운다. ···( )( )

258. 자신을 충분히 신뢰할 수 있다고 생각한다. ···( )( )

259. 노래방을 아주 좋아한다. ···( )( )

260. 자신만이 할 수 있는 일을 하고 싶다. ···( )( )

261. 자신을 과소평가하는 경향이 있다. ···( )( )

262. 책상 위나 서랍 안은 항상 깔끔히 정리한다. ···( )( )

263. 건성으로 일을 할 때가 자주 있다. ···( )( )

264. 남의 험담을 한 적이 없다. ···( )( )

265. 쉽게 화를 낸다는 말을 듣는다. ···( )( )

266. 초초하면 손을 떨고, 심장박동이 빨라진다. ·····················( )( )

267. 토론하여 진 적이 한 번도 없다. ·····························( )( )

268. 덩달아 떠든다고 생각할 때가 자주 있다. ·················( )( )

269. 아첨에 넘어가기 쉬운 편이다. ·····························( )( )

270. 주변 사람이 자기 험담을 하고 있다고 생각할 때가 있다. ··( )( )

271. 이론만 내세우는 사람과 대화하면 짜증이 난다. ·········( )( )

272. 상처를 주는 것도, 받는 것도 싫다. ······················( )( )

273. 매일 그날을 반성한다. ····································( )( )

274. 주변 사람이 피곤해 하여도 자신은 원기왕성하다. ·······( )( )

275. 친구를 재미있게 하는 것을 좋아한다. ···················( )( )

276. 아침부터 아무것도 하고 싶지 않을 때가 있다. ··········( )( )

277. 지각을 하면 학교를 결석하고 싶어졌다. ·················( )( )

278. 이 세상에 없는 세계가 존재한다고 생각한다. ···········( )( )

279. 하기 싫은 것을 하고 있으면 무심코 불만을 말한다. ·····( )( )

280. 투지를 드러내는 경향이 있다. ···························( )( )

281. 뜨거워지기 쉽고 식기 쉬운 성격이다. ··················( )( )

282. 어떤 일이라도 헤쳐 나가는 데 자신이 있다. ············( )( )

283. 착한 사람이라는 말을 들을 때가 많다. ·················( )( )

284. 자신을 다른 사람보다 뛰어나다고 생각한다. ············( )( )

285. 개성적인 사람이라는 말을 자주 듣는다. ·················( )( )

286. 누구와도 편하게 대화할 수 있다. ·······················( )( )

287. 특정 인물이나 집단에서라면 가볍게 대화할 수 있다. ····( )( )

288. 사물에 대해 깊이 생각하는 경향이 있다. ···············( )( )

289. 스트레스를 해소하기 위해 집에서 조용히 지낸다. ·······( )( )

290. 계획을 세워서 행동하는 것을 좋아한다. ·················( )( )

291. 현실적인 편이다. ···( )( )

292. 주변의 일을 성급하게 해결한다. ·······················( )( )

293. 이성적인 사람이 되고 싶다고 생각한다. ··( )( )

294. 생각한 일을 행동으로 옮기지 않으면 기분이 찜찜하다. ································( )( )

295. 생각했다고 해서 꼭 행동으로 옮기는 것은 아니다. ····································( )( )

296. 목표 달성을 위해서는 온갖 노력을 다한다. ···( )( )

297. 적은 친구랑 깊게 사귀는 편이다. ··( )( )

298. 경쟁에서 절대로 지고 싶지 않다. ··( )( )

299. 내일해도 되는 일을 오늘 안에 끝내는 편이다. ··( )( )

300. 새로운 친구를 곧 사귈 수 있다. ··( )( )

301. 문장은 미리 내용을 결정하고 나서 쓴다. ···( )( )

302. 사려 깊은 사람이라는 말을 듣는 편이다. ··( )( )

303. 활발한 사람이라는 말을 듣는 편이다. ··( )( )

304. 기회가 있으면 꼭 얻는 편이다. ···( )( )

305. 외출이나 초면의 사람을 만나는 일은 잘 하지 못한다. ······························( )( )

306. 단념하는 것은 있을 수 없다. ··( )( )

307. 위험성을 무릅쓰면서 성공하고 싶다고 생각하지 않는다. ··························( )( )

308. 학창시절 체육수업을 좋아했다. ··( )( )

309. 휴일에는 집 안에서 편안하게 있을 때가 많다. ··( )( )

310. 무슨 일도 결과가 중요하다. ··( )( )

311. 성격이 유연하게 대응하는 편이다. ···( )( )

312. 더 높은 능력이 요구되는 일을 하고 싶다. ···( )( )

313. 자기 능력의 범위 내에서 정확히 일을 하고 싶다. ···································( )( )

314. 새로운 사람을 만날 때는 두근거린다. ··( )( )

315. '누군가 도와주지 않을까'라고 생각하는 편이다. ·····································( )( )

316. 건강하고 활발한 사람을 동경한다. ···( )( )

317. 친구가 적은 편이다. ···( )( )

318. 문장을 쓰면서 생각한다. ···( )( )

319. 정해진 친구만 교제한다. ···( )( )

320. 한 우물만 파고 싶다. ···(   )(   )

321. 여러가지 일을 경험하고 싶다. ·······································(   )(   )

322. 스트레스를 해소하기 위해 몸을 움직인다. ·················(   )(   )

323. 사물에 대해 가볍게 생각하는 경향이 있다. ···············(   )(   )

324. 기한이 정해진 일은 무슨 일이 있어도 끝낸다. ·········(   )(   )

325. 결론이 나도 여러 번 생각을 하는 편이다. ···············(   )(   )

326. 일단 무엇이든지 도전하는 편이다. ···························(   )(   )

327. 쉬는 날은 외출하고 싶다. ···(   )(   )

328. 사교성이 있는 편이라고 생각한다. ···························(   )(   )

329. 남의 앞에 나서는 것을 잘 하지 못하는 편이다. ·······(   )(   )

330. 모르는 것이 있어도 행동하면서 생각한다. ···············(   )(   )

331. 납득이 안 되면 행동이 안 된다. ······························(   )(   )

332. 약속시간에 여유를 가지고 약간 빨리 나가는 편이다. ·······(   )(   )

333. 현실적이다. ···(   )(   )

334. 곰곰이 끝까지 해내는 편이다. ··································(   )(   )

335. 유연히 대응하는 편이다. ···(   )(   )

336. 휴일에는 운동 등으로 몸을 움직일 때가 많다. ·········(   )(   )

337. 학창시절 체육수업을 못했다. ··································(   )(   )

338. 성공을 위해서는 어느 정도의 위험성을 감수한다. ·····(   )(   )

339. 단념하는 것이 필요할 때도 있다. ···························(   )(   )

340. '내가 안하면 누가 할 것인가'라고 생각하는 편이다. ·······(   )(   )

341. 새로운 사람을 만날 때는 용기가 필요하다. ·············(   )(   )

342. 친구가 많은 편이다. ···(   )(   )

343. 차분하고 사려 깊은 사람을 동경한다. ·····················(   )(   )

344. 결론이 나면 신속히 행동으로 옮겨진다. ···················(   )(   )

345. 기한 내에 끝내지 못하는 일이 있다. ·······················(   )(   )

346. 이유 없이 불안할 때가 있다. ···································(   )(   )

347. 주위 사람의 의견을 생각해서 발언을 자제할 때가 있다. ·····························( )( )

348. 자존심이 강한 편이다. ···( )( )

349. 생각 없이 함부로 말하는 경우가 많다. ···( )( )

350. 정리가 되지 않은 방에 있으면 불안하다. ···( )( )

351. 거짓말을 한 적이 한 번도 없다. ···( )( )

352. 슬픈 영화나 TV를 보면 자주 운다. ···( )( )

353. 자신을 충분히 신뢰할 수 있다고 생각한다. ···( )( )

354. 노래방을 아주 좋아한다. ···( )( )

355. 자신만이 할 수 있는 일을 하고 싶다. ···( )( )

356. 자신을 과소평가하는 경향이 있다. ···( )( )

357. 책상 위나 서랍 안은 항상 깔끔히 정리한다. ···( )( )

358. 건성으로 일을 할 때가 자주 있다. ···( )( )

359. 남의 험담을 한 적이 없다. ···( )( )

360. 쉽게 화를 낸다는 말을 듣는다. ···( )( )

361. 초초하면 손을 떨고, 심장박동이 빨라진다. ···( )( )

362. 토론하여 진 적이 한 번도 없다. ···( )( )

363. 덩달아 떠든다고 생각할 때가 자주 있다. ···( )( )

364. 아첨에 넘어가기 쉬운 편이다. ···( )( )

365. 주변 사람이 자기 험담을 하고 있다고 생각할 때가 있다. ·····························( )( )

366. 이론만 내세우는 사람과 대화하면 짜증이 난다. ·······································( )( )

367. 상처를 주는 것도, 받는 것도 싫다. ···( )( )

368. 매일 그날을 반성한다. ···( )( )

369. 주변 사람이 피곤해하여도 자신은 원기왕성하다. ·····································( )( )

370. 친구를 재미있게 하는 것을 좋아한다. ···( )( )

371. 아침부터 아무것도 하고 싶지 않을 때가 있다. ·······································( )( )

372. 지각을 하면 학교를 결석하고 싶어진다. ···( )( )

373. 이 세상에 없는 세계가 존재한다고 생각한다. ···( )( )

YES NO

374. 하기 싫은 것을 하고 있으면 무심코 불만을 말한다. ······( )( )

375. 투지를 드러내는 경향이 있다. ······( )( )

376. 뜨거워지기 쉽고 식기 쉬운 성격이다. ······( )( )

377. 어떤 일이라도 헤쳐 나가는데 자신이 있다. ······( )( )

378. 착한 사람이라는 말을 들을 때가 많다. ······( )( )

379. 자신을 다른 사람보다 뛰어나다고 생각한다. ······( )( )

380. 개성적인 사람이라는 말을 자주 듣는다. ······( )( )

381. 누구와도 편하게 대화할 수 있다. ······( )( )

382. 특정 인물이나 집단에서라면 가볍게 대화할 수 있다. ······( )( )

383. 사물에 대해 깊이 생각하는 경향이 있다. ······( )( )

384. 스트레스를 해소하기 위해 집에서 조용히 지낸다. ······( )( )

385. 계획을 세워서 행동하는 것을 좋아한다. ······( )( )

386. 현실적인 편이다. ······( )( )

387. 주변의 일을 성급하게 해결한다. ······( )( )

388. 이성적인 사람이 되고 싶다고 생각한다. ······( )( )

389. 생각한 일을 행동으로 옮기지 않으면 기분이 찜찜하다. ······( )( )

390. 생각했다고 해서 꼭 행동으로 옮기는 것은 아니다. ······( )( )

391. 목표 달성을 위해서는 온갖 노력을 다한다. ······( )( )

392. 적은 친구랑 깊게 사귀는 편이다. ······( )( )

393. 경쟁에서 절대로 지고 싶지 않다. ······( )( )

394. 내일해도 되는 일을 오늘 안에 끝내는 편이다. ······( )( )

395. 새로운 친구를 곧 사귈 수 있다. ······( )( )

396. 문장은 미리 내용을 결정하고 나서 쓴다. ······( )( )

397. 사려 깊은 사람이라는 말을 듣는 편이다. ······( )( )

398. 활발한 사람이라는 말을 듣는 편이다. ······( )( )

399. 기회가 있으면 꼭 얻는 편이다. ······( )( )

400. 외출이나 초면의 사람을 만나는 일은 잘 하지 못한다. ······( )( )

PART

05

면접

CHAPTER

01 면접의 기본

1 면접준비

(1) 면접의 기본 원칙

① **면접의 의미** … 면접이란 다양한 면접기법을 활용하여 지원한 직무에 필요한 능력을 지원자가 보유하고 있는지를 확인하는 절차라고 할 수 있다. 즉, 지원자의 입장에서는 채용 직무수행에 필요한 요건들과 관련하여 자신의 환경, 경험, 관심사, 성취 등에 대해 기업에 직접 어필할 수 있는 기회를 제공받는 것이며, 기업의 입장에서는 서류전형만으로 알 수 없는 지원자에 대한 정보를 직접적으로 수집하고 평가하는 것이다.

② **면접의 특징** … 면접은 기업의 입장에서 서류전형이나 필기전형에서 드러나지 않는 지원자의 능력이나 성향을 볼 수 있는 기회로, 면대면으로 이루어지며 즉흥적인 질문들이 포함될 수 있기 때문에 지원자가 완벽하게 준비하기 어려운 부분이 있다. 하지만 지원자 입장에서도 서류전형이나 필기전형에서 모두 보여주지 못한 자신의 능력 등을 기업의 인사담당자에게 어필할 수 있는 추가적인 기회가 될 수도 있다.

[서류·필기전형과 차별화되는 면접의 특징]

- 직무수행과 관련된 다양한 지원자 행동에 대한 관찰이 가능하다.
- 면접관이 알고자 하는 정보를 심층적으로 파악할 수 있다.
- 서류상의 미비한 사항과 의심스러운 부분을 확인할 수 있다.
- 커뮤니케이션 능력, 대인관계 능력 등 행동·언어적 정보도 얻을 수 있다.

③ 면접의 유형

　㉠ **구조화 면접** : 구조화 면접은 사전에 계획을 세워 질문의 내용과 방법, 지원자의 답변 유형에 따른 추가 질문과 그에 대한 평가 역량이 정해져 있는 면접 방식으로 표준화 면접이라고도 한다.

- 표준화된 질문이나 평가요소가 면접 전 확정되며, 지원자는 편성된 조나 면접관에 영향을 받지 않고 동일한 질문과 시간을 부여받을 수 있다.
- 조직 또는 직무별로 주요하게 도출된 역량을 기반으로 평가요소가 구성되어, 조직 또는 직무에서 필요한 역량을 가진 지원자를 선발할 수 있다.
- 표준화된 형식을 사용하는 특성 때문에 비구조화 면접에 비해 신뢰성과 타당성, 객관성이 높다.

ⓛ **비구조화 면접** : 비구조화 면접은 면접 계획을 세울 때 면접 목적만을 명시하고 내용이나 방법은 면접관에게 전적으로 일임하는 방식으로 비표준화 면접이라고도 한다.

- 표준화된 질문이나 평가요소 없이 면접이 진행되며, 편성된 조나 면접관에 따라 지원자에게 주어지는 질문이나 시간이 다르다.
- 면접관의 주관적인 판단에 따라 평가가 이루어져 평가 오류가 빈번히 일어난다.
- 상황 대처나 언변이 뛰어난 지원자에게 유리한 면접이 될 수 있다.

④ **경쟁력 있는 면접 요령**

㉠ **면접 전에 준비하고 유념할 사항**
- 예상 질문과 답변을 미리 작성한다.
- 작성한 내용을 문장으로 외우지 않고 키워드로 기억한다.
- 지원한 회사의 최근 기사를 검색하여 기억한다.
- 지원한 회사가 속한 산업군의 최근 기사를 검색하여 기억한다.
- 면접 전 1주일간 이슈가 되는 뉴스를 기억하고 자신의 생각을 반영하여 정리한다.
- 찬반토론에 대비한 주제를 목록으로 정리하여 자신의 논리를 내세운 예상답변을 작성한다.

㉡ **면접장에서 유념할 사항**
- **질문의 의도 파악** : 답변을 할 때에는 질문 의도를 파악하고 그에 충실한 답변이 될 수 있도록 질문 사항을 유념해야 한다. 많은 지원자가 하는 실수 중 하나로 답변을 하는 도중 자기 말에 심취되어 질문의 의도와 다른 답변을 하거나 자신이 알고 있는 지식만을 나열하는 경우가 있는데, 이럴 경우 의사소통능력이 부족한 사람으로 인식될 수 있으므로 주의하도록 한다.
- **답변은 두괄식** : 답변을 할 때에는 두괄식으로 결론을 먼저 말하고 그 이유를 설명하는 것이 좋다. 미괄식으로 답변을 할 경우 용두사미의 답변이 될 가능성이 높으며, 결론을 이끌어 내는 과정에서 논리성이 결여될 우려가 있다. 또한 면접관이 결론을 듣기 전에 말을 끊고 다른 질문을 추가하는 예상치 못한 상황이 발생될 수 있으므로 답변은 자신이 전달하고자 하는 바를 먼저 밝히고 그에 대한 설명을 하는 것이 좋다.
- **지원한 회사의 기업정신과 인재상을 기억** : 답변을 할 때에는 회사가 원하는 인재라는 인상을 심어주기 위해 지원한 회사의 기업정신과 인재상 등을 염두에 두고 답변을 하는 것이 좋다. 모든 회사에 해당되는 두루뭉술한 답변보다는 지원한 회사에 맞는 맞춤형 답변을 하는 것이 좋다.
- **나보다는 회사와 사회적 관점에서 답변** : 답변을 할 때에는 자기중심적인 관점을 피하고 좀 더 넓은 시각으로 회사와 국가, 사회적 입장까지 고려하는 인재임을 어필하는 것이 좋다. 자기중심적 시각을 바탕으로 자신의 출세만을 위해 회사에 입사하려는 인상을 심어줄 경우 면접에서 불이익을 받을 가능성이 높다.
- **난처한 질문은 정직한 답변** : 난처한 질문에 답변을 해야 할 때에는 피하기보다는 정면 돌파로 정직하고 솔직하게 답변하는 것이 좋다. 난처한 부분을 감추고 드러내지 않으려 회피하려는 지원자의 모습은 인사담당자에게 입사 후에도 비슷한 상황에 처했을 때 회피할 수도 있다는 우려를 심어줄 수 있다. 따라서 직장생활에 있어 중요한 덕목 중 하나인 정직을 바탕으로 솔직하게 답변을 하도록 한다.

(2) 면접의 종류 및 준비 전략

① 인성면접

㉠ 면접 방식 및 판단기준

• 면접 방식 : 인성면접은 면접관이 가지고 있는 개인적 면접 노하우나 관심사에 의해 질문을 실시한다. 주로 입사지원서나 자기소개서의 내용을 토대로 지원동기, 과거의 경험, 미래 포부 등을 이야기하도록 하는 방식이다.

• 판단기준 : 면접관의 개인적 가치관과 경험, 해당 역량의 수준, 경험의 구체성·진실성 등

㉡ 특징 : 인성면접은 그 방식으로 인해 역량과 무관한 질문들이 많고 지원자에게 주어지는 면접질문, 시간 등이 다를 수 있다. 또한 입사지원서나 자기소개서의 내용을 토대로 하기 때문에 지원자별 질문이 달라질 수 있다.

㉢ 예시 문항 및 준비전략

• 예시 문항

> • 3분 동안 자기소개를 해 보십시오.
> • 자신의 장점과 단점을 말해 보십시오.
> • 학점이 좋지 않은데 그 이유가 무엇입니까?
> • 최근에 인상 깊게 읽은 책은 무엇입니까?
> • 회사를 선택할 때 중요시하는 것은 무엇입니까?
> • 일과 개인생활 중 어느 쪽을 중시합니까?
> • 10년 후 자신은 어떤 모습일 것이라고 생각합니까?
> • 휴학 기간 동안에는 무엇을 했습니까?

• 준비전략 : 인성면접은 입사지원서나 자기소개서의 내용을 바탕으로 하는 경우가 많으므로 자신이 작성한 입사지원서와 자기소개서의 내용을 충분히 숙지하도록 한다. 또한 최근 사회적으로 이슈가 되고 있는 뉴스에 대한 견해를 묻거나 시사상식 등에 대한 질문을 받을 수 있으므로 이에 대한 대비도 필요하다. 자칫 부담스러워 보이지 않는 질문으로 가볍게 대답하지 않도록 주의하고 모든 질문에 입사 의지를 담아 성실하게 답변하는 것이 중요하다.

② 발표면접

㉠ 면접 방식 및 판단기준

• 면접 방식 : 지원자가 특정 주제와 관련된 자료를 검토하고 그에 대한 자신의 생각을 면접관 앞에서 주어진 시간 동안 발표하고 추가 질의를 받는 방식으로 진행된다.

• 판단기준 : 지원자의 사고력, 논리력, 문제해결력 등

ⓛ **특징** : 발표면접은 지원자에게 과제를 부여한 후, 과제를 수행하는 과정과 결과를 관찰·평가한다. 따라서 과제수행 결과뿐 아니라 수행과정에서의 행동을 모두 평가할 수 있다.

ⓒ **예시 문항 및 준비전략**

• 예시 문항

[신입사원 조기 이직 문제]

※ 지원자는 아래에 제시된 자료를 검토한 뒤, 신입사원 조기 이직의 원인을 크게 3가지로 정리하고 이에 대한 구체적인 개선안을 도출하여 발표해 주시기 바랍니다.

※ 본 과제에 정해진 정답은 없으나 논리적 근거를 들어 개선안을 작성해 주십시오.

• A기업은 동종업계 유사기업들과 비교해 볼 때, 비교적 높은 재무안정성을 유지하고 있으며 업무강도가 그리 높지 않은 것으로 외부에 알려져 있음.

• 최근 조사결과, 동종업계 유사기업들과 연봉을 비교해 보았을 때 연봉 수준도 그리 나쁘지 않은 편이라는 것이 확인되었음.

• 그러나 지난 3년간 1~2년차 직원들의 이직률이 계속해서 증가하고 있는 추세이며, 경영진 회의에서 최우선 해결과제 중 하나로 거론되었음.

• 이에 따라 인사팀에서 현재 1~2년차 사원들을 대상으로 개선되어야 하는 A기업의 조직문화에 대한 설문조사를 실시한 결과, '상명하복식의 의사소통'이 36.7%로 1위를 차지했음.

• 이러한 설문조사와 함께, 신입사원 조기 이직에 대한 원인을 분석한 결과 파랑새 증후군, 셀프홀릭 증후군, 피터팬 증후군 등 3가지로 분류할 수 있었음.

〈동종업계 유사기업들과의 연봉 비교〉 　　〈우리 회사 조직문화 중 개선되었으면 하는 것〉

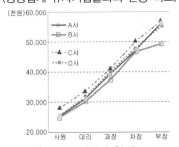 

〈신입사원 조기 이직의 원인〉

• 파랑새 증후군

–현재의 직장보다 더 좋은 직장이 있을 것이라는 막연한 기대감으로 끊임없이 새로운 직장을 탐색함.

–학력 수준과 맞지 않는 '하향지원', 전공과 적성을 고려하지 않고 일단 취업하고 보자는 '묻지마 지원'이 파랑새 증후군을 초래함.

• 셀프홀릭 증후군

–본인의 역량에 비해 가치가 낮은 일을 주로 하면서 갈등을 느낌.

• 피터팬 증후군

–기성세대의 문화를 무조건 수용하기보다는 자유로움과 변화를 추구함.

–상명하복, 엄격한 규율 등 기성세대가 당연시하는 관행에 거부감을 가지며 직장에 답답함을 느낌.

• 준비전략 : 발표면접의 시작은 과제 안내문과 과제 상황, 과제 자료 등을 정확하게 이해하는 것에서 출발한다. 과제 안내문을 침착하게 읽고 제시된 주제 및 문제와 관련된 상황의 맥락을 파악한 후 과제를 검토한다. 제시된 기사나 그래프 등을 충분히 활용하여 주어진 문제를 해결할 수 있는 해결책이나 대안을 제시하며, 발표를 할 때에는 명확하고 자신 있는 태도로 전달할 수 있도록 한다.

③ 토론면접

  ㉠ 면접 방식 및 판단기준

  • 면접 방식 : 상호갈등적 요소를 가진 과제 또는 공통의 과제를 해결하는 내용의 토론 과제를 제시하고, 그 과정에서 개인 간의 상호작용 행동을 관찰하는 방식으로 면접이 진행된다.

  • 판단기준 : 팀워크, 적극성, 갈등 조정, 의사소통능력, 문제해결능력 등

  ㉡ 특징 : 토론을 통해 도출해 낸 최종안의 타당성도 중요하지만, 결론을 도출해 내는 과정에서의 의사소통능력이나 갈등상황에서 의견을 조정하는 능력 등이 중요하게 평가되는 특징이 있다.

  ㉢ 예시 문항 및 준비전략

  • 예시 문항

    • 담뱃값 인상에 대한 찬반토론
    • 비정규직 철폐에 대한 찬반토론
    • 대학의 영어 강의 확대 찬반토론

  • 준비전략 : 토론면접은 무엇보다 팀워크와 적극성이 강조된다. 따라서 토론과정에 적극적으로 참여하며 자신의 의사를 분명하게 전달하며, 갈등상황에서 자신의 의견만 내세울 것이 아니라 다른 지원자의 의견을 경청하고 배려하는 모습도 중요하다. 갈등상황을 일목요연하게 정리하여 조정하는 등의 의사소통능력을 발휘하는 것도 좋은 전략이 될 수 있다.

④ 상황면접

  ㉠ 면접 방식 및 판단기준

  • 면접 방식 : 상황면접은 직무 수행 시 접할 수 있는 상황들을 제시하고, 그러한 상황에서 어떻게 행동할 것인지를 이야기하는 방식으로 진행된다.

  • 판단기준 : 해당 상황에 적절한 역량의 구현과 구체적 행동지표

  ㉡ 특징 : 실제 직무 수행 시 접할 수 있는 상황들을 제시하므로 입사 이후 지원자의 업무수행능력을 평가하는 데 적절한 면접 방식이다. 또한 지원자의 가치관, 태도, 사고방식 등의 요소를 통합적으로 평가하는 데 용이하다.

ⓒ 예시 문항 및 준비전략

• 예시 문항

> 당신은 생산관리팀의 팀원으로, 생산팀이 기한에 맞춰 효율적으로 제품을 생산할 수 있도록 관리하는
> 역할을 맡고 있습니다. 3개월 뒤에 제품A를 정상적으로 출시하기 위해 생산팀의 생산 계획을 수립한
> 상황입니다. 그러나 원가가 곧 실적으로 이어지는 구매팀에서는 최대한 원가를 줄여 전반적 단가를
> 낮추려고 원가절감을 위한 제안을 하였으나, 연구개발팀에서는 구매팀이 제안한 방식으로 제품을 생
> 산할 경우 대부분이 구매팀의 실적으로 산정될 것이므로 제대로 확인도 해보지 않은 채 적합하지 않
> 은 방식이라고 판단하고 있습니다. 당신은 어떻게 하겠습니까?

• 준비전략 : 상황면접은 먼저 주어진 상황에서 핵심이 되는 문제가 무엇인지를 파악하는 것에서 시작한
다. 주질문과 세부질문을 통하여 질문의 의도를 파악하였다면, 그에 대한 구체적인 행동이나 생각 등
에 대해 응답할수록 높은 점수를 얻을 수 있다.

⑤ 역할면접

㉠ 면접 방식 및 판단기준

• 면접 방식 : 역할면접 또는 역할연기 면접은 기업 내 발생 가능한 상황에서 부딪히게 되는 문제와 역
할을 가상적으로 설정하여 특정 역할을 맡은 사람과 상호작용하고 문제를 해결해 나가도록 하는 방식
으로 진행된다. 역할연기 면접에서는 면접관이 직접 역할연기를 하면서 지원자를 관찰하기도 하지만,
역할연기 수행만 전문적으로 하는 사람을 투입할 수도 있다.

• 판단기준 : 대처능력, 대인관계능력, 의사소통능력 등

㉡ 특징 : 역할면접은 실제 상황과 유사한 가상 상황에서의 행동을 관찰함으로서 지원자의 성격이나 대처
행동 등을 관찰할 수 있다.

㉢ 예시 문항 및 준비전략

• 예시 문항

> [금융권 역할면접의 예]
> 당신은 ○○은행의 신입 텔러이다. 사람이 많은 월말 오전 한 할아버지(면접관 또는 역할담당자)께서 ○
> ○은행을 사칭한 보이스피싱으로 500만 원을 피해 보았다며 소란을 일으키고 있다. 실제 업무상황이라
> 고 생각하고 상황에 대처해 보시오.

- 준비전략 : 역할연기 면접에서 측정하는 역량은 주로 갈등의 원인이 되는 문제를 해결 하고 제시된 해결방안을 상대방에게 설득하는 것이다. 따라서 갈등해결, 문제해결, 조정·통합, 설득력과 같은 역량이 중요시된다. 또한 갈등을 해결하기 위해서 상대방에 대한 이해도 필수적인 요소이므로 고객 지향을 염두에 두고 상황에 맞게 대처해야 한다.

  역할면접에서는 변별력을 높이기 위해 면접관이 압박적인 분위기를 조성하는 경우가 많기 때문에 스트레스 상황에서 불안해하지 않고 유연하게 대처할 수 있도록 시간과 노력을 들어 충분히 연습하는 것이 좋다.

② 면접 이미지 메이킹

(1) 성공적인 이미지 메이킹 포인트

① 복장 및 스타일

  ㉠ 남성

> - 양복 : 양복은 단색으로 하며 넥타이나 셔츠로 포인트를 주는 것이 효과적이다. 짙은 회색이나 감청색이 가장 단정하고 품위 있는 인상을 준다.
> - 셔츠 : 흰색이 가장 선호되나 자신의 피부색에 맞추는 것이 좋다. 푸른색이나 베이지색은 산뜻한 느낌을 줄 수 있다. 양복과의 배색도 고려하도록 한다.
> - 넥타이 : 의상에 포인트를 줄 수 있는 아이템이지만 너무 화려한 것은 피한다. 지원자의 피부색은 물론, 정장과 셔츠의 색을 고려하며, 체격에 따라 넥타이 폭을 조절하는 것이 좋다.
> - 구두 & 양말 : 구두는 검정색이나 짙은 갈색이 어느 양복에나 무난하게 어울리며 깔끔하게 닦아 준비한다. 양말은 정장과 동일한 색상이나 검정색을 착용한다.
> - 헤어스타일 : 머리스타일은 단정한 느낌을 주는 짧은 헤어스타일이 좋으며 앞머리가 있다면 이마나 눈썹을 가리지 않는 선에서 정리하는 것이 좋다.

ⓛ 여성

- 의상 : 단정한 스커트 투피스 정장이나 슬랙스 슈트가 무난하다. 블랙이나 그레이, 네이비, 브라운 등 차분해 보이는 색상을 선택하는 것이 좋다.
- 소품 : 구두, 핸드백 등은 같은 계열로 코디하는 것이 좋으며 구두는 너무 화려한 디자인이나 굽이 높은 것을 피한다. 스타킹은 의상과 구두에 맞춰 단정한 것으로 선택한다.
- 액세서리 : 액세서리는 너무 크거나 화려한 것은 좋지 않으며 과하게 많이 하는 것도 좋은 인상을 주지 못한다. 착용하지 않거나 작고 깔끔한 디자인으로 포인트를 주는 정도가 적당하다.
- 메이크업 : 화장은 자연스럽고 밝은 이미지를 표현하는 것이 좋으며 진한 색조는 인상이 강해 보일 수 있으므로 피한다.
- 헤어스타일 : 커트나 단발처럼 짧은 머리는 활동적이면서도 단정한 이미지를 줄 수 있도록 정리한다. 긴 머리의 경우 하나로 묶거나 단정한 머리망으로 정리하는 것이 좋으며, 짙은 염색이나 화려한 웨이브는 피한다.

② 인사

ⓐ **인사의 의미** : 인사는 예의범절의 기본이며 상대방의 마음을 여는 기본적인 행동이라고 할 수 있다. 인사는 처음 만나는 면접관에게 호감을 살 수 있는 가장 쉬운 방법이 될 수 있기도 하지만 제대로 예의를 지키지 않으면 지원자의 인성 전반에 대한 평가로 이어질 수 있으므로 각별히 주의해야 한다.

ⓑ **인사의 핵심 포인트**

- 인사말 : 인사말을 할 때에는 밝고 친근감 있는 목소리로 하며, 자신의 이름과 수험번호 등을 간략하게 소개한다.
- 시선 : 인사는 상대방의 눈을 보며 하는 것이 중요하며 너무 빤히 쳐다본다는 느낌이 들지 않도록 주의한다.
- 표정 : 인사는 마음에서 우러나오는 존경이나 반가움을 표현하고 예의를 차리는 것이므로 살짝 미소를 지으며 하는 것이 좋다.
- 자세 : 인사를 할 때에는 가볍게 목만 숙인다거나 흐트러진 상태에서 인사를 하지 않도록 주의하며 절도 있고 확실하게 하는 것이 좋다.

③ 시선처리와 표정, 목소리

　㉠ **시선처리와 표정** : 표정은 면접에서 지원자의 첫인상을 결정하는 중요한 요소이다. 얼굴표정은 사람의 감정을 가장 잘 표현할 수 있는 의사소통 도구로 표정 하나로 상대방에게 호감을 주거나, 비호감을 사기도 한다. 호감이 가는 인상의 특징은 부드러운 눈썹, 자연스러운 미간, 적당히 볼록한 광대, 올라간 입 꼬리 등으로 가볍게 미소를 지을 때의 표정과 일치한다. 따라서 면접 중에는 밝은 표정으로 미소를 지어 호감을 형성할 수 있도록 한다. 시선은 면접관과 고르게 맞추되 생기 있는 눈빛을 띄도록 하며, 너무 빤히 쳐다본다는 인상을 주지 않도록 한다.

　㉡ **목소리** : 면접은 주로 면접관과 지원자의 대화로 이루어지므로 목소리가 미치는 영향이 상당하다. 답변을 할 때에는 부드러우면서도 활기차고 생동감 있는 목소리로 하는 것이 면접관에게 호감을 줄 수 있으며 적당한 제스처가 더해진다면 상승효과를 얻을 수 있다. 그러나 적절한 답변을 하였음에도 불구하고 콧소리나 날카로운 목소리, 자신감 없는 작은 목소리는 답변의 신뢰성을 떨어뜨릴 수 있으므로 주의하도록 한다.

④ 자세

　㉠ **걷는 자세**

　　• 면접장에 입실할 때에는 상체를 곧게 유지하고 발끝은 평행이 되게 하며 무릎을 스치듯 11자로 걷는다.

　　• 시선은 정면을 향하고 턱은 가볍게 당기며 어깨나 엉덩이가 흔들리지 않도록 주의한다.

　　• 발바닥 전체가 닿는 느낌으로 안정감 있게 걸으며 발소리가 나지 않도록 주의한다.

　　• 보폭은 어깨넓이만큼이 적당하지만, 스커트를 착용했을 경우 보폭을 줄인다.

　　• 걸을 때도 미소를 유지한다.

　㉡ **서있는 자세**

　　• 몸 전체를 곧게 펴고 가슴을 자연스럽게 내민 후 등과 어깨에 힘을 주지 않는다.

　　• 정면을 바라본 상태에서 턱을 약간 당기고 아랫배에 힘을 주어 당기며 바르게 선다.

　　• 양 무릎과 발뒤꿈치는 붙이고 발끝은 11자 또는 V형을 취한다.

　　• 남성의 경우 팔을 자연스럽게 내리고 양손을 가볍게 쥐어 바지 옆선에 붙이고, 여성의 경우 공수자세를 유지한다.

ⓒ 앉은 자세

• 남성

> • 의자 깊숙이 앉고 등받이와 등 사이에 주먹 1개 정도의 간격을 두며 기대듯 앉지 않도록 주의한다. (남녀 공통 사항)
> • 무릎 사이에 주먹 2개 정도의 간격을 유지하고 발끝은 11자를 취한다.
> • 시선은 정면을 바라보며 턱은 가볍게 당기고 미소를 짓는다. (남녀 공통 사항)
> • 양손은 가볍게 주먹을 쥐고 무릎 위에 올려놓는다.
> • 앉고 일어날 때에는 자세가 흐트러지지 않도록 주의한다. (남녀 공통 사항)

• 여성

> • 스커트를 입었을 경우 왼손으로 뒤쪽 스커트 자락을 누르고 오른손으로 앞쪽 자락을 누르며 의자에 앉는다.
> • 무릎은 붙이고 발끝을 가지런히 한다.
> • 양손을 모아 무릎 위에 모아 놓으며 스커트를 입었을 경우 스커트 위를 가볍게 누르듯이 올려놓는다.

(2) 면접 예절

① 행동 관련 예절

ⓐ **지각은 절대금물** : 시간을 지키는 것은 예절의 기본이다. 지각을 할 경우 면접에 응시할 수 없거나, 면접 기회가 주어지더라도 불이익을 받을 가능성이 높아진다. 따라서 면접장소가 결정되면 교통편과 소요시간을 확인하고 가능하다면 사전에 미리 방문해 보는 것도 좋다. 면접 당일에는 서둘러 출발하여 면접 시간 20~30분 전에 도착하여 회사를 둘러보고 환경에 익숙해지는 것도 성공적인 면접을 위한 요령이 될 수 있다.

ⓑ **면접 대기 시간** : 지원자들은 대부분 면접장에서의 행동과 답변 등으로만 평가를 받는다고 생각하지만 그렇지 않다. 면접관이 아닌 면접진행자 역시 대부분 인사실무자이며 면접관이 면접 후 지원자에 대한 평가에 있어 확신을 위해 면접진행자의 의견을 구한다면 면접진행자의 의견이 당락에 영향을 줄수 있다. 따라서 면접 대기 시간에도 행동과 말을 조심해야 하며, 면접을 마치고 돌아가는 순간까지도 긴장을 늦춰서는 안 된다. 면접 중 압박적인 질문에 답변을 잘 했지만, 면접장을 나와 흐트러진 모습을 보이거나 욕설을 한다면 면접 탈락의 요인이 될 수 있으므로 주의해야 한다.

ⓒ 입실 후 태도 : 본인의 차례가 되어 호명되면 또렷하게 대답하고 들어간다. 만약 면접장 문이 닫혀 있다면 상대에게 소리가 들릴 수 있을 정도로 노크를 두세 번 한 후 대답을 듣고 나서 들어가야 한다. 문을 여닫을 때에는 소리가 나지 않게 조용히 하며 공손한 자세로 인사한 후 성명과 수험번호를 말하고 면접관의 지시에 따라 자리에 앉는다. 이 경우 착석하라는 말이 없는데 먼저 의자에 앉으면 무례한 사람으로 보일 수 있으므로 주의한다. 의자에 앉을 때에는 끝에 앉지 말고 무릎 위에 양손을 가지런히 얹는 것이 예절이라고 할 수 있다.

ⓔ 옷매무새를 자주 고치지 마라. : 일부 지원자의 경우 옷매무새 또는 헤어스타일을 자주 고치거나 확인하기도 하는데 이러한 모습은 과도하게 긴장한 것 같아 보이거나 면접에 집중하지 못하는 것으로 보일 수 있다. 남성 지원자의 경우 넥타이를 자꾸 고쳐 맨다거나 정장 상의 끝을 너무 자주 만지작거리지 않는다. 여성 지원자는 머리를 계속 쓸어 올리지 않고, 특히 짧은 치마를 입고서 신경이 쓰여 치마를 끌어 내리는 행동은 좋지 않다.

ⓜ 다리를 떨거나 산만한 시선은 면접 탈락의 지름길 : 자신도 모르게 다리를 떨거나 손가락을 만지는 등의 행동을 하는 지원자가 있는데, 이는 면접관의 주의를 끌 뿐만 아니라 불안하고 산만한 사람이라는 느낌을 주게 된다. 따라서 가능한 한 바른 자세로 앉아 있는 것이 좋다. 또한 면접관과 시선을 맞추지 못하고 여기저기 둘러보는 듯한 산만한 시선은 지원자가 거짓말을 하고 있다고 여겨지거나 신뢰할 수 없는 사람이라고 생각될 수 있다.

② 답변 관련 예절

ⓐ 면접관이나 다른 지원자와 가치 논쟁을 하지 않는다. : 질문을 받고 답변하는 과정에서 면접관 또는 다른 지원자의 의견과 다른 의견이 있을 수 있다. 특히 평소 지원자가 관심이 많은 문제이거나 잘 알고 있는 문제인 경우 자신과 다른 의견에 대해 이의가 있을 수 있다. 하지만 주의할 것은 면접에서 면접관이나 다른 지원자와 가치 논쟁을 할 필요는 없다는 것이며 오히려 불이익을 당할 수도 있다. 정답이 정해져 있지 않은 경우에는 가치관이나 성장배경에 따라 문제를 받아들이는 태도에서 답변까지 충분히 차이가 있을 수 있으므로 굳이 면접관이나 다른 지원자의 가치관을 지적하고 고치려 드는 것은 좋지 않다.

ⓑ 답변은 항상 정직해야 한다. : 면접이라는 것이 아무리 지원자의 장점을 부각시키고 단점을 축소시키는 것이라고 해도 절대로 거짓말을 해서는 안 된다. 거짓말을 하게 되면 지원자는 불안하거나 꺼림칙한 마음이 들게 되어 면접에 집중을 하지 못하게 되고 수많은 지원자를 상대하는 면접관은 그것을 놓치지 않는다. 거짓말은 그 지원자에 대한 신뢰성을 떨어뜨리며 이로 인해 다른 스펙이 아무리 훌륭하다고 해도 채용에서 탈락하게 될 수 있음을 명심하도록 한다.

ⓒ **경력직의 경우 전 직장에 대해 험담하지 않는다.** : 지원자가 전 직장에서 무슨 업무를 담당했고 어떤 성과를 올렸는지는 면접관이 관심을 둘 사항일 수 있지만, 이전 직장의 기업문화나 상사들이 어땠는 지는 그다지 궁금해 하는 사항이 아니다. 전 직장에 대해 험담을 늘어놓는다든가, 동료와 상사에 대한 악담을 하게 된다면 오히려 지원자에 대한 부정적인 이미지만 심어줄 수 있다. 만약 전 직장에 대한 말을 해야 할 경우가 생긴다면 가능한 한 객관적으로 이야기하는 것이 좋다.

ⓒ **자기 자신이나 배경에 대해 자랑하지 않는다.** : 자신의 성취나 부모 형제 등 집안사람들이 사회 · 경제 적으로 어떠한 위치에 있는지에 대한 자랑은 면접관으로 하여금 지원자에 대해 오만한 사람이거나 배경에 의존하려는 나약한 사람이라는 이미지를 갖게 할 수 있다. 따라서 자기 자신이나 배경에 대해 자랑하지 않도록 하고, 자신이 한 일에 대해서 너무 자세하게 얘기하지 않도록 주의해야 한다.

❸ 면접 질문 및 답변 포인트

(1) 가족 및 대인관계에 관한 질문

① **당신의 가정은 어떤 가정입니까?**

면접관들은 지원자의 가정환경과 성장과정을 통해 지원자의 성향을 알고 싶어 이와 같은 질문을 한다. 비록 가정 일과 사회의 일이 완전히 일치하는 것은 아니지만 '가화만사성'이라는 말이 있듯이 가정이 화 목해야 사회에서도 화목하게 지낼 수 있기 때문이다. 그러므로 답변 시에는 가족사항을 정확하게 설명하 고 집안의 분위기와 특징에 대해 이야기하는 것이 좋다.

② **친구 관계에 대해 말해 보십시오.**

지원자의 인간성을 판단하는 질문으로 교우관계를 통해 답변자의 성격과 대인관계능력을 파악할 수 있 다. 새로운 환경에 적응을 잘하여 새로운 친구들이 많은 것도 좋지만, 깊고 오래 지속되어온 인간관계를 말하는 것이 더욱 바람직하다.

(2) 성격 및 가치관에 관한 질문

① 당신의 PR포인트를 말해 주십시오.

PR포인트를 말할 때에는 지나치게 겸손한 태도는 좋지 않으며 적극적으로 자기를 주장하는 것이 좋다. 앞으로 입사 후 하게 될 업무와 관련된 자기의 특성을 구체적인 일화를 더하여 이야기하도록 한다.

② 당신의 장·단점을 말해 보십시오.

지원자의 구체적인 장·단점을 알고자 하기 보다는 지원자가 자기 자신에 대해 얼마나 알고 있으며 어느 정도의 객관적인 분석을 하고 있나, 그리고 개선의 노력 등을 시도하는지를 파악하고자 하는 것이다. 따라서 장점을 말할 때는 업무와 관련된 장점을 뒷받침할 수 있는 근거와 함께 제시하며, 단점을 이야기할 때에는 극복을 위한 노력을 반드시 포함해야 한다.

③ 가장 존경하는 사람은 누구입니까?

존경하는 사람을 말하기 위해서는 우선 그 인물에 대해 알아야 한다. 잘 모르는 인물에 대해 존경한다고 말하는 것은 면접관에게 바로 지적당할 수 있으므로, 추상적이라도 좋으니 평소에 존경스럽다고 생각했던 사람에 대해 그 사람의 어떤 점이 좋고 존경스러운지 대답하도록 한다. 또한 자신에게 어떤 영향을 미쳤는지도 언급하면 좋다.

(3) 학교생활에 관한 질문

① 지금까지의 학교생활 중 가장 기억에 남는 일은 무엇입니까?

가급적 직장생활에 도움이 되는 경험을 이야기하는 것이 좋다. 또한 경험만을 간단하게 말하지 말고 그 경험을 통해서 얻을 수 있었던 교훈 등을 예시와 함께 이야기하는 것이 좋으나 너무 상투적인 답변이 되지 않도록 주의해야 한다.

② 성적은 좋은 편이었습니까?

면접관은 이미 서류심사를 통해 지원자의 성적을 알고 있다. 그럼에도 불구하고 이 질문을 하는 것은 지원자가 성적에 대해서 어떻게 인식하느냐를 알고자 하는 것이다. 성적이 나빴던 이유에 대해서 변명하려 하지 말고 담백하게 받아드리고 그것에 대한 개선노력을 했음을 밝히는 것이 적절하다.

(4) 지원동기 및 직업의식에 관한 질문

① 왜 우리 회사를 지원했습니까?

이 질문은 어느 회사나 가장 먼저 물어보고 싶은 것으로 지원자들은 기업의 이념, 대표의 경영능력, 재무구조, 복리후생 등 외적인 부분을 설명하는 경우가 많다. 이러한 답변도 적절하지만 지원 회사의 주력 상품에 관한 소비자의 인지도, 경쟁사 제품과의 시장점유율을 비교하면서 입사동기를 설명한다면 상당히 주목 받을 수 있을 것이다.

② 만약 이번 채용에 불합격하면 어떻게 하겠습니까?

불합격할 것을 가정하고 회사에 응시하는 지원자는 거의 없을 것이다. 이는 지원자를 궁지로 몰아넣고 어떻게 대응하는지를 살펴보며 입사 의지를 알아보려고 하는 것이다. 이 질문은 너무 깊이 들어가지 말고 침착하게 답변하는 것이 좋다.

③ 당신이 생각하는 바람직한 사원상은 무엇입니까?

직장인으로서 또는 조직의 일원으로서의 자세를 묻는 질문으로 지원하는 회사에서 어떤 인재상을 요구하는 가를 알아두는 것이 좋으며, 평소에 자신의 생각을 미리 정리해 두어 당황하지 않도록 한다.

④ 직무상의 적성과 보수의 많음 중 어느 것을 택하겠습니까?

이런 질문에서 회사 측에서 원하는 답변은 당연히 직무상의 적성에 비중을 둔다는 것이다. 그러나 적성만을 너무 강조하다 보면 오히려 솔직하지 못하다는 인상을 줄 수 있으므로 어느 한 쪽을 너무 강조하거나 경시하는 태도는 바람직하지 못하다.

⑤ 상사와 의견이 다를 때 어떻게 하겠습니까?

과거와 다르게 최근에는 상사의 명령에 무조건 따르겠다는 수동적인 자세는 바람직하지 않다. 회사에서는 때에 따라 자신이 판단하고 행동할 수 있는 직원을 원하기 때문이다. 그러나 지나치게 자신의 의견만을 고집한다면 이는 팀원 간의 불화를 야기할 수 있으며 팀 체제에 악영향을 미칠 수 있으므로 선호하지 않는다는 것에 유념하여 답해야 한다.

⑥ 근무지가 지방인데 근무가 가능합니까?

근무지가 지방 중에서도 특정 지역은 되고 다른 지역은 안 된다는 답변은 바람직하지 않다. 직장에서는 순환 근무라는 것이 있으므로 처음에 지방에서 근무를 시작했다고 해서 계속 지방에만 있는 것은 아님을 유의하고 답변하도록 한다.

(5) 여가 활용에 관한 질문 – 취미가 무엇입니까?

기초적인 질문이지만 특별한 취미가 없는 지원자의 경우 대답이 애매할 수밖에 없다. 그래서 가장 많이 대답하게 되는 것이 독서, 영화감상, 혹은 음악감상 등과 같은 흔한 취미를 말하게 되는데 이런 취미는 면접관의 주의를 끌기 어려우며 설사 정말 위와 같은 취미를 가지고 있다하더라도 제대로 답변하기는 힘든 것이 사실이다. 가능하면 독특한 취미를 말하는 것이 좋으며 이제 막 시작한 것이라도 열의를 가지고 있음을 설명할 수 있으면 그것을 취미로 답변하는 것도 좋다.

(6) 지원자를 당황하게 하는 질문

① 성적이 좋지 않은데 이 정도의 성적으로 우리 회사에 입사할 수 있다고 생각합니까?

비록 자신의 성적이 좋지 않더라도 이미 서류심사에 통과하여 면접에 참여하였다면 기업에서는 지원자의 성적보다 성적 이외의 요소, 즉 성격·열정 등을 높이 평가했다는 것이라고 할 수 있다. 그러나 이런 질문을 받게 되면 지원자는 당황할 수 있으나 주눅 들지 말고 침착하게 대처하는 면모를 보인다면 더 좋은 인상을 남길 수 있다.

② 우리 회사 회장님 함자를 알고 있습니까?

회장이나 사장의 이름을 조사하는 것은 면접일을 통고받았을 때 이미 사전 조사되었어야 하는 사항이다. 단답형으로 이름만 말하기보다는 그 기업에 입사를 희망하는 지원자의 입장에서 답변하는 것이 좋다.

③ 당신은 이 회사에 적합하지 않은 것 같군요.

이 질문은 지원자의 입장에서 상당히 곤혹스러울 수밖에 없다. 질문을 듣는 순간 그렇다면 면접은 왜 참가시킨 것인가 하는 생각이 들 수도 있다. 하지만 당황하거나 흥분하지 말고 침착하게 자신의 어떤 면이 회사에 적당하지 않는지 겸손하게 물어보고 지적당한 부분에 대해서 고치겠다는 의지를 보인다면 오히려 자신의 능력을 어필할 수 있는 기회로 사용할 수도 있다.

④ 다시 공부할 계획이 있습니까?

이 질문은 지원자가 합격하여 직장을 다니다가 공부를 더 하기 위해 회사를 그만 두거나 학습에 더 관심을 두어 일에 대한 능률이 저하될 것을 우려하여 묻는 것이다. 이때에는 당연히 학습보다는 일을 강조해야 하며, 업무 수행에 필요한 학습이라면 업무에 지장이 없는 범위에서 야간학교를 다니거나 회사에서 제공하는 연수 프로그램 등을 활용하겠다고 답변하는 것이 적당하다.

⑤ 지원한 분야가 전공한 분야와 다른데 여기 일을 할 수 있겠습니까?

수험생의 입장에서 본다면 지원한 분야와 전공이 다르지만 서류전형과 필기전형에 합격하여 면접을 보게 된 경우라고 할 수 있다. 이는 결국 해당 회사의 채용 방침상 전공에 크게 영향을 받지 않는다는 것이므로 무엇보다 자신이 전공하지는 않았지만 어떤 업무도 적극적으로 임할 수 있다는 자신감과 능동적인 자세를 보여주도록 노력하는 것이 좋다.

면접기출

1 인성면접

① 인천교통공사 홈페이지에 있는 회사의 비전과 목표 등 회사에 대한 기본사항을 모두 보고 가야한다.
  - 면접 처음에 회사에 대한 기본사항을 지원자들에게 한 가지씩 물어본다.

② 무료 항공권이 생긴다면 어느 나라를 가보고 싶고 그 이유는?

③ 인천교통공사에 지원한 이유는 무엇이며, 자신이 지원직무에 적합하다고 생각하는 이유는?

④ 다른 회사에 지원한 곳이 있는가, 왜 떨어졌다고 생각하는가?

⑤ 트위터 및 SNS 열풍에 대한 견해와 우리사회에 미칠 영향을 설명해보시오.

⑥ 타인과의 갈등으로 힘들었던 사례와 그 갈등을 해결하기 위해 어떠한 노력을 기울였는지 말해보시오.

⑦ 공사지원자들은 현실안주형이 많은데 우리는 적극적이고 도전적인 사람을 원한다. 당신의 도전적인 면을 어필할 수 있는 사례를 말해보시오.

⑧ 꼭 입사해야 할 이유가 있는 사람이 있으면 그 이유에 대해서 말해보시오.

⑨ 기업이미지 제고 방안과 효과에 대해 설명해보시오.

⑩ 개인의 이익과 공공의 이익 중 어느 것이 먼저라고 생각하는가?

⑪ 입사 후 본인이 지원한 직무에 배치되지 않는다면 어떻게 할 것인가?

⑫ 업무를 소화하는데 자신의 어떤 점이 가장 도움이 될 것이라 생각하는가?

⑬ 일과 삶을 100분위로 나눈다면 각각 어떤 비중을 차지하는지, 그리고 그 이유는?

⑭ 다음의 메시지 중 어떤 메시지에 먼저 대답할 것인가? 어떠한 방식으로 일을 처리해야 가장 효율적일까? (보기 : 팀장에게 온 메일, 고객으로부터 온 항의 및 문의 메일, 기자로부터 온 취재 요청 전화)

⑮ 앞으로 5년 이내에 본인이 달성하고 싶은 목표와 이 목표와 귀사와의 연광성에 대해 말해보시오.

⑯ 타 기업과 비교하여 인천교통공사의 바람직한 기업문화와 복지정책은 무엇이라 생각하는가?

⑰ 세계경제구조와 한국 경제 환경에 대한 자신의 생각을 말해보시오.

⑱ 많은 공기업들이 민영화방안에 의해 분리되거나, 민영화가 되었는데 공기업의 수익성, 공익성 중 어느 쪽이 우선이라고 생각하는가?

⑲ 인천교통공사의 기업 광고를 본 적 있는가? 이에 대한 자신의 감상 및 의견은?

⑳ 교통수단 중 평소 자신이 사용하고 있는 교통수단의 장·단점에 대해 설명해보시오.

㉑ 마케팅 전략의 정의와 적용방안에 대해 말해보시오. (4P, STP, SWOT 등)

㉒ 상사가 많은 일을 시킬 때 어떻게 할 것인가?

㉓ 경영에 필요한 요소는?

㉔ 스마트물류에 대해 말해보시오.

㉕ 공사의 수익성 증진 방안에 대해 말해보시오.

㉖ 공사의 추진사업에 대해 말해보시오.

㉗ 인천지하철 1호선 역의 개수는?

㉘ 인천교통공사의 역할은 무엇이라 생각하는가?

㉙ 나 자신이 가장 중요하게 생각하는 가치는 무엇인가?

㉚ 안전과 속도 중 무엇이 더 우선인지 본인의 생각을 말해보시오.

㉛ 힘든 일을 해본 적이 있다면 말해보시오.

㉜ 직무기술서에서 가장 자신있는 역량을 말해보시오.

㉝ 전기철도 시설물에 대해 아는 대로 말해보시오.

㉞ 우리나라의 철도 시스템에 대한 본인의 생각을 말해보시오.

㉟ 만약 후배가 일에 대해 조언을 한다면 어떻게 받아들일지 말해보시오.

상식
용어사전
시리즈
합격GO!

1 빈출 일반상식

공기업/공공기관 채용시험 일반상식에서 자주 나오는 빈출문항을 정리하여 수록한 교재! 한 권으로 일반상식 시험 준비 마무리 하자!

2 중요한 용어만 한눈에 보는 시사용어사전 1152

매일 접하는 각종 기사와 정보 속에서 현대인이 놓치기 쉬운, 그러나 꼭 알아야 할 최신 시사상식을 쏙쏙 뽑아 이해하기 쉽도록 정리했다!

3 중요한 용어만 한눈에 보는 경제용어사전 1007

주요 경제용어는 거의 다 실었다! 경제가 쉬워지는 책, 경제용어사전!

4 중요한 용어만 한눈에 보는 부동산용어사전 1300

부동산에 대한 이해를 높이고 부동산의 개발과 활용, 투자 및 부동산 용어 학습에도 적극적으로 이용할 수 있는 부동산용어사전!

자격증 기출문제 총집합!

자격증 별로 정리된
기출문제로 깔끔하게 합격하자!

기출문제로 자격증 시험 준비하자!

스포츠지도사, 손해사정사, 손해평가사, 농산물품질관리사, 수산물품질관리사, 관광통역안내사,
국내여행안내사, 보세사, 건축기사, 토목기사